冀 农业河北

品牌故事

【第二辑】

品牌智道

河北省农业品牌建设中心◎编著

中国农业科学技术出版社

图书在版编目（CIP）数据

河北农业品牌故事．第二辑，品牌智道 / 河北省农业品牌建设中心编著．-- 北京：中国农业科学技术出版社，2023.11

ISBN 978-7-5116-6521-8

Ⅰ．①河…　Ⅱ．①河…　Ⅲ．①农产品－商业品牌－介绍－河北　Ⅳ．①F327.22

中国国家版本馆CIP数据核字(2023)第208790号

策 划 设 计：河北互动影视传媒有限公司
责 任 编 辑：张志花
责 任 校 对：王　彦
责 任 印 制：姜义伟　王思文
美 术 编 辑：冀美西　王少晗　闫省省
封 面 设 计：孙宝林　高　鋆　王少晗　冀美西

出　版　者：中国农业科学技术出版社
北京市中关村南大街12号　邮编:100081
电　　　话：(010)82106636(编辑室)　(010) 82109702(发行部)
(010)82109709(读者服务部)
网　　　址：https: / castp.caas.cn
经　销　者：各地新华书店
印　刷　者：北京科信印刷有限公司
开　　　本：210mm×276mm　1/16
印　　　张：23.5
字　　　数：620千字
版　　　次：2023年11月第1版　2023年11月第1次印刷
定　　　价：598.00元

前言

一方水土养一方人。

真正“养”人的，其实是一方的地理、气候、资源所孕育出的、独具地方特色的各种风物和历史人文。

古人以“河”为黄河专称，“河北”本指黄河下游以北地区，因其大部分地区在河北境内，“河北”之名也由此而来。尽管名为“河北”，其实对于今天的河北来讲，已经很难用一条“河”来概其全貌了，因为这里还有燕山、太行山的巍峨雄峻，华北平原的辽阔，白洋淀的浩渺，蒙古高原的苍茫和渤海湾的激荡，由此让河北成为全国唯一兼具平原、山地、高原、丘陵、盆地、湖泊、海滨等地形地貌的省份，被称为浓缩的“国家地理读本”。

不同的农业资源禀赋，辅以在这里不断碰撞、交流与融合的农耕文化、游牧文化、海洋文化、红色文化和皇家文化，共同成就了河北各地物产的鲜明特色和文化内涵。

植根于大地的农业“品牌”，不仅代表着一方农品的独特品质，也承载着传播一方文化的使命，从一出生便被打上了地域生态环境和历史人文的印记。现代化的品牌设计和经营理念，让这些伴随着人类从远古农耕时代一路走来的农业“品牌”，得以“旧貌变新颜”，成为真正现代意义上的品牌，它一方面促进了市场的消费；另一方面推动着农业发展，成为农业产业化的重要抓手，也成为一座城市最有底蕴的符号和最具特色的名片。

河北省自然条件优越，是优质小麦的核心产区，是世界公认的优质奶源区，是葡萄、马铃薯种植的黄金带。邯郸武安是世界粟的发源地，宣化葡萄是全球重要农业文化遗产，中国的第一瓶干白、第一瓶干红分别来自河北的怀来和昌黎……

为了推动河北农业高质量发展，讲好河北农业故事，与世界分享河北大地的给养，按照“区域、企业、产品”三位一体的品牌发展战略以及“突出重点、分级推进、带动全局”的建设布局，立足“一县一品”或“一县多品”的产业优势，突出战略导向，通过省区市县上下联动，统一行动，河北省相继打造了“冀在心田”“河北农品 • 百膳冀为鲜”等河北农产品品牌整体形象，并围绕蔬菜、乳品、果品、食用菌等特色优势产业，以特色农业精品为主体，成体系打造了12个系列“河北产业集群品牌”。

与此同时，针对地方优势特色产业，培育了一批高含金量的农产品区域公用品牌。市级以上区域公用品牌300多个，省级以上区域公用品牌125个，其中平泉香菇、易县磨盘柿、馆陶黄瓜、宣化葡萄、深州蜜桃、巨鹿金银花等驰名中外。品牌农产品对农业总产值贡献率逐年增加，品牌农产品溢价率平均达到20%以上，有力促进了农民增收和县域经济发展。

从品牌的诞生到品牌价值、品牌影响力的形成，需要一个漫长的积累过程。因此，品牌建设是一场持久战，需要长久为功，才能砺行致远。

编写“河北农业品牌”丛书旨在展示这一过程，我们希望用时间记录河北农业品牌的成长，从不同视角去发现和讲述河北农业品牌故事，这既是一次发现，也是一种记录，既是一次解读，也是一种展示，让行内人士可以窥其“门道”，也让行外人士可以看其“热闹”。

2022年4月，“河北农业品牌”丛书第一辑《河北农业品牌故事》正式出版发行，这是从历史传承的角度对河北农业品牌的一次全景展示。全书按照果品、蔬菜、粮食等为篇章，共收录100个区域公用品牌和企业品牌，每个品牌分别从“资源禀赋、历史文化、产业基础和品质特色”4个维度独篇讲述。

本次编辑出版“河北农业品牌”丛书第二辑，我们将其定名为《河北农业品牌故事 • 品牌智道》，试图从现代化创新的角度对河北农业品牌做一次全景呈现。从“品牌故事”到“品牌智道”，虽然只是两字之差，其实代表着对品牌故事讲述维度的变化，即从“品牌传统优势”到“现代化品牌运作”的递进，第二辑着重呈现的是品牌策划的逻辑以及品牌营销传播的故事。

从品牌的实践角度看，这是一个有意义的递进。

为了建设河北农业品牌，河北省级财政每年投入数千万专项资金支持品牌打造和产销对接，并撬动市县区为建设河北农业品牌积极投入，一致行动。

“央视+高端平台+新媒体+专业机构”立体化的品牌宣传矩阵不断提升着河北农业品牌的知名度和社会影响力。中央电视台黄金时段及北京西站、石家庄机场等人口密集地区的品牌广告；高端国际综合性会议上的展示和推介；连续举办的“我最喜爱的河北农业品牌评选”“我为家乡农产品代言”“河北省农业品牌创新创意大赛”等社会营销活动；线上直播、媒体专版、专栏、专题节目定制化宣传等，兼顾权威性与流量，不断发出河北农业品牌的最强音。

实施河北净菜进京“六进活动”，连续在京举办的“品味河北”河北农产品进京对接推介会、河北省品牌农产品进京年货节等产销对接活动，既丰富了北京百姓的餐桌，又扩大了河北品牌农产品市场。网络达人线上带货活动，不仅提升了企业的品牌意识和互联网思维，也利用粉丝经济助推品牌农产品销售及知名度提升；“河北农产品品牌万里行”活动，助推河北农品走进北京、上海、深圳、广州一线城市。

……

从品牌建设的角度，这些立体化的媒体传播、实效性的产销对接以及社会化的事件营销，对于品牌的成长更有价值。因此，作为“河北农业品牌”丛书第二辑的《河北农业品牌故事·品牌智道》将更有现实意义。

目录

01 第一篇

河北农品

多彩燕赵
物产丰饶

02 第二篇 粮

冀域粮仓
品质粮油

03 第三篇 蔬

品类齐全
四季供应

04

第四篇

果

超级果园 果香四溢

05 第五篇 药

数字赋能
药香千年

06 第六篇 畜

生态畜养
绿色领先

01

第一篇

河北农品

多彩燕赵 物产丰饶

以市级行政区域为产业的边界，集全市之力，将优质农产品资源装进一个篮子，全域整合，成就超级农产品区域公用品牌。这些区域品牌根植于大地，传承有序，不仅代表着一方农品的独特品质，也承载着一方水土的农耕文明，是一座城市最有底蕴的符号和最具特色的名片。

直隶田园

Zhi Li Tian Yuan

这是一片历史悠久、人文荟萃的热土。保定是传说中尧帝的故乡，迄今已走过 3000 多年的风雨历程，是燕国、中山国、后燕立都之地，历来为京畿重地。诞生了荆轲、刘备、赵匡胤、祖冲之、郦道元等一批历史名人。

这里近邻首都国际机场、北京大兴国际机场、天津机场、石家庄机场四大航空港，天津、黄骅两大出海口，全面融入京津冀“一小时交通圈”和“半小时生活圈”。自古就是“北控三关，南达九省，地连四部，雄冠中州”的通衢之地，历来为京畿重地和“首都南大门”。

这是一片山水相依、物产丰饶的沃野。这里西依莽莽苍苍的八百里太行，东衔美丽富饶的华北大平原，孕育出满城的草莓、易县的磨盘柿、顺平的鲜桃、望都的辣椒、安国的中药、阜平的大枣、唐县的肉羊等特色农品，享誉全国。

山水田园出好品

黄金纬度，天然优势足

保定地处北纬39°世界农业黄金纬度，处于平原最富饶的地区，这里四季分明，光热充足，雨热同季，非常有利于农林业生产。国家重要的粮油生产基地，全国优质硬质小麦生产基地，全国最大的有机原奶、葵花籽、脱水菜生产基地，全国第二大番茄种植加工基地等，都坐落于此。因此，“地大物博”是保定市得以大力发展农业产业的天然优势。

深厚底蕴，延伸品牌内涵

保定自清代便被称为保定府，也被称为“京畿重地”，拥有3000多年璀璨历史，城市文脉传承至今。今天的保定依然被称为“首都南大门”。伴随着社会的发展，文化将赋予品牌更厚重的支撑。因此，保定独有的文化背景让农产品区域品牌更具底蕴，也更易与消费者建立起有效的品牌记忆联结。

沃野千里，资源物产丰

保定各县市区都形成了自己独特的优势特色农业产业：蠡县作为“中国山药之乡”，全县麻山药种植面积近10万亩，产量25万吨，年产值达20亿元；安国市境内种植药材300多个品种，中药材种植面积常年保持在15万亩左右，被誉为“中国北方药都”；唐县加工羊肉产品销往北京、上海、江苏等全国近20个省份，占北京地区市场份额30%。除此之外，清苑西甜瓜、满城草莓、望都辣椒、阜平食用菌、定兴蔬菜等区域特色农业品牌均已深入人心。截至目前，河北省保定市已申请获得地理标志保护产品8个，注册地理标志证明商标20件，拥有量居河北省第5位。

坐拥新发地，渠道优势领先

北京新发地在保障首都菜篮子供应、确保食品安全、稳定首都农产品物价方面起着重要作用。在京津冀协同发展的大背景下，河北高碑店新发地市场的规模比北京新发地的占地面积更大，而且将打造21万吨级华北现代冷链物流园，未来也将是中国最大的冷库集群、全球最大的农产品交易中心。项目正式运营后，可辐射范围达13个省区市，辐射人口近4亿。作为保定市内的批发市场，给区域农产品的流通创造了得天独厚的渠道优势，除了首都新发地市场外又多了一个产品进京的绿色通道，同时也为保定农产品输送至“京津冀商圈”乃至全国提供了渠道流通层面的便利性。

立足优势谋品牌发展新篇

差异化竞争，突显品牌优势

全国农产品主要流通的消费市场无外乎两个，一个是批发市场，一个是零售市场，这两端各具特色。批发市场价格敏感，产业化低价更具竞争力，所以品牌化竞争重点在于规模化和产业化，集群品牌更易拿到市场话语权。而零售市场区域公用品牌层出不穷，同质化竞争激烈。品牌的差异性和价值亮点更具优势。综上所述，打造品牌一体化运营的农产品会更具市场竞争力。但在每年都有大量区域品牌新增的时代背景下，品牌会被逐步稀释，产品同质化的现象也会进一步加剧。

因此，保定农业品牌要想实现弯道超车，必须依托高度差异化的卖点以对抗行业角逐。那么，保定农产品的品牌差异化是什么？一是农产品特色鲜明且多样化；二是黄金纬度孕育高品质农产品；三是毗邻京津，物流更快；四是高碑店新发地为保定农产品的优势提供“跳板”。通过产品多样化、产品更优质、环首都经济圈物流更快和首都集散中心“跳板”优势，将构成保定农业品牌区别于其他区域品牌的核心竞争力，也为切实有效地落地保定区域一体化农业品牌战略提供了指导思路。

品牌的战略选择

要想成功打造农产品品牌，首先要学会发现市场需求，快速抢占当地优势特色产业。京冀地缘相接，农业互补性强，市场匹配度高。保定农业品牌打造具备先天优势。京津市场为保定提供了广阔的发展前景，主要表现为3点。一是京津消费市场对于高品质农产品的需求巨大，且缺乏相应的农产品品牌集群供应精品农产品。二是京津中高端农产品集群品牌的空白。对于京津消费者而言，农产品消费市场中尚未出现能占据消费者心智的集品牌与品质于一体的中高端农产品集群品牌。三是京津消费市场以粮食、蔬菜、瓜果、畜产品、禽蛋这几类为主销产品。截至目前，保定市粮油、蔬菜的播种面积和总产均居河北前列，是全省乃至全国重要的农副产品供应基地，也是河北省主要蔬菜产区之一，蔬菜主要品种就达40余种，充分与市场消费需求贴合，满足市场刚需。

因此，在制定保定农业品牌发展战略时，以消费特性为依据，放大自身差异化优势，同时遵循“农品高产+消费高频”业务模式，抓住“中高端+精品蔬菜+零售”这一行业空白点重点发力，打造“1+ *N* ”特色农产品品牌体系。“1”为区域公用品牌“直隶田园”，“*N* ”是指其下囊括的各县级地理标志产品对应的子品牌。这样可以将保定市“小而美”的单产业品牌，拢指成拳，发挥协同效应，实现品牌价值共创，利益最大化。

再塑保定农产品品牌价值

品牌定位——首都商圈精致农产品集群第一品牌

始终秉持着“科技创造价值，创新改变农业”的愿景，大力推动农产品集群发展，形成规模经营，实现以龙头带动发展区域农业格局。并依托前沿科技，坚持用新品种、新技术驱动产业提质增效。同时重点构建区域公用品牌，赋能提升特色农产品的溢价能力，最终将“直隶田园”打造成中国精品蔬菜零售第一品牌。

品牌形象

ZLTY
直隶田园
京畿保定·多彩田园

标志以具象的形式展现了保定的田园风貌和具有代表性的区域公共产品，外圈的麦穗代表了五谷丰登，内圈优美的田园风光和自然风貌是保定优质农产品的基础和有力保障，多种特色农产品的展示，体现了保定物产的多样性和丰富性。整体标志以圆形徽章的形式呈现出来，也体现了品牌的认证感和权威性。

ZLTY
直隶田园
京畿保定·多彩田园

辅助图形：以俯瞰的京畿田园为灵感，纵横的阡陌，分割出不同的地块，再以品牌辅助色渲染，体现出一幅壮美的田园画卷。

品牌口号：京畿保定，多彩田园

品牌使命：让更多人吃上新鲜营养的精品农产品

用“京畿重地”来传达保定市的厚重历史及重要地位，同时突出品牌地域性。多彩田园体现了保定拥有丰富多元品质上乘的农产品资源。从“军事南大门”变为“首都菜园子”，“直隶田园”推出以“原农生态、区域精选、保定直供”为发展理念，旨在让全国人民都能吃上更具营养价值、新鲜度更高的精品农产品，同时为消费者提供一种更健康的生活方式。

品牌形象

“直隶田园”作为一个优质农产品严选平台，集合了众多明星农产品，形成了消费者喜闻乐见的农产品家族，它们虽然是不同的品种，但都传承了悠久的保定农耕历史文明的优良基因，健康活泼又五彩斑斓，这些可爱的“果蔬宝贝”将手拉手，开心地迈着自信的步伐走进千万家。这是新时代的优秀农产品具象表达，也是“科技强农”的一种现代农业象征。

“1+N”品牌战略赋能产业发展

“1+N”品牌战略分三步走。

第一步，严格选品，先打造几个强势的“N”。在产品营销上，可以通过打造爆款单品引爆市场，如驴肉火烧、易县磨盘柿、满城草莓等，让这些原本就具备一定知名度的子品牌“N”提前进入并打开消费市场，抢占用户心智。

第二步，将这些强势的“N”进行融合，通过市场行为，不断强化这些子品牌在消费者心智当中的记忆点，如“满城草莓是直隶田园品牌旗下的优质农品”等，通过高频重复地输送“这些单品都是来自保定”等信息，逐步提升消费者对“1”母品牌的有效认知度，将“1+N”的强势组合通过品牌化运营优先做到极致，抢占市场份额。

第三步，当“1”的区域品牌效益日趋明显，区域品牌运营一体化日渐成熟后，再来带动更多“N”实现抱团发展。换言之，当满城草莓、蠡县麻山药、易县磨盘柿等这些子品牌陆续与母品牌间形成强关系、并被消费者所熟知后，此时母品牌“1”再对更多子品牌“N”进行操作才会有其意义，也才能最大化发挥母品牌的品牌动能，带动更多子品牌共同发展。同时，直隶田园还配套建设了品牌管理系统，把标准融入系统之中，凡是符合《区域公用品牌质量管控机制》中提出的生产档案记录管理制度、农产品严选标准、包装标签质量追溯制度以及不合格产品召回处理制度等要求的企业，方能优先获批准入，截至目前，保定市全域已有57家企业成功挂牌“直隶田园”，使用“直隶田园”商标。

乡村振兴，产业为要；产业振兴，品牌先行。通过“直隶田园”品牌化打造，市场化运营，把“直隶田园”打造成高品质、有口碑的保定农业“金字招牌”，提升产品市场影响力和溢价能力，引导农业产业链从低端向高端延伸，提高农产品综合效益，扩增农产品营销渠道，促进农民增收。推动保定农业高质量发展，促进保定乡村振兴。

邢台上农

Xing Tai Shang Nong

邢台市，地处太行山脉南段东麓，西依太行，东临大运河，坐拥华北大平原，自西向东山地、丘陵、平原三级地貌呈阶梯形分布，域内河道众多，百泉四季涌动，为农耕提供了更丰富的水资源，加上四季分明的暖温带亚湿润季风气候，让这里成为多种作物的绝佳生长地。

当北纬37°的阳光雨露与钟灵毓秀的太行山、与肥沃广袤的华北平原相遇，尽现这片大地的神奇与慷慨——深山里的苹果、板栗，浅山丘陵上的道地药材，平原沃土上的粮棉果蔬，黑龙港流域的肉蛋奶。粮油、蔬菜、中药材、果品、畜禽、乳业六大主导产业不仅养育着邢襄儿女，也成就了一批耀眼的行业明星。今麦郎，全国规模最大的方便面生产企业；玉锋，全国最大的玉米深加工企业、世界最大的维生素B_{12}生产企业；金沙河，全国最大的挂面生产企业；南和区，全国最大的宠物食品生产基地；内丘，全国最大的酸枣仁加工集散地；光明九道菇，全球单体最大的工厂化食用菌生产基地；华兴，全国最大的宠物食品单体生产企业……

邢台，始终把农业品牌建设作为推动农业高质量发展的重要抓手，截至2022年底，全市共培育区域公用品牌27个，其中14个被评为省级区域公用品牌，邢台酸枣仁、威梨、巨鹿金银花、平乡滏河贡白菜、清河山楂、临城核桃、平乡桃等更是享誉全国。培育农业领军企业品牌17个，今麦郎、金沙河、富岗、华兴等企业品牌更是成为各自领域的领导者。“两品一标”认证产品228个。“两品一标”认证企业和产品数量均位居河北省前列，地理标志农产品认证企业和产品数量居全省第一，有机产品认证数量位居全省第二，绿色食品认证数量位居全省第三。

宁晋平菇
宁晋羊肚菌
新河大枣
隆尧鸡腿葱
南宫黄韭
晒望柏乡
临城核桃
隆尧小孟甜瓜
巨鹿金银花
内丘苹果
浆水苹果
邢台酸枣仁
任泽强筋麦
威县葡萄
威梨
威州牛肉
清河山楂
南和蔬菜
南和金米
邢台贡梨
大广归宗
平乡贡白菜
平乡桃
南和犬猫粮
沙河板栗
临西尚品

为做大做强食品加工产业体系，邢台市研究制定了《邢台市食品加工产业“一带五园”规划建设实施方案（2023——2026年）》，集中打造宁晋县“健康产品加工园”和“休闲食品加工园”，隆尧县“食品产业园”，南和区“食品加工园”和“宠物食品加工园”。将“五园”串联成主导产业优势明显、区域特色比较突出、示范带动效应显著，辐射带动柏乡县、任泽区和沙河市，西至京广铁路、东至规划建设的宁平高速，纵贯南北，总面积约1600平方千米的食品加工产业隆起带。隆起带内6个县（市、区）规模以上食品加工企业45家，占全市规模以上食品加工企业68%。

在这一战略规划中，重点突出“一带五园”的示范效应，带动周边县区优质原料种植，推动粮油加工向优质、专用、高效多用途方向转型升级，提质增效。充分挖掘特色农业资源禀赋，研发休闲食品、功能性食品等多样化产品，发展优势特色产业，做好土特产文章。依托绿色优质特色原辅料核心生产基地建设，做大做强方便食品加工、中央厨房（预制菜）、宠物产业等新兴产业，促进产业结构升级，打造农产品加工新的增长点。

“邢台上农”品牌释义

品牌是一项重要的战略，品牌名称及标志是这项战略的核心。尤其对于全域性的区域公用品牌而言，具有战略意义的品牌名称通常比平铺直叙性的品牌名称更利于品牌价值的塑造，就像“邢台上农”较之于“邢台农品”。“邢台上农”的战略性在于一个“上”字。

在区域公用品牌命名中，另一个同音字“尚”也常被使用，但从意涵上略逊。应用到品牌名称之中，“尚”字通用有两种释义，一是“推崇、注重”之意，二是“社会上流行的风气”之意。平日所讲的“时尚”一词，本意其实是“时下推崇”之意。在字典中，“上”字有10种释义，一为“上面、高处”，二为“处于高处的”，三为“地位、职别、辈分高的”，四为“等级或质量高的”，五为“向前进”……

在“邢台上农”品牌中，“上”字有三层释义，一曰居高者，二曰领先者，三曰进步者。品牌是对邢台农业产业优势和发展战略的外化表达，以“上”为名，正是源于邢台农业的发展优势和战略契机。

“邢台上农” 品牌创意

邢台上农

北纬37°山水田园画廊

植根于地域资源环境和历史人文的农产品区域公用品牌，是一个城市最具特色的名片，因此品牌Logo设计必须要将城市的超级元素和历史文化特色融入其中。

“邢台上农”的品牌标志设计，以“大地丰收的色彩”为底，以篆体的“邢”字为核心符号进行设计，通过对“邢”的笔画进行流线设计，使其整体为“邢”字，局部似“河流”，既可以生动表现邢台境内河流众多的特点，又与邢台的城市传播口号“太行泉城　美丽邢台”一脉相承，流动的河水既是大地的血液，也是百泉的涌动。

通过以上原色的创意设计，从而让“邢台上农”的品牌Logo兼具“农业属性、资源特色、城市文化”，成为最具城市特色的名片。

品牌吉祥物

邢台又称“牛城”，牛是这座城市最知名的IP，代表着这座城市的坚韧与质朴。同时，牛也是农耕社会最重要的耕作工具，在现代社会，人们常将“牛”用意为肯定和赞美。

因此，“邢台上农”品牌吉祥物以“牛”为原型进行创意设计。

鲜明的黄色既是中国牛的本色，也是丰收的颜色。

张开双臂奔跑的造型，代表着“活力”“拥抱”“欢迎”，伸展的拇指既是为邢台农业点赞，也是为每一个关注和支持邢台农业发展人士的点赞。

牛头顶上漩涡，是喷涌的泉水，是活力，也是财富机遇。

品牌口号

在“邢台上农”的品牌传播中有两个口号，一个用于品牌的背书，主要是为品牌提供注解；一个用于建立品牌认知，强化对“邢台上农”的理解和记忆。

“北纬37°山水田园画廊”是品牌的背书，一句话包含了两层意思，“北纬37°”是邢台的核心纬度，也是全球公认的黄金纬度，各种优质农品皆出于此，这是邢台农业的优势；“山水田园画廊”是邢台农业践行“绿水青山就是金山银山”的结果，百泉复涌以及太行山最绿的地方都是最好的佐证。

“邢台上农　我看行”是品牌的超级口号，一句口语化的口号，既易于记忆，也是对邢台农业最质朴的肯定。

邢台上农 我看行

品牌价值支撑

立足于邢台农业的发展优势，进一步发掘和提炼“邢台上农”品牌价值支撑点，用15个字凝练邢台农业的优势和特色。

资源好　产品优　规模大　链条强　潜力深

品牌的传播推广

2023年11月20日，“邢台上农”区域公用品牌在“2023邢台市农产品加工业发展大会暨农业品牌营销推广活动”开幕式上正式发布，与此同时，今麦郎集团董事长范现国、玉锋实业集团董事长王玉锋、金沙河集团董事长魏海金、河北富岗食品有限责任公司董事长杨振宇、华兴宠物食品有限公司董事长冀叶军5位“邢台上农”的首批品牌推荐官也正式亮相。随着“邢台上农”品牌的发布以及品牌推荐官的亮相，标志着邢台市以全域性区域公用品牌为统领，以单一产业区域公用品牌和企业品牌为纲目的品牌战略格局正式形成。

为了加强对邢台农业的推介和宣传力度，其实自2023年7月开始，“邢台上农”的品牌主题营销推广活动便已陆续展开，包括以塑名品、推名牌为主旨的“邢台农品十大好礼评选活动”，以全面展示邢台农业为目的的“邢台农业摄影大赛活动”，以推动品牌更新为目的的“邢台农业文创设计大赛活动”，还有以提升“邢台上农”为主要目的的媒体传播活动等。

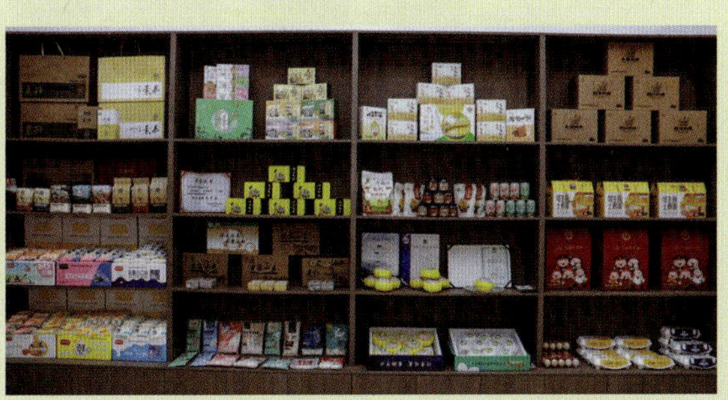

“邢台上农”是邢台农业的品牌，也是这座城市的名片。在这张名片上，我们看到的是五彩斑斓的邢台。一抹绿色，是太行山的底色，是百泉涌动的生命，更是大平原的希望。一道金橙，是太阳的光芒，是大地上的丰收，更是邢襄儿女的笑脸。在橙绿交织中，邢台农业的丰收画卷正在徐徐展开，又一段动人的品牌故事正在被书写。

承德山水

Cheng De Shan Shui

承德地处北纬 40°12′~42°37′，东经 115°54′~119°15′，是国际公认的农产品生产黄金线。这里光照充足、雨热同季、昼夜温差大，是发展绿色优质农产品的『天赐宝地』。

承德农品藏在山水间

承德是“京津冀水源涵养功能区”，山清水秀、土沃泉甘、物产丰富、绿色天然，森林覆盖率高达60.03%，是京津后花园和重要生态屏障。这里出产的板栗、杏仁、山楂、苹果、马铃薯等农产品具备绿色环保、品质优良、口味独特、营养丰富的特点，如怡达、神栗、隆泉等农产品企业更是早已享誉全国。同时，承德还是连接华北、东北的咽喉要地，是重要的农产品集散节点，是京津的米袋子、菜篮子、果盘子、肉铺子，是中国食用菌之乡、板栗之乡、山楂之乡、国光苹果之乡、马铃薯之乡、热河黄芩之乡。在康乾盛世时期，清政府在承德设立了136个“皇家农庄”，为保障清代宫廷农副产品供应发挥了重要作用。康熙皇帝在避暑山庄“引稻出塞”，乾隆皇帝将“承德塞上伊逊”钦定为“尚饮”，都印证了承德优质农产品的“历史传承”。

为实现“好山水育出好产品，好产品卖出好价钱”，2019年，承德市举全市之力打造“承德山水”农产品区域公用品牌，成立承德山水生态农业集团有限公司，解决农产品规模小、碎片化、品质与价格倒挂等问题。引导全市农业龙头企业、农村经济组织和广大农民群众形成一个联合体，将特色农产品汇聚在一面旗下，组团突围，全力打造“承德山水”农产品区域公用品牌。承德山水公司按照“承德山水”农产品区域公用品牌建设战略，打造“承德山水”农产品区域公用品牌。

“承德山水”品牌释义

以“承德”的“承”字为基本元素，即标志的整体结构是“承”字的变形，寓意“传承历史，承载未来。中间部分为汉字“合”的变形，是结合、融合、合作的意思。

标志轮廓是清朝皇帝乾隆所提的“丽正门”，代表世界文化遗产避暑山庄，更代表承德辉煌的历史和厚重的文化；左右两侧是“承德”二字的汉语拼音字头“C”“D”的变形。中间是乾卦与坤卦组成的，寓意“天行健，君子以自强不息。地势坤，君子以厚德载物”的传统价值观，来自我国国学经典巨著《周易》。

标志中的绿色代表着绿水青山的自然生态与农业文明，红黄蓝三原色寓意了承德的皇家文化和悠久历史。

承德山水

“承德山水”是从康熙墨宝《千字文》原书中集字而成，彰显了承德历史文化名城的底蕴。“承德”取自雍正皇帝“承受先祖德泽”之义而得名。“山水”则承载了习近平总书记对承德作为京津冀水资源涵养功能区的厚望，并且积极响应习近平总书记“绿水青山就是金山银山”的号召！

总体上，整个标志的设计创意，是在农业的基础上，强调承德的优良生态，同时融入承德的历史文化，使整个品牌形象立体饱满，可以更好地宣传推广承德山水。考虑辨识度问题，重点从绿色生态、塞罕坝精神、山庄文化、皇家文化等多个维度进行设计。

承德中药材

承德海拔高，雨热同季，昼夜温差大，给中药材生产提供了得天独厚的自然条件，中药材种植面积达到88万亩，总产量达到17.57万吨，面积、产量均位居河北省首位。道地(热河)黄芩已久负盛名，深受国内外中医药用户的欢迎，是北京同仁堂指定品种。

承德杏仁

承德是全国山杏仁主产区，产量居全国第一位。山杏种植面积516万亩，苦杏仁年产量2.58万吨，甜杏仁年产量0.35万吨。杏仁加工企业有国家级龙头企业1家、中国驰名商标2家、省级以上龙头企业11家。

承德食用菌

承德是全国食用菌主产区，全市食用菌产量达142万吨，仅平泉市食用菌总规模6.8亿袋，产量60万吨，均居河北省首位，全市产量占河北全省49.3%，年供应京津食用菌30万吨以上、出口2.5万吨，已成为中国北方最具影响力的食用菌生产、加工和销售区域性中心。

承德山楂

全市现有山楂栽培面积33.35万亩，产量24.2万吨。其中兴隆、隆化、承德、宽城4县栽培面积达到31.5万亩，占全市栽培面积的94.5%；产量23.3万吨，占全市产量的96.4%。其中最有名的属兴隆山楂，全县种植面积22万亩，产量20万吨，均居全国县级首位，被国家林业和草原局命名为“中国山楂之乡”。

承德马铃薯

围场马铃薯是中国地理标志产品，获评第一届河北省十佳名优农产品区域公用品牌、中国最受消费者喜爱的农产品区域公用品牌、中国百强农产品区域公用品牌。

承德果品

全市现有国家级重点龙头企业4家（露露、怡达、神栗、华净活性炭），省级重点龙头企业19家，区域公用品牌3个（承德国光苹果、宽城板栗、宽城苹果），地理标志产品5项（承德国光苹果、兴隆山楂、兴隆板栗、杏仁露、京东板栗），省级观光采摘果园51个，省级现代林果示范区3个。

承德板栗

全市栽培面积94万亩，产量17.8万吨。其中，宽城板栗全国知名，县内百年以上的板栗古树达10万余株，现存最老的板栗古树定植于1303年，如今依然枝繁叶茂、硕果累累，被专家誉为“中国板栗之王”，全县板栗种植面积达80万亩，其中有机板栗基地10万亩，是全国板栗绿色食品原料标准化生产基地。

承德肉牛

隆化县年饲养量达到1000头以上的规模养牛场8个，500头以上的规模养牛场7个，100~300头以上规模养牛场313个，50~100头养牛户1460户，10~50头养牛户13220户。

搭建运营平台 构建"承德山水"高效的组织体系

承德山水公司通过搭建"承德山水"电子商务网络运营平台，统筹协调、稳步推进"承德山水"品牌建设工作。在线上建立承德山水电商网站和直播带货平台、线下建立承德山水展示展销中心和承德山水品牌农产品直营店，构建线上线下相结合的运营模式，实现基地与市场直接联通的销售模式，为企业和消费者搭建起全链条农产品购销服务平台。

强化品牌管理 筑牢"承德山水"品牌品质

为了让"承德山水"成为叫得响、立得住、走得远的品牌，承德全面构建了农产品品牌基地建设、质量标准、安全监管、认证与检验检测、产品追溯、准入退出、品牌营销、知识产权保护八大体系，对入驻企业全面实行合同化承诺制可追溯管理。建成了"承德山水"企业标准，引导入驻"承德山水"电商平台企业严格以绿色食品生产标准组织生产。同时，依托市、县两级检测机构，优先保证"承德山水"系列产品检验检测，实现常规检测与抽检全覆盖。与承德市信用协会合作，对入驻"承德山水"的企业进行定期信用评价，对失信企业进行动态退出。通过引导全市农业企业入驻"承德山水"平台，推进承德山水品牌与基地建设有机结合，实现每个使用"承德山水"品牌的产品都有基地支撑，每个基地都有规范化标准体系保障，用高标准引领高质量。目前全市共有225家企业的1240种产品入驻"承德山水"平台。

强化市场开拓 提升"承德山水"农产品品牌影响力

完善营销网络

构建"1+3+12+30+N"的营销体系，加大品牌市场开拓力度。即市级建设1个"承德山水"农产品展示展销中心，截至目前已增设至5家（其中包含一家承德山水直播基地选品中心）；在机场、高铁站、游客中心分别建立1个展示展销中心；12个县（市、区）均建立1个"承德山水"品牌展销中心，并与市展销平台相连；在市区建立30个"承德山水"品牌农产品直销店，2022年集团对直营店进行升级改造为"供销生鲜"，优化了门店管理，扩大了经营范围，增加了基础供应保障能力，提高了果蔬供应总量，果蔬类占比全店销售80%。城区内70%的百姓有过进店购物体验，努力构建基层供应链安全体系，更好发挥"保供控价"作用。入驻平台的企业自建N个企业子品牌展示展销营销体系。目前，承德市区的5家"承德山水"农产品展示展销中心、30家"供销生鲜"农产品直营店、"承德山水"电商平台，以及北京首农双创中心"承德馆"石家庄塔冢"社区店"均已投入运营，实现线上线下同步交易。

强化品牌宣传推广

以“承德山水”品牌为引领，实现全媒体宣传推广。利用媒体、定向直供直销、举办“承德山水”农产品展示展销会等形式，多角度将“承德山水”品牌推向市场。在2019年中国农产品区域公用品牌最佳市场表现品牌评选活动中，“承德山水”品牌荣获“2019年中国农产品区域公用品牌市场新锐品牌”奖，同时获得“我最喜爱的河北农产品品牌”称号；2021年参加河北省农产品销售联盟一届一次理事会上当选为“理事会副理事长单位”；2021年与北京农学院首都农产品安全产业技术研究院共同起草团体标准《农产品质量信用标准化规范》并当选组长单位；2022年先后被评为“河北省电子商务示范企业”及在2022中国农产品区域公用品牌·年度市场竞争力品牌中获得全国第二名。

选择高端高标准战略合作者

先后在北京、天津举办“承德山水”品牌发布会、推介会，专题推介以“‘承德山水’进校园、进社区、进机关、进企业、进食堂”等活动。在北京设立北京双创中心承德馆，成立北京滦丰供应链管理有限公司，稳步发挥作用连接北京市场；与天津食品集团合资成立承德山水商贸有限公司，以“承德山水”平台为支撑，借助天津食品集团强大的销售渠道和团队开拓能力，双向开放津承市场，建立长期稳定的直供渠道；与中国工商银行合作，在工行融e购网络销售平台开设了承德山水食品专营店，建立了“双认双定”合作新模式，把承德山水优质农产品推向工行2000万优质客户。通过与高端战略合作伙伴深入合作，持续扩大承德市优质农产品在京津市场的销售额，进一步提升承德特色农产品的知名度和影响力。

通过打造“承德山水”农产品区域公用品牌，提高承德农副产品知名度和影响力，切实发挥“政府搭台、企业唱戏”的作用，将承德的生态环境优势转化为生态产业优势，让生态文明建设成果惠及广大农民群众。目前，承德山水品牌拥有13家中国驰名商标、113家国家级和省级龙头企业，涵盖全市36种国家地理标志产品，324个绿色、有机认证产品，225家企业、1200多个单品、111.6万亩全国绿色食品原料标准化生产基地，累计带动全市支农产品销售156亿元。

平山优礼

Ping Shan You Li

平山县位于河北省西部，太行山东麓，滹沱河上游，三面环山，一面环水，是全国著名的革命老区、山区大县、农业大县，是河北省地理风貌最齐全、农业资源最丰富、农业业态最完备的县之一，也是我国首批『生态示范县』之一。

因其独特的太行山地域环境，平山县自然资源优势明显：①平山县属于国家级生态示范区，森林覆盖率高达48.9%，植被覆盖率达85%左右，空气纯净；②平山县地貌属山地类型，地势高差悬殊，海拔从111米直升2281米，立体气候明显；③滹沱河贯穿全县，是首都北京的备用饮用水源地，河北省会石家庄的饮用水源地和生态屏障，柏坡湖水质常年维持在国家一类饮用水标准。

不仅如此，平山县更是中国革命圣地——西柏坡所在地、“两个务必”诞生地、华北人民政府在平山县成立、新中国从这里走来。独特的红色文化基因，构成了平山县特有的红色历史传承。

背依青山，碧水长流。独特的气候、多变的地形及良好的生态环境、人文历史为平山县农产品生长提供了不可比拟的资源禀赋和发展空间，可满足粮食、蔬菜、林果、油料等多种作物的生长需求，农特产品种类繁多。因此，平山县曾被农业部绿色食品管理办公室和中国绿色食品发展中心共同命名为“全国绿色食品原料标准化生产基地”，2011年平山县更被国家命名为“绿色名县”。全县绿色农产品33个、有机农产品10个，拥有“平山苹果”“平山绵核桃”“平山黑木耳”“平山连翘”“平山黄芩”“平山粉条”等国家地理标志证明商标6个。

红色是平山的精神，绿色代表着平山的丰饶。因此，近年来，平山县立足红色资源和生态资源优势，不断深入挖掘“红色资源”，实现“绿色发展”，加快推进农业供给侧结构性改革，大力发展品牌农业，持续推进品牌强农。2023年3月23日“平山优礼”区域公用品牌发布会在革命圣地西柏坡隆重召开。这是平山将地方特产资源优势转化为经济发展优势的重要举措，随着“平山优礼”这张区域“金名片”的诞生，品牌效应得到有效发挥，这将进一步挖掘和提升平山众多优质农产品资源的价值，增强农户对接市场的能力，让农户更多分享品牌溢价带来的收益，同时也会提升平山整体的形象、美誉度等。

品牌口号：红绿平山 山水乡味

红：红色基因
绿：绿色优势
＝平山

山：太行山
水：滹沱河
＝乡味

通过挖掘平山“红色基因”+“绿色优势”之根本优势，重点突出“红+绿”的平山地域特点，及平山农产品“山水滋养的淳朴乡味”的核心产品优势，提出核心广告语为：红绿平山，山水乡味。

品牌标志

平山优礼

红|绿|平|山 · 山|水|乡|味

设计说明：品牌标识是视觉形象的核心，它集中展现“平山优礼”的地域特征，以及“平山优礼”品牌的核心竞争力。因此，“平山优礼”Logo图形设计整体以平山“红”+“绿”的根本优势为创意原点，通过平山西柏坡红色文化与青山绿水的生态环境为演绎，图形整体呈现出平山的“平”字，内藏平山的“山”字，突显出专属“平山”的地域特性。同时图形又将平山“山+水”的核心产品优势融入其中，以青绿的山形融为山，飘扬的红色旗帜融为水，整体契合了“平山优礼”“红绿平山·山水乡味”的品牌根本竞争力。

整体字体基于宋体风格原创设计，壁画粗细变化得当，字体结构和谐统一，将宋体重新演绎，赋予字体新一代消费者的审美特质，宋代字体独特的美感也正好契合平山红色文化与青山绿水生态环境。

品牌核心卖点

围绕平山纯正红色基因，纯正绿色优势，纯正大山乡味三大特点，提出“100%”概念，象征着平山从历史文化到农特产品到人文精神的“纯”“正”“真”。通过对平山产品核心特点的描写，用轻松现代感的方式，讲好产品故事，与消费者产生交流，塑造出平山核心产品的品质感、价值感。

炼红心

100% 红色基因

生在党旗下
长在革命圣地
100%红色基因

守真心

100% 山里真味

太行山脉天然种养环境
纯净自然无添加
每一口都是大自然的味道

致初心

100% 醇厚乡味

每款产品都出自善良质朴
民风淳厚的平山老乡
以赤诚之心守护纯正乡味

品牌主视觉形象

设计说明：整体画面以“青山绿水，好物云集平山”的核心思路展开。喜悦丰收的农人，自由撒欢的动物，挂满枝头的丰饶硕果……缀以不忘初心的西柏坡纪念碑，汇聚成一幅以“平山优礼”为核心的画卷，象征着平山富饶多产的绿色生态画卷徐徐展开。

品牌包装

通过挖掘产品背后独特的地域资源、人文资源，将平山优礼“九大礼盒”系统性包装设计，进一步形成品牌识别性和立体传播价值，统一品牌对外视觉形象，提升平山优礼产品形象及附加价值，为当地产业发展注入新活力！

平山核桃油、香油等包装设计

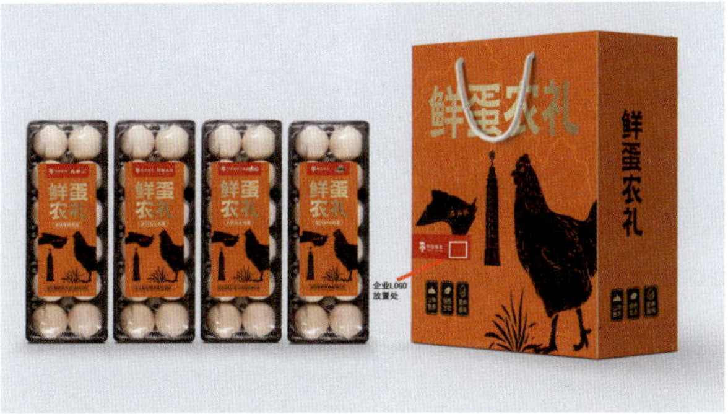

平山鸡蛋包装设计

五谷类产品包装设计

山地苹果包装设计

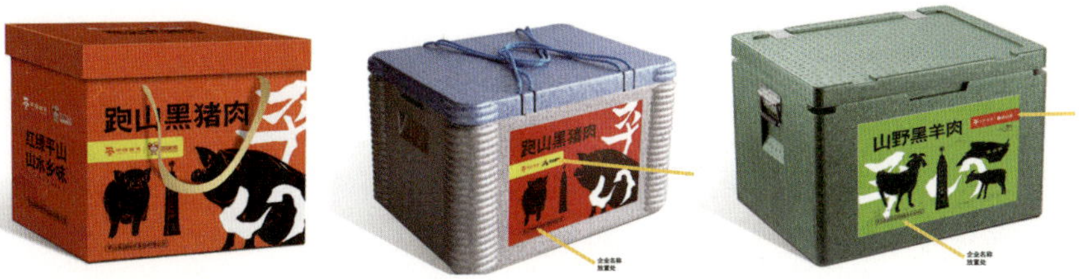

黑猪肉、黑羊肉包装设计

平山茶叶包装设计

冷水鱼礼盒、果蔬礼盒、食用菌礼盒包装设计

平山主要特色农产品

平山小米(品种:张杂谷):由于山坡气候差异,Ⅰ类水质种植灌溉水源,使香谷米黏软爽口,米香浓郁。荣获河北省著名商标,2010年第四届上好国际有机食物博览会“金奖”。

平山绵核桃:皮薄肉厚,营养丰富,能轻松剥出整个或半个核桃仁,是地理标志证明商标。

平山黑木耳:海拔层位悬殊,为优秀黑木耳种植创造了条件。获得国家有机产品认证,是国家地理标志证明商标。

平山元坊苹果(红富士):因昼夜温差大,无污染,山泉浇灌,苹果产品品质一流,独具风味。是河北省著名商标,河北省名牌产品,获国家有机产品认证。

平山古月豆腐:石家庄市非物质文化遗产,采用山地黑豆,传统手工制作工艺,0脂肪,软嫩香滑,是河北省著名商标,河北老字号。

平山平菇:“平山有平菇,绿色营养高”。平山县生产平菇的历史悠久,在清朝咸丰年间已有生产记载,并记入蔬菜类目。独特的气候环境使产品口感脆嫩、清香鲜美、营养丰富,并且不含任何激素、农药、化肥等有害物质,属于真正的绿色产品。

平山红薯:平山褐土,通透性好,酸碱度适宜,富含钙、磷、钾、铁、锌等矿物质,非常适合红薯等农作物的生长,不打农药,自然成熟,红薯甜度高,软糯香甜,皮薄无丝,蜜油四溢。手工制作出来的平山红薯粉条,速冻蜜薯干,无任何添加剂,久煮不烂,清香可口,有嚼劲。

平山寿桃：平山中华寿桃，特殊土质结构及山泉水浇灌，使寿桃含糖量、矿物质既多又全，被评为A级绿色食品、省优质产品。

平山黑猪：太行山深处散养，吃山林野果、青草、中药材，辅以绿色粮食，饮山间泉水，呼吸山中绿色空气，天然成长，肉质鲜美，风味浓郁。

平山连翘：品质好，药效佳。检测连翘酯苷含量高达0.20%，远高于《中国药典》规定的0.15%。品质上乘，药效佳，是国家地理标志证明商标。

平山鲟鱼：自然生态养殖，肉质紧实，有韧性，无土腥味，口感好。

平山蜂蜜（蜂蜜品种：酸枣花、洋槐、荆条）**：**42°Bx甜自然成熟蜜，无添加剂、防腐剂等。蜜源区为水资源保护区和自然资源保护区，蜜源纯净。

平山黄芩：历史上曾多次进贡太医院，深受宫廷御医欢迎。外观整齐，色泽鲜明，质地坚硬，止血功效显著，是国家地理标志证明商标。

平山腌肉：传承太行山区2000多年古法制作，九道工艺，层层递进，腌肉色香味独特，储存时间长，是河北特产食品，河北老字号，县级非物质文化遗产。

巍巍太行，滔滔滹沱。穿梭于平山历史，游走于平山大地，你会倍感这片土地历史积淀之深厚、奉献精神之可敬、高山大河之壮美、地热温泉之珍贵、县情风物之独特。

涿鹿绿产

Zhuo Lu Lv Chan

涿鹿绿产 味道天然

张家口市涿鹿县地处燕山山脉和太行山脉交叉、重叠的交汇点，永定河上游、桑干河下游，区域内海拔高度在460～2800米，县城距张家口市区75千米，距北京市区130千米。该地土壤有机质丰富、水质优良、光照充足，昼夜温差大，生态环境近乎原生状态，人文淳朴，资源禀赋优越。

“千里桑干，唯富涿鹿”。涿鹿自然资源丰富、生态优良，属大陆性季风气候，四季分明、光照充足，自然生态保护区，物产丰富，依托河北省农林科学院、中国农业大学等科研院校的技术力量，政产学研相结合。

“千古文明开涿鹿”。涿鹿是中华文明的发源地，黄帝、炎帝、蚩尤在涿鹿征战、融合，开创了中华五千年文明史，创造了炎黄文化。涿鹿境内现存黄帝时期的遗址遗迹23处，被誉为“中华文明从这里走来”。

“三分平原，三分丘陵，三分盆地”是对涿鹿地形的写照。多样的地形、强烈的温差孕育了涿鹿多样优质物产。

杏扁：据《北方果树栽培总论》，涿鹿县南山区是杏扁的起源地，有“仁用杏之乡”的美誉。涿鹿多山地丘陵，四季分明，为杏树的种植提供了得天独厚的环境。每一粒杏扁经过精心加工烘焙，营养丰富，具有润肺、止咳、润肠止泻、杀虫解毒等功效，经常食用可祛病强身，延年益寿。

葡萄：涿鹿也是中国的“葡萄之乡”，地处全世界公认的葡萄种植黄金纬度带，四季分明，空气洁净，水资源充沛，无论是鲜食葡萄还是酿酒葡萄，都在这里广泛种植。这里种植的龙眼葡萄，外形酷似龙睛，故得此名。葡萄粒呈紫红色，皮薄而且透明，果汁糖分高，浓度大，刀切而其汁不溢，吃起来甘而不饴、酸甜可口，被郭沫若誉为“北国明珠”。

蔬菜：京津菜篮子，错季、绿色、优质。涿鹿靠近北京，是京津的菜篮子。依托优越的气候条件，涿鹿开展蔬菜错季种植，一年四季各类蔬菜供应不断。

小杂粮：涿鹿种植杂粮的历史悠久。羊肥小米是涿鹿的特色产品，依托洁净的土壤和气候，让这里生长的杂粮品质更高，其色泽金黄、黏糯甜香，口感远胜于普通小米。

中药材：涿鹿中医药文化源远流长。依托山地资源，板蓝根、黄芪、丹参、酸枣等中药材在这里生长，科学的管理和优良的水土，使中药材品质更上乘。

獭兔：獭兔不但能产毛，做工艺品、玩偶、服饰等，其肉还能烹制美食。涿鹿特产手撕烤兔，采用传统古法，加入秘制中草药配方，让人吃了香辣爽口而不上火。选材上全部选用中草药喂养的獭兔，新鲜健康、营养丰富，烤出来肉厚皮酥、醇香浓郁，不是野味胜似野味。

食用菌：得益于优质的冷凉气候资源，涿鹿也是食用菌生长的自然宝地，无论是香菇、平菇等普通品种，还是羊肚菌、灵芝等高端品种，都在这里生长。干蘑菇、蘑菇酱、灵芝粉等深加工产品应有尽有。

这就是涿鹿，有着悠久的历史文化，有着优美的自然风景，有着特色传统美食和天然的物产。为品牌创建提供了优质资源和坚实基础。

党的二十大报告提出“传承中华优秀传统文化，满足人民日益增长的精神文化需求”。依托中华传统文化，助力中国农业品牌建设必定大有可为。

农业品牌文化塑造，纵观市场上的产品，同质化日趋严重，尤其在初级农产品市场更甚。所以只有以品牌作为品质的背书，才能打开竞争局面。区域品牌打造应充分结合当地的文化，以地域文化的差异来构建品牌的差异。涿鹿是华夏文明的发源地，在中国历史上有重要的地位。涿鹿之战、华夏文化是人尽皆知的符号。所以，以华夏文化作为符号延伸到涿鹿绿产区域公用品牌上，既能让品牌有地域的代表性，也能降低同消费者的沟通成本，让品牌更有文化底蕴。

品牌LOGO

涿鹿绿产

涿鹿绿产 | 味道天然

文化是涿鹿品牌的基底，自然是涿鹿品牌的支撑。品牌Logo图形以桑干河与鹿结合为创意点，既表达出涿鹿的农业发展基础条件优越，又以鹿来传达出地域名称。鹿也表达出县域产业有“逐鹿中原”“问鼎天下”的美好期待。品牌插画将物产实物与桑干河通过创意插画的形式给人带来了美好联想与视觉冲击。

品牌口号：涿鹿绿产，味道天然

农产品讲究地缘优势，通过系统分析涿鹿绿产的地缘优势发现，涿鹿县的生态环境是其最大的竞争力，依托涿鹿的自然生态环境，其物产味道天然。涿鹿县区域公用品牌借鉴“平仄、押韵”打造出“涿鹿绿产，味道天然”的口号，朗朗上口，利于传播。

涿鹿绿产，味道天然

品牌口号聚焦于“天然”这一核心价值，生动传递出涿鹿的优势和内涵。为继续深入丰富“味道天然”这一品牌核心价值的内涵，“涿鹿绿产”围绕山水、文化、生态作为品牌支撑，从不同角度诠释天生自然好味道。

依水而生

永定河上游，桑干河下游
水源丰富，孕育万物

生态屏障

山区、森林资源丰富
自然生态保护区

千年文明

中华文明起源地
底蕴深厚，守正出新

桑洋儿女

炎黄子孙，桑洋儿女
勤劳耕作育好物

⊙ 区域品牌产品体系构建：涿鹿多样优质物产

杏扁

葡萄

食用菌

獭兔

中药材

蔬菜

小杂粮

杏　扁： 仁大、质优、有甜味，富含钙、铁、锌、硒、无机盐，口感营养一次满足。

葡　萄： 含糖度高，含酸量适中，色素和香味物质发育充分。

食用菌： 多样化菌种，林下窑洞特色种植，小蘑菇撑起致富伞。

獭　兔： 中草药喂养，独特烤制工艺，秘制调味香万家。

中药材： 传承中医文化，优化种植结构，道地药材品质上乘。

蔬　菜： 京津菜篮子，错季、绿色、优质，四季供应。

小杂粮： 山间小气候，孕育特色小杂粮，品质优越营养全。

品牌宣传体系

伴随品牌的市场运作和传播推广，品牌就成了涿鹿文化的载体，作为展示窗口，在消费者心中传播涿鹿的历史文化和风土人情。一个品牌不但要有文化，更要有艺术感。进行包装设计和品牌形象设计时，在充分考虑了当下消费者主流审美观后，以手绘插画的形式呈现作品，让品牌更加年轻化。

“涿鹿绿产”完成品牌创塑工作后，也制定了一系列的发展举措，促使品牌进一步打开知名度。

一是组建“涿鹿绿产”县级农产品区域公用品牌运营平台。以县扶农公司为主体，加强与北京、天津及其他省份有关单位合作，成立涿鹿县县级农产品区域公用品牌运营公司，组建品牌农产品线下、线上运营渠道。涿鹿县扶农公司主要负责公司的运营和管理，北京、天津、河北省市内合作方主要负责争取消费扶贫的相关配套政策支持，提供消费市场信息，促进农超对接，推动县级农产品区域公用品牌农产品走出去。

二是多产业协同发展与渠道联动，推进涿鹿县县级区域公用品牌营销体系发展。涿鹿绿产区域公用品牌涵盖葡萄、食用菌、杏扁、小杂粮、中药材、蔬菜、獭兔七大产业产品，各产品所处的渠道与消费受众有区别也有交点。为此，实行“以大规模带动小规模、以特色产品带动普通产品、以大产业带动小产业”的产业协同发展模式。利用首农双创中心、消费扶贫专柜、消费扶贫京津结对帮扶政策，建立京津冀扶贫协作机制。组织开展丁香直供直销活动，推动北京、天津组织及各单位优先采购。积极参加各种展销会、推介会，将“涿鹿绿产”县级农产品区域公用品牌推向市场。

此外，加强“涿鹿绿产”县级农产品区域公用品牌全媒体宣传推广，在C端销售葡萄、杏扁和小杂粮等强势产品时，会附带销售宣传其他产业的产品。渠道执行以“线上+线下”的交互联动模式。在B端，蔬菜、食用菌、中药材产业的产品流通时，会宣传C端的产品。而小众特色产业的獭兔产品会以C端为主要销售渠道，在B端进行宣传。让七大产业的产品在各渠道都得到宣传，实现共同发展。

三是完善农业品牌发展规划。围绕县级农产品区域公用品牌建设，进一步整合、完善、优化农业品牌发展的相关规划，实施“涿鹿绿产”县级农产品区域公用品牌培育工程。重点加强龙头企业、合作社、家庭农场、种植养殖大户等新型农业经营主体品牌建设，带动更多质量稳定、具有特色的农产品加入“涿鹿绿产”县级农产品区域公用品牌。依靠品牌打通市场，带动农民致富增收。

青龙农汇

Qing Long Nong Hui

青龙满族自治县位于河北省东北部，燕山东麓，古长城脚下，隶属于秦皇岛市，是少数民族自治县、革命老区、原国家扶贫开发重点县。

青龙满族自治县历史悠久、文化厚重。早在旧石器时代就有人类活动，奚族文化、满族文化、红色文化和白酒文化交相辉映，属红山文化的外围部分，是中国奚族文化之乡、河北省民间文化艺术之乡。

寻找独属于青龙的山域资源

青龙县自然生态系统原真性、完整性程度较高，森林覆盖率72.75%，全境水质优于国家地表水和浅层地下水二级标准，桃林口水库水质稳定达到国家Ⅰ类水质标准，空气质量连年处于省市领先水平，是国家重点生态功能区、省级园林县城、省级森林城市，获评全国绿化模范县、全国首批绿色发展优秀县、中国百佳深呼吸小城、河北大气污染综合治理先进县、首批“美丽中国·深呼吸小城高质量发展实验区”。

青龙自然环境得天独厚，属北温带湿润大陆性季风气候，四季分明，日照充足，昼夜温差大，平均气温8.9℃，平均降水量715毫米，年无霜期162天。青龙素有“八山一水一分田”之称，境内山绕着山，山叠着山，山依着山，山是特色，山是文化，山是宝藏，山是希望，巍巍连绵群山中，林果、畜牧、山野资源丰饶，开发潜力巨大。同时，青龙县城距秦皇岛港120千米，距京沈高速公路70千米，距北京市250千米，距天津市265千米，处在环京津、环渤海经济圈和冀东经济区内，区位优势明显。

经过多年发展，青龙县丰富的地域资源被充分利用，各类产业逐渐发展壮大，主要如下。

板栗

全县种植面积100万亩（成林67万亩、未成林33万亩），总产量5万吨，年出口量达7000多吨，被河北省政府确定为“百万亩外向型京东板栗出口基地县”。青龙县板栗品质极佳，不仅颗粒均匀、色泽光亮、涩皮易剥、肉细质糯、醇香味美，而且营养成分居全国板栗之首，素有“干果之王”美誉，常食对高血压、冠心病和动脉硬化等有较好的预防和治疗作用，还可延缓衰老、延年益寿。

苹果

全县栽植总面积21.7万亩（红富士占73%，国光占12.5%），是河北省唯一达到20万亩的县区。由于气候适宜，光照充足，生长期长，果品质量非常好。青龙县苹果的单果重、着色度、含糖量、果肉硬度等多项指标全国最优，多次在国家级农产品展销会上荣获金奖。

梨 全县栽植总面积7万亩，年产量4.5万吨。

山楂 全县栽植面积3万亩，年产量2万吨。

畜牧 全县有规模羊场302个，年饲养量达125万只，出栏75万只。肉鸡养殖场1086个，年饲养量4450万只，出栏3526万只。生猪养殖场128个，年饲养量100万头，出栏55万头。

中药材 青龙县具备各类中药材生长的良好环境，被誉为“北方天然药库”。目前，种植面积达到11万亩，年产量2.35万吨。其中3万亩被认证为国家级绿色原料生产基地，500亩以上省级中药材种植示范园20家。较出名的中药材品种有都山人参、都山党参、金丝黄芩、燕山黄芪、青龙山杏仁、青龙小枸杞、老岭柴胡、都山葛根，被称为“燕山八味”。

食用菌 栽培总量达5100万棒，总产量2.93万吨。主要品种为香菇、黑木耳，其中香菇占95%，主要销往京津唐地区，部分花菇销往韩国和日本，曾在第十六届中国绿色食品博览会上荣获金奖。随着消费水平的增加，电商直播行业的发展，越来越多青龙特色的山域资源农特产品被消费者青睐，青龙特农产品市场、电商、农业产业发生了翻天覆地的变化。

打造青龙地域资源全品类品牌

虽然青龙农特产品已经通过各种渠道进入了消费市场，解决了农产品“出不去”的问题，但随之而来的还有更多新阶段产生的新问题，如农产品加工程度低、市场混乱、无品牌价值、无标准化体系、宣传能力差等。为了解决这些问题，“青龙农汇”品牌创建应运而生。青龙农汇根植青龙，持续深入发掘地域资源，以青龙地域优质农特产品为核心，以青龙地域农业行业研究为基础，对青龙传统农业及销售方式进行认真消化与整合，并进行改造升级，打造以青龙地域为主的全品类农特消费品牌，助力青龙乡村振兴。

全品类品牌

1.品牌名称：青龙农汇

“青龙”既是青龙满族自治县的地域名称，亦是中国古代“天之四灵”的东方之神“青龙”，既是地域资源的符号放大，又是以“青龙”为原型IP形象“龙小青”的具化形象符号；“农汇”代表的是所有优质农产品汇聚在一起，也是“农品优汇”的简称，还是“农惠”“农慧”的同音词，一语多关，寓意丰富。

2.品牌口号：依山知味，农品优汇

以山域元素为主，山是资源，山是特色，山是文化，山是传承，山是媒介，代表着属于青龙地域的美味农特产品。此口号将通过产品端进行传播，与农业食品消费品强相关，让消费者通过好产品，知来处、晓溯源、促复购。

3.品牌标识

从外形上来看，Logo是由两座青山峦叠而成，两座山峰代表的是青龙地域燕山的两座名山“都山及祖山”。放大了青龙农汇产品源自青龙山域资源的文化符号。

从内部构造上来看，两座山中的曲线，绵延曲折，代表着青龙河流，象征青龙山水相依，形成得天独厚的优越自然环境。

发散联想思维，两座山峰的侧面加上一竖为字母“N”，加一横为字母“H”，即为农汇的首字母缩写，丰富了品牌内涵，构成了农汇的引申意义。

在整体的符号轮廓上看，图形胜似两个向上的箭头，也象征着青龙农汇不断创新、不断向上的追求与进步。

最后回到品牌名称本身，Logo图形形似龙角，与青龙印象及青龙农汇IP形象龙小青遥相呼应，整体统一完整。

4.品牌IP形象——龙小青

开口栗

板栗仁

苹果

谷子

山楂

在青龙农汇品牌未来规划中，将会推出更多关于“龙小青”的文创产品，如用动漫、歌曲等形式创作的作品和周边文创产品。

◉ 子品类品牌——青龙板栗

青龙板栗的发展有其特有的历史背景和特征，20世纪后半叶至今，青龙板栗在海外的名气远大于国内的名气，在国内，青龙板栗一直是幕后英雄的角色。由于青龙板栗品质卓越，经常被它域板栗所大量收购，以自有品牌进行销售，长此以往，它域板栗依靠青龙的品质打出了品牌，而青龙板栗却没有自己的品牌，变成了供应商和奉献者的角色。随着不断发展，青龙县委县政府以高度的产业眼光决心改变这种现状。因此，青龙板栗区域公用品牌寄托着重要的期望，他们决心改变青龙板栗现今幕后英雄的角色，推动青龙板栗品牌由幕后走向台前的进程。为青龙板栗正名，打造中华板栗产区样板县。

1.核心优势

在创建青龙板栗区域公用品牌的过程中，经过大量的资料研读、文化挖掘与实地走访，我们发现，在青龙板栗起源、生存、发展和壮大中，一种纯正的特质流淌在产业的血脉之中，我们将其概括为：名，于环境、于文化、于底蕴、于品质、于规模、于味道，名，贯穿了青龙板栗发展的一生。同时，青龙板栗是粒上皇、举个栗子等诸多国内板栗品牌及其他区域板栗的供应商，而作为根本的青龙板栗却名声不显，青龙人想迫切改变青龙板栗幕后英雄的角色，因此，青龙板栗区域公用品牌的创建是一个重要且必要的正名之作。

2.品牌价值挖掘

3.品牌命名：青龙板栗

青龙板栗
QING | LONG | BAN | LI

4.品牌口号：青龙板栗，传世香糯甜

青龙板栗的最重要特点以及最能进行竞品区分的优势在于其独特的味道，这是最核心的内容，而且市场上并未有这一概念的产生，所以，青龙将其产品定位于香糯甜口味的板栗。

5.品牌吉祥物

根据品牌调性，设计品牌吉祥物，打造品牌IP，作为品牌虚拟代言人，应用在不同的传播场景中。

各项推广致力于将“青龙板栗”区域公用品牌打造成青龙板栗产业的专属标识，提升板栗产业走向中高端高附加值市场，促进青龙板栗企业及农户增效增收。

◉ 子品类品牌——青龙苹果

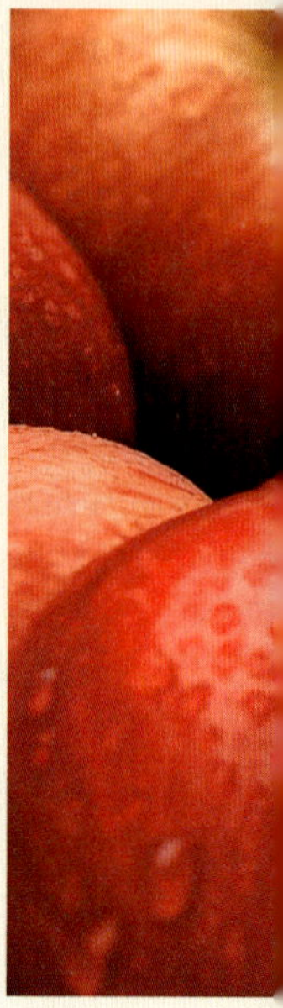

青龙苹果产业是青龙满族自治县人民政府响应国家农业发展战略、结合县情现况进行战略实施重要载体。以产业核心价值为内涵，品牌建设为路径，突出青龙苹果在产业历史、发展背景、品质特征、品牌追求等方面的价值所在，通过打造青龙苹果区域公用品牌，增强青龙苹果的溢价能力、加速青龙产业融合、提升青龙对外形象和知名度、促进青龙苹果宣传销售、传播青龙多元文化，切实推动青龙苹果产业向品牌化、集群化、规模化、标准化发展，提升品牌附加价值，实现农民富裕和产业兴旺，担负区域经济高质量发展和品牌强农的光荣使命，助力青龙满族自治县乡村振兴。

在为青龙苹果区域公用品牌“寻魂塑体”的过程中，通过大量的实地调研、资料研读与深入思辨，可以发现一种专属于青龙苹果产业的纯正特质闪现于青龙苹果产业崛起、壮大、升级过程之中，将其概括为“本色”。

本色

青龙苹果

QING LONG PING GUO

品牌口号：燕山春秋，一果知味

品牌图腾

清风从天边缓缓而来，云朵在天空静静等待，山岚自林间悄悄飘摇，苹果于树上默默生长。当巍峨和温柔共存一处，也只有燕山能涌起两面不同特征，一个难得的小生态：蓝天、清风、山岚、云雾、青山、碧水、果树成林，阳光哺育了燕山的生命、燕山提供了生命的场所，和谐如斯，调节了温度和降雨，完成了糖分的积累和活力的氤氲。天空碧如蓝，飞鸟相与听，这里是燕山，这里是燕山山地，这里是燕山山地青龙苹果。

燕山春秋 一果知味

GOOD ECOLOGY · GOOD TASTE · EXCELLENT QUALITY · PROVENANCE POSITIVE · BEAUTY AND FAME

品牌价值支撑

植根燕山万年山地 生态好

水分足昼夜温差大 口感佳

匠心深湛精心培植 品质优

中国苹果之乡认定 种源正

甘美味正适口耐贮 美名扬

借力单品区域公用品牌，整合全品类地域资源

在国内外，采用区域公用品牌类型创建农产品品牌，以区域品牌进行产品销售，在提升农产品形象、品质及溢价能力方面取得成功的案例比比皆是，远到新西兰苹果、日本神户牛肉，近到阳澄湖大闸蟹、西湖龙井茶，乃至近期青龙县发布的“青龙板栗”“青龙苹果”等均是如此。

而“青龙农汇”既吸取了地域资源的传播优势，又能覆盖全品类产品的支撑，还保证了品牌的可塑性和自主权。这些对山域文化、农产品资源、满族元素的深入挖掘，都将交织成青龙农汇品牌的文化价值链。

同样，在品牌战略上，以借力“区域公用品牌”、借力“地域资源”、借力“满族文化”为基点，以点带面，全面开花，突破青龙农产品单品限制，坚持体系化、标准化、品牌化的发展道路，打造以“青龙”为核心的IP品牌样板，最终实现对青龙农业产业发展的反哺。

在具体举措上，采用“三全”品牌战略。

一是全品类（产品开发）。以青龙地域资源和文化为核心，不断开发青龙优质生态农产品，建立全品类产品线；通过系统化整理青龙县农特产品产业发展情况，分门别类总结品类概况、产业规模、品类特点，挖掘文化价值形成文字类介绍、画册、视频等影音文字资料，建立青龙农汇品牌资产基础数据库，应用到各口径宣传推介；以建立品牌资产数据库数据为基础，根据产业特色、产业规模、历史文化、市场成熟度、产品潜力等综合因素进行评估排列，制定青龙农汇特色农产品全品类选品发展策略。优先选择产业规模大、行业成熟度高、消费市场成熟的产品进行产品开发。建立青龙农汇全品类品牌研发“漏斗”模型，实现青龙品牌“发布推广一批、入库创建一批、发掘储备一批”的可持续发展战略模式，真正实现青龙特色农产品全品类品牌化发展道路。

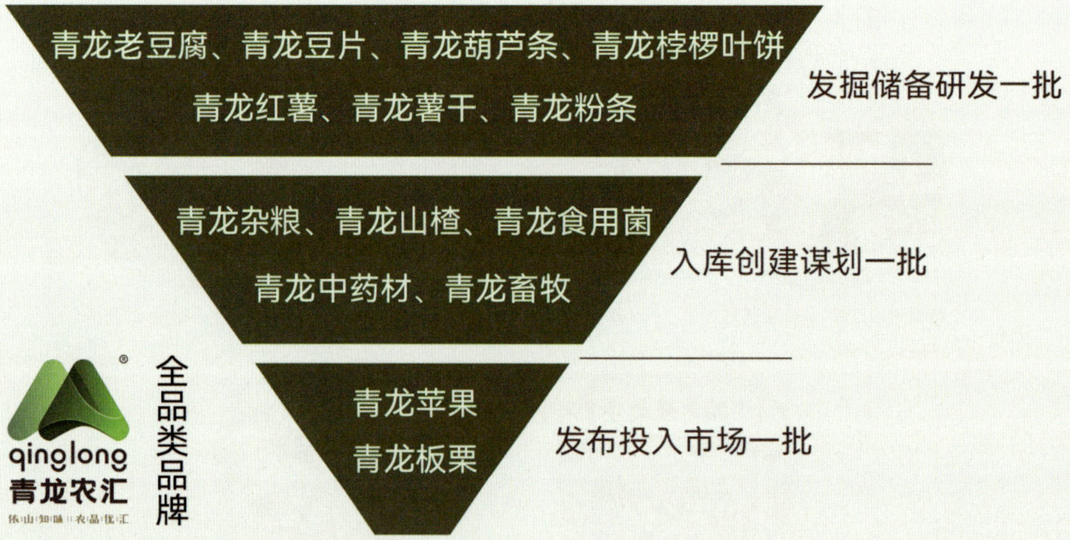

青龙农汇品类产品研发漏斗模型

二是全渠道（业态通路）。通过线上、线下、社区团购、零食折扣店、新零售、长短视频平台、种草购物平台等渠道方式搭建青龙农汇全渠道销售、宣传、售后通路；建立青龙农汇官方网站、微信公众号、长短视频平台、社交媒体等官方外宣窗口体系，深入挖掘产品潜力和文化内涵；建立“农汇智库”新媒体团队持续进行内容创作与输出，拓展多类宣传市场，细分受众，分策略进行品牌传播。

三是全产业链（产业模式）。第一步从“三产”开始，以“品牌化”道路为先，通过搭建各类型销售渠道及宣传路径，以“基地+农户”“代工模式”等轻资产运营模式探索、积累前期品牌口碑及客户资源；第二步进入“二产”，逐渐建设自营超级工厂，将农业产品在保健康特色的基础上工业化、标准化生产，开始进行食品自主研发，积累固定资产；第三步，延伸至“一产”，创建自主现代化、标准化、智能化生产基地，尝试开展有机农业生态建设，建设从生产端、加工端、开发端、销售端、运输端、售后端全覆盖的全产业链运营模式，建立品牌质量、服务客户信任护城河，成为一家为农业现代化提供落地路径样板的农业企业。

青龙板栗仁

青龙金小米

青龙烤山楂

卢味龙耕

Lu Wei Long Geng

卢龙人民悉心耕种的『卢味』是什么味？

是甘薯，粉面香甜之味

是红酒，馥郁芳香之味

是葡萄，向阳而生之味

是金米，温暖绵香之味

是孤竹文化，海纳百川之味

更是农产+观光+康养，博观约取之味

根：品牌缘起

产业强基础：卢龙农业特色资源鲜明。甘薯栽植已有100多年历史，常年种植面积保持在16万亩左右，是“中国甘薯之乡”，“光友”“中薯”等名牌薯制品远销日、美、韩。卢龙处于世界公认的酿酒葡萄黄金种植带，与法国的波尔多处于同一纬度（北纬39°48′），被誉为中国的“波尔多”。被命名为“中国酿酒葡萄生产基地县”和“中国葡萄酒之乡”。“石门核桃”是世界公认的唯一与美国“钻石核桃”相媲美的优质品种，被命名为“中国核桃之乡”。

品牌促振兴：随着乡村振兴战略的深入推进与国家电子商务进农村综合示范县项目的建设，秦皇岛市卢龙县将电子商务公共品牌培育作为促进共同富裕、推动乡村产业振兴的重要抓手。以农产品上行及供应链体系建设为核心，以做大做强县域公共品牌、培育地方企业品牌为目标，按照“市场主导与政策推动相结合、示范带动与全面发展相结合、农村产品上网与网络商品下乡相结合”思路，不断创新农村产品电子商务品牌培育模式和工作推进机制，推动落实平台集聚效益以及相关产业、企业及合作社主体责任，全面提升企业品牌意识、品牌培育能力、品牌优势，努力实现高品质、高水平本土制造，将县域公共品牌建设成卢龙县农业、工业、美食、文化、旅游、养生等有关产业实现电商化、品牌化、标准化、生态化转型升级的共享名片与“金字招牌”，带动企业品牌发展，为打造卢龙经济升级版奠定坚实基础。

创：创建之道

◉ 品牌策略

采用“母品牌+子品牌”品牌发展模式，1个公共的母品牌，协同多个子品牌，构建起以三全（全县域、全产业、全品类）、一主副（卢龙县县域公共品牌与核心产业龙头品牌等形成主副品牌关系）、五化互动（标准化、品牌化、电商化、规模化、国际化）、七大工程融合创新为特征的卢龙县域品牌体系，并在目标核心市场形成广泛的品牌影响力和品牌核心竞争力，实现品牌共建共享、共荣共生，达到产业、旅游、文化、历史、民风民俗等全方位的结合。

“卢味龙耕”为覆盖卢龙全县域、全产业、全品类的县域公共品牌，以国家地理标志产品为主的产业区域公共品牌是品牌体系的核心，市级以上知名企业产品品牌是品牌体系的主体，美食、文化、旅游、康养品牌是品牌体系的延伸。

坚持特色、绿色、国际化的标准，每年授权背书一批产业区域公共品牌、知名企业产品品牌和美食文旅品牌，逐步扩大“卢味龙耕”的朋友圈，打造卢龙特色产品品牌集群的“金字塔”。

◉ 品牌定位

——临海田园、原乡之城、千年古县、非遗大县、文化之城、京东第一府。

——集田园文化、海滨文化、孤竹文化、诗词文化、非遗文化、红色文化、民间文化于一身。

——农粮产业硕果累累，康养旅游广博繁盛，支柱产业多点开花，民间艺术群英荟萃，精神食粮好，物质食粮要更好！

品牌价值

1.价值梳理

(1)千年历史，绘就深厚文化底蕴

(2)薯乡记忆，深耕“五大主导”区域特色农业格局

(3)多彩非遗，点燃卢龙文化魅力火炬

2.价值输出

卢龙人民悉心耕种的“卢味”是什么味？

——是甘薯，粉面香甜之味

——是红酒，馥郁芳香之味

——是葡萄，向阳而生之味

——是金米，温暖绵香之味

——是孤竹文化，海纳百川之味

——更是农产+观光+康养，博观约取之味

3.品牌核心要义

农品——有味道的产品

文化——有年头的文化

品牌——有故事的品牌

包装——年轻化的包装

营销——网络化的营销

品牌口号——百年薯乡 康养卢龙

从市场关联性出发，阐释了卢龙作为“薯乡”的县域定位，以及举全县之力打造甘薯特色产业集群的工作重心，这不仅符合县域产业发展战略规划，也贴合市场消费需求。

从与消费者的互动性出发，对于追求高品质生活、注重食品安全、重视养生健康的人群，特别是都市亚健康人群来说，塑造并传递卢龙“康养胜地”县域形象更有利于获得目标受众关注，并吸引其实地体验。在领略卢龙县生态康养独特优势之后，便于口碑传播与二次在地体验式消费。

品牌设计

标志以县域名称“卢龙”为创意出发点，融入图形，一目了然，识别性强，具有强烈的指向性，是品牌专属“人格化”形象。

融入甘薯与红酒元素。卢龙是中国甘薯之乡、全国甘薯主产区之一、中国葡萄酒之乡、中国的“波尔多”，产业形态多元，象征千年古城的“特产味道”。

融入卢字印章。卢龙是中国孤竹文化之乡、中华传统文化教育基地、中华诗词之乡，四大文化熠熠生辉，象征千年古城的历史印迹与“文化味道”。

标志以县域名称“卢龙”为创意出发点，融入图形
一飞冲天/五谷丰登/生活富足

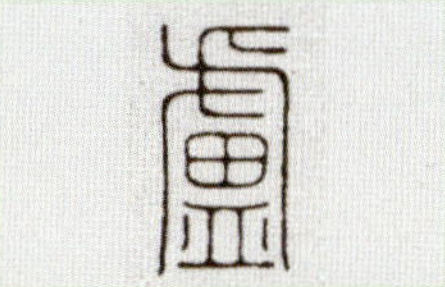

卢字印章
千年古城 历史印记
中国孤竹文化之乡

中国的“波尔多”/中国葡萄酒之乡
卢龙代表性产业之一
助农增收 乡村振兴

中国甘薯之乡/全国甘薯主产区之一
卢龙最具代表性特产
精耕细作 享誉中外

卢味
龙耕
LU WEI
LONG GENG

卢味
龙耕
LU WEI
LONG GENG

卢味
龙耕
LU WEI
LONG GENG

卢味
龙耕
LU WEI
LONG GENG

融：共绘锦绣

以“卢味龙耕”品牌为引领，提炼卢龙现代农业的独特价值，深挖农业金矿，打好“农业+”组合拳，切实提升农业综合竞争力。在全国并列打造以“农业+旅游”“农业+工业”“农业+科技”为主题的中高端农产品县域公共品牌，着力树立卢龙县“文化”“康养”品牌形象，构筑卢龙现代农业发展的产业优势、产品优势、品牌优势，提升卢龙特色产品的市场竞争力、溢价能力、持续增收能力，让“百年薯乡，康养卢龙”融入卢龙地域精神，为打造宜居宜业宜养宜游的“京东福地”，加快建设一流国际旅游城市增添新内涵、新动力。

农业+旅游
做活农旅结合文章，为现代农业注入活力

抢抓河北省旅发大会契机，结合美丽乡村建设，深入挖掘农业的生态、休闲和文化价值，发展全域旅游，构建“山海花田”旅游格局，以旅游润色农业，以景观改造农村，做活农旅结合文章。

农业+工业
做好农业产业化发展文章，壮大现代农业实力

跳出农业抓农业，以产业化理念发展特色农业，以基地化方式建设农业示范园区，以市场化模式打造优质农产品品牌，提高农产品的附加值，构建“从地头到餐桌”的产业链条，提升农业产业化水平。

农业+科技
做好农业提“智”文章，增强现代农业发展生命力

敢于尝试新技术、推广新品种，深化与科研院校合作，引进新技术，提升产品质量。

盐山礼记

Yan Shan Li Ji

在河北省沧州市，有一个县是以山命名的，她就是盐山县。盐山县位于河北省东南部，东临渤海，北依京津，南接齐鲁，素有『冀鲁枢纽』『京津门户』之称，是一个充满生机与活力的魅力之城。

盐山地域灵秀，哺育了盐山历代的俊贤英才，也孕育了这里丰富的特色农品。盐山县是传统的农业县，这里土地肥沃，农副产品资源丰富，盐山金银花、盐山银耳、盐山蜜薯、盐山桃、盐山苹果、盐山梨、盐山枸杞、盐山猪蹄等产品俏销市场。近年来，盐山县为做强农业特色品牌，不断扩大产业规模，走标准化、市场化、品牌化道路，产业聚集度不断加大。

随着经济水平的不断提升，现代农业迸发活力，从“吃饭农业”到品牌农业，由过去简单的追求吃饱，向吃得更加营养、安全、健康和有品位的需求转变，消费者的需求变化给农产品提出了更高的要求，也为品牌建设提出了更高的要求。农业品牌全面发展的新时代也为盐山农产品品牌提供了发展机遇。盐山农产品品牌拥有四大优势。

◉ 地理环境优势

盐山县自然环境独特，区位优势明显，是名副其实的港口腹地，具有近港近京近雄区位优势。不仅如此，盐山县农业生产要素多样，土壤肥力从轻质盐碱化土壤到优质保肥土壤阶梯分布，农业气候变化大、强度大。多样性的农业生产条件也让盐山县“因地制宜”以乡镇为单位在适宜地区发展适宜产业。

◉ 历史文化优势

盐山县又称凤凰城，其源于三皇五帝之少昊，又名青阳，是黄帝长子。《拾遗记》记载少昊出生，“时有五凤，随方之色，集于帝庭”。五凤即是五色凤鸟，也就是凤凰。所以，盐山古时又称“凤凰城”。其中最有名的还属“千童文化”。公元前210年，秦著名方士徐福奉秦始皇之命，入海求取长生不老之药，在盐山筑千童城，招募童男童女，携百工武士，具衣食舟楫，从古黄河口入海东渡扶桑（今日本）。因此盐山县素有“徐福东渡的启航地”，“千童故里”“中国第一侨乡”的美誉。

◉ 农产品种类丰富、特色鲜明优势

盐山县自然环境独特，是众多农副产品的富集产区，也是河北省的特色农产品大县之一，盐山的金银花、银耳、枸杞、木耳、蜜薯、大豆等种植作物产量、品质颇高，不仅如此，盐山还有着丰富的苹果、梨、桃、石榴等特色农产品。

◉ 产业发展优势

盐山县按照工厂化培育模式大力发展银耳产业，建设完成沧州福农生物科技有限公司食用菌银耳栽培与加工项目，通过采取银耳家庭智能车间“1314”种植模式，目前该县已有88个村靠种植银耳发家致富。盐山县目前以银耳产业化项目为龙头，确定了“1+12”的产业布局，大力发展银耳、蔬菜、金银花、旱碱麦、生猪、肉鸡、瓜蒌七大特色产业，初步形成了产业化发展格局。

2023年3月3日，由盐山县人民政府主办、盐山县农业农村局承办的“盐山礼记区域公用品牌发布会”在石家庄成功举办。盐山县依托产业优势，以市场为导向，以消费者需求为核心，通过对产业调研，打造了盐山区域公用品牌整体形象“盐山礼记”，提炼品牌独特价值体系，为品牌创作具有地域文化特色、鲜明识别特征的视觉符号体系；通过品牌立体宣传和整合营销推广，提升行业地位和在全国范围内的知名度，实现农民增收、产业壮大、区域发展的目标。

盐山金银花：金银花抗旱、耐寒、抗盐碱，在中重度盐碱地里“如鱼得水”，为盐碱地带来实实在在的真金白银。

盐山银耳：香气四溢，科技赋能，银耳工厂化培育。

盐山蜜薯：口感糯柔、香甜，几乎没有纤维，吃起来似果冻，且有花香味。

盐山桃：脆如菱，甜如蜜，果实硕大，水分充足。

盐山苹果：色泽喜人，含糖量高，硬脆爽口。

盐山梨：色泽喜人，含糖量高，硬脆爽口。

盐山枸杞：个头大，色泽鲜红，营养丰富。

盐山猪蹄：传统工艺，选料讲究，加工独到，十里飘香，色味俱佳。

品牌名称：盐山礼记

品牌是社会的核心竞争力，承载着产品的品质与价值。为进一步整合盐山县分散的农业资源，盐山县从市场、消费者、地域、产品等多维度思考挖掘出盐山农特产品的独特优势，打造母品牌并将其放大、统一宣传，形成盐山农特产品的统一品牌标识。“盐山礼记”覆盖盐山全区域、全品类、全产业链农产品，成为展示盐山的“农业食品名片”。

品牌口号：徐福东渡地 康养盐山礼

徐福东渡作为“公有资产”识别度高、传播性强，同时徐福东渡也是盐山县的文化IP，“徐福东渡地，康养盐山礼”将县域符号与产业特征进行结合，从传播上易识记。盐山礼记区域公用品牌是盐山县整合全县农业资源，提高农业综合竞争力的一大举措。

“盐山礼记”区域公用品牌发布会的成功举办，开启了盐山特色产业发展的新征程。盐山县将以此为契机，努力提升特色农业品牌知名度，把盐山特色、优势产业做好、做靓、做强，打造成更具影响力的农产品区域公用品牌，以品牌为媒，实现产业振兴、乡村振兴。

品牌LOGO

标识整体以汉字“盐山”为设计主体，用书法笔触展现了盐山的文化底蕴，融合了腾飞的凤凰、果蔬、金银花、小麦、祥云浪花等元素，寓意盐山农产品产业的美好未来。图形底部卷起浪花化作飞凤造型，突显盐山“凤凰之城”丰蕴的历史。颜色使用了渐变绿色，表达今后农业发展的方向：“绿色、有机”，发展绿色农业产业。标识寓意深刻，色彩协调，适合各种载体应用与推广。

品牌价值支撑

因地制宜·淳真味。“春旱、夏涝、秋吊、冬干”，地域农业生产要素的多变，盐山县以乡镇为单位，综合布局农业产业，适宜气候发展适宜产业。尤其是在旱地、碱地等恶劣生长环境下，人工干预小，产量低、风味淳真。

优质优产·高标准。先天农业环境薄弱，盐山后天的设施农业、现代农业发展速度快，2021年被认定为“全国第六批率先基本实现主要农作物生产全程机械化示范县”。

绿色农礼·康养心。盐山农礼旗下产品为果蔬、康养及地域特色产品；高标准、风味浓，为健康、养生或药食同源类产品。

品牌运营

品牌管理更加规范。盐山礼记区域公用品牌发布后制定了完善的品牌准入准出机制，强化了区域公用品牌授权管理，规范了企业产品标准，注册保护了品牌Logo等形象，让品牌后续发展有章可依，有规可循。

品牌管理更趋成熟。盐山礼记区域公用品牌已拥有多家授权企业。同时，组织授权企业实施产品追溯，强化督促监管，保证“订单真签、耳标真戴、信息真实”，全过程纳入追溯防伪系统，加强产品质量管理。

品牌宣传全面升级。通过全国性和地域性新闻门户网站，如新浪、腾讯、网易、长城网等媒体，与短视频新媒体传播相结合的方式，构建全新的品牌传播格局，塑造全新的品牌形象。

未来，在农业品牌化战略指引下，盐山将以推动盐山礼记品牌为重点，持续加大资金、技术、政策扶持力度，强化农特产品品牌建设，以品质护航、品牌开路，真正走出一条符合盐山地域特色的品牌农业发展道路。

盐山礼记
旱麦颗粒粉
·口感筋道不沾手·
净含量:2.5kg

盐山礼记

盐山礼记
盐山蜜薯

盐山礼记
旱地杂粮

品味南皮

Pin Wei Nan Pi

一个城市，一种味道，一种乡愁，一个向往。一个城市的厚重历史在于建筑，在于文化，也在这充满人间烟火的美食传承。晚清名臣张之洞的故乡南皮亦是如此。走在南皮的大街上，到处都是美食。岁月留下了味道，以及味道背后的故事。

◉ 南皮味道 味在历史厚重

南皮之名起于春秋。据《太平寰宇记》记载，北方少数民族山戎攻打燕国，燕向齐国求救，齐桓公救燕北伐山戎至此，筑城制皮革，称为皮城（在今县城东北5千米），由于在其北面的章武有一座“北皮亭”，所以称此城为“南皮”。它是沧州境内载入史籍最早的城邑。处在环京津、环渤海经济圈和冀东经济区内，区位优势明显。

秦始皇二十六年（公元前221年），设南皮县，是全国56个建县至今县名未改的千年古县之一。南皮文化底蕴丰厚，且具有很强的文化多样性，燕赵文化、齐鲁文化、大运河文化在此汇融，形成了独特的南皮文化，涌现出西周大将尹吉甫、唐朝宰相贾眈、晚清重臣张之洞等历史名人。千年古县、文化名县、人才大县、革命老区县是南皮县的4张历史名片。如今，南皮

的交通四通八达，县内国道、省道密集，纵横交错，104国道、京沪铁路、京沪高速铁路和京沪高速公路、邯黄铁路穿境而过，省级公路武（武强）千（千童镇）路、正（正定）港（黄骅港）路横贯东西，形成了出入便捷的交通路网，为区域内企业产品的外销奠定了良好的基础。

◉ 南皮味道 味在气候适宜

南皮县处于暖温带半湿润大陆季风气候区，受季风环流控制，冬季寒冷少雪，春季干燥多风，夏季炎热多雨，秋季以晴为主，年平均气温12.3℃，年日照总时数2938.6小时，年总辐射量133.6千卡/平方厘米。地势自西南向东北倾斜，其西部是太行山山前冲积扇缘的一部分，中部是由黄河、漳河、滹沱河、唐河等河流冲积形成的广阔平原，东部为渤海潮汐堆积形成的滨海海积湖积平原。南皮土壤属潮土、盐土两类，分褐化潮土、普通潮土、盐化潮土、草甸盐土4个亚类，四季分明，温度适中，光照充足，雨热同季，降水集中，优越的地域环境非常适合农产品的生长。因此，南皮县是农业大县，农业以小麦、玉米、棉花、大豆为主，先后被国家列为商品粮、棉基地县。林果业跨入省市先进行列，鸭梨、苹果、金丝小枣等干鲜果品蜚声中外，年产超亿斤。南皮县也是国家级农业科技工程“渤海粮仓”的主要基地之一，被称为“渤海粮仓发源地”。

南皮味道 味在古今交融

作为沧州境内载入史籍最早的城邑，悠久的历史积聚了深厚的文化积淀，让一批有南皮特色、南皮味道的产品得以萌发扎根。彩麦挂面、阿杜土鸡、广盛源寨子醋、永禾盛调味品等产品不仅传承有序，部分产品还曾被封为贡品。

寨子醋

清朝光绪九年（1883年）“广盛源”醋坊是南皮县寨子镇唯一一家老醋坊，生意遍及方圆几百里，历经多年风雨已初成一个体系。光绪十五年（1889年）“广盛源”醋坊结合当时的工艺发明了熏蒸法，使自己酿出的醋色呈酱红色，口味醇厚，香酸绵软甜，闻之食欲大开，香味久聚不散，备受青睐，其后又传于宫中，引为贡品。之后广盛源酿醋工艺渐渐传于民间，制醋者尽皆习之，名声大振。光绪二十年（1894年）是“广盛源”字号发展鼎盛时期，声名显赫一时。

祁家窝头

南皮小米面窝头，是南皮地方名吃，也是慈禧太后御封的贡品，至今有100余年历史，已传承五代。南皮窝头制作讲究，需上乘小米50%，精选黄豆40%，栗子10%，用石磨推，然后用箩除杂去皮。选料精细，制作时，加入花椒、大料、茴香籽等为原料的五香粉，冷水和匀，做成窝头，放入蒸笼，旺火蒸20分钟即可出屉。其色泽嫩黄，清香扑鼻。少暄宜人，香甜可口。

连胜酱菜

秉承北味之工艺，连胜酱菜在发展中又融合吸纳扬州风味的原料特色，风格秉承南北之长，形色聚合两方之美。天然酱制造非常烦琐，每年只有五一前后的时间里做出来的才是味道最好的。制酱的原材料放入大缸，在温和的阳光下要晒制90天，然后取出装入纯棉的白布口袋，码放在黑红色枣木箱里榨汁。金黄色的酱汁一滴一滴汇聚在青花瓷的老酱坛子里，每满一坛用黄纸红泥密封窖藏。

南皮彩麦

南皮县著名的地方特产之一。南皮彩麦育种选择品质优良、单株生产力高、抗逆性强、经济系数高、不早衰的良种，含18种氨基酸，检测氨基酸的总和为14.75，较普通小麦高76.9%，其中含有人体所必需的微量元素，如碘、硒、铜、锌、铁、锰等。

阿杜土鸡

南皮地方传统名吃，历史文化渊源传承百年。在当地颇具名气。阿杜土鸡由我国唐代著名大诗人杜甫所创，原名“杜甫草堂鸡”，历经千百年不断改良完善，使阿杜土鸡味道更加醇厚、鲜美。

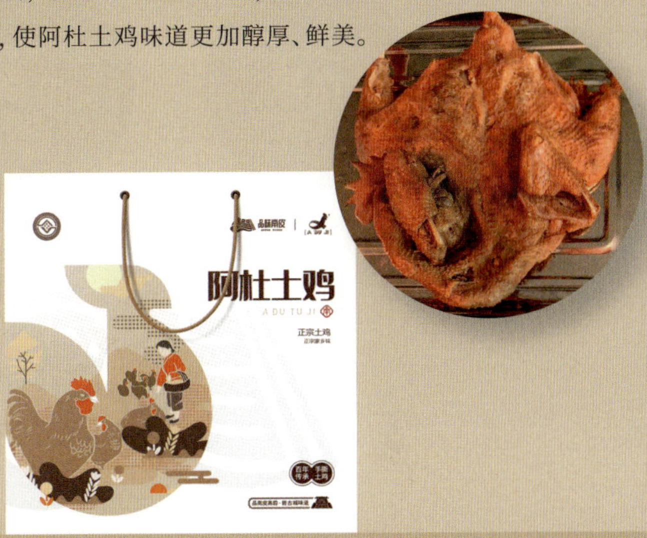

传统工艺与当代技术有机结合，地域特色与现代佳肴交互协调。这一切使“品味南皮”拥有了穿越时空的生命力，也有了成就金字招牌的底气。近年来，南皮县深入贯彻落实“品牌强农”战略，积极建设推广“品味南皮”区域公用品牌，已形成了以“品味南皮”母品牌开路，带动子品牌发展的新模式。

品味南皮

品南皮高韵　尝古城味道

品牌LOGO

厚重文化
南皮高韵

齐桓公设城
繁盛的历史

品味历史
美食传承

尊崇古法
尊重传统

品味南皮

品南皮高韵　尝古城味道

品牌口号：品南皮高韵　尝古城味道

“品味南皮”区域公用品牌旗下共有九大子品牌，分别为祁家御膳窝头、崔秤砣鲁家香油、连胜酱菜、孙家老席八大碗、阿杜土鸡、永禾盛手工醋、宋家五香鸡、广盛源寨子醋、英娘娘彩麦面。这些产品历史悠久、传承有序、遵循古法，有些曾被封为宫廷贡品，有些是非物质文化遗产。在南皮，琳琅满目的美食组成一部历史书，每一种味道背后都有一段故事。

夯实南皮县特色产业发展基石，构建品味南皮核心竞争力。南皮通过系统建设“品味南皮”区域公用品牌，建立了品牌整体形象，为区域内特色农产品赋能。当前，南皮拥有连胜酱菜等市级以上龙头企业38家，注册国家级农产品商标12个、省级5个，其中，连胜酱菜成功打入沃尔玛、家乐福、欧尚三大国际连锁超市；拥有百年历史的酿醋品牌“广盛源”寨子醋，销售区域已扩大到新疆、河南、安徽等地。

未来，为加速“品味南皮”区域公用品牌走出国门，走向世界。南皮将持续进行品牌营销宣传，继续加强品牌宣传力度，通过媒体宣传、短视频宣传、直播宣传等形式提升品牌知名度；大力度参加各类行业展会，提升品牌在专业领域的曝光率，增强品牌印象；继续组织产销对接活动，加强京津冀协同发展，让更多的北京、天津市民了解到、吃到南皮的特色产品，推动品味南皮品牌面向未来不断发展进步。

品味南皮

品南皮高韵　尝古城味道

古 千年古城 文化瑰丽

匠 精工细作 匠心独到

传 遵循古法 传承有序

贡 名臣故里 贡品味道

『人事尽时天理见，但勤耕耨候丰收。』

《酬朱直》宋·徐鹿卿

02 第二篇 粮

冀域粮仓 品质粮油

河北省位于世界公认的粮油作物黄金种植带，是全国强筋小麦最适宜产区，打造了国家级小麦、谷子、花生优势特色产业集群，小麦、玉米加工能力全国领先，谷子全产业链产值全国第一，高油酸花生覆盖率全国第一，马铃薯种薯繁育全国第一。

康保荞麦

Kang Bao Qiao Mai

高寒好荞麦 地道养健康

『立秋荞麦白露花，寒露荞麦收到家。』每年的7-9月是康保最美、最舒服的季节，此时正值荞麦花开，放眼望去，一片片、一垄垄荞麦花开遍原野，让人目不暇接。梦幻粉的荞麦花海，绿的叶、粉的花，一串串、一枝枝，随风摇曳，让人心旷神怡，宛如一幅优美的丹青画卷。

1100 万亩左右

常年种植面积

荞麦花又称“恋人花”，作为杂粮作物，荞麦规模种植已有近百年的历史，是我国重要的小宗粮豆品种之一，常年种植面积1100万亩左右，约占世界荞麦种植的1/3。

依托自然优势，实施走出去战略

康保县是中国杂粮杂豆之乡，拥有种植荞麦的先天优势。这里气候凉爽，土质疏松，昼夜温差大，光照充足。种植出来的荞麦富含维生素C、芦丁、烟酸、叶绿素等多种成分，具有降低人体血脂和胆固醇、软化血管、保护视力和消食化滞的功效，是粮食作物中的营养冠军。

依托得天独厚的资源优势，康保县荞麦种植面积达到12万亩，成为全国面积最大的集中连片荞麦种植区。形成以荞麦、莜麦等为主的特色产业。在京津沪、浙鲁粤、黑吉辽等地区占有较大市场份额，并远销日本、韩国、印度、巴基斯坦等国家。

近年来，随着行业的发展、技术的创新，以及消费者的需求升级，荞麦行业已经步入快速发展的阶段，荞麦产品的市场已初具规模。但当前我国荞麦发展仍处于“品质好、加工难、规模小”的状态。面对产业难点，康保县以品牌农业为引领，聚焦产业发展，深入打造康保荞麦区域公用品牌，提高产品、产业、品牌等市场的竞争力，让康保的优质绿色农产品实现真正意义上的“走出去”，提高产品、产业的市场竞争力。

树立品牌形象，提升产品价值

依托资源禀赋、产业基础等优势，康保县通过精准调研康保荞麦市场需求，挖掘品牌的独特价值，将康保荞麦的地域特色和营养价值作为品牌内核，融入品牌形象打造，避免脱离需求或千篇一律的情况。

品牌LOGO

Logo选用徽章外形+荞麦图形+手绘荞麦花+印章图案4种元素融合的方式来表达，中间用手绘荞麦进行设计，直观地突出品牌属性。中文用传统字体进行设计搭配，更有中式韵味，也体现了康保荞麦种植历史悠久，品质优良。

品牌的四大支撑

资源优势：种植区位于康巴诺尔坝上高原，光照充足，气候凉爽，高地涵养，营养价值更丰富。

产业优势：全国面积最大的集中连片荞麦种植区，并打造出全国唯一、原创性的“恋人花”乡村旅游品牌，实现一二三产业融合发展。

政策优势：立足“河北一翼”定位，借助京津冀协同发展机遇，吸引更多政策支持。

品牌优势：品牌特色明显，产品系列丰富，精深加工水平高，赋予品牌高附加值。拥有品冠、绿坝、富禾等多个知名企业品牌。

- 康巴诺尔 -
坝上高原
光照充足
气候凉爽

- 恋人花谷 -
设施完善
产业融合
配套传播

- 河北一翼 -
政策支撑
资源禀赋
京津机遇

- 品牌基础 -
精深加工
龙头企业
品牌提升

生长优势
康巴诺尔
高地涵养

产业优势
恋人花谷
产业丰富

政策优势
河北一翼
市场庞大

品牌优势
品牌基础
高附加值

品牌口号　高寒好荞麦　地道养健康

品牌口号从消费者大健康理念出发，突出两大品牌价值亮点。

高地涵养：突显地道生长环境，赋予康保荞麦地道的健康品质。

健康理念：养生成为当今消费主流，“养健康”成了老中青都十分关注的要素，不论从饮食结构还是从消费模式都显现出绿色健康、养生护理的理念。

荞麦虽小，却花样百出，在漫长的荞麦种植历程中，逐渐形成了多种多样的消费用途，荞麦加工的食药用产品种类也越来越多，包括米面类、茶饮类、调味类、酒类、保健品、医药及医药原料类等，产品均备受喜爱。

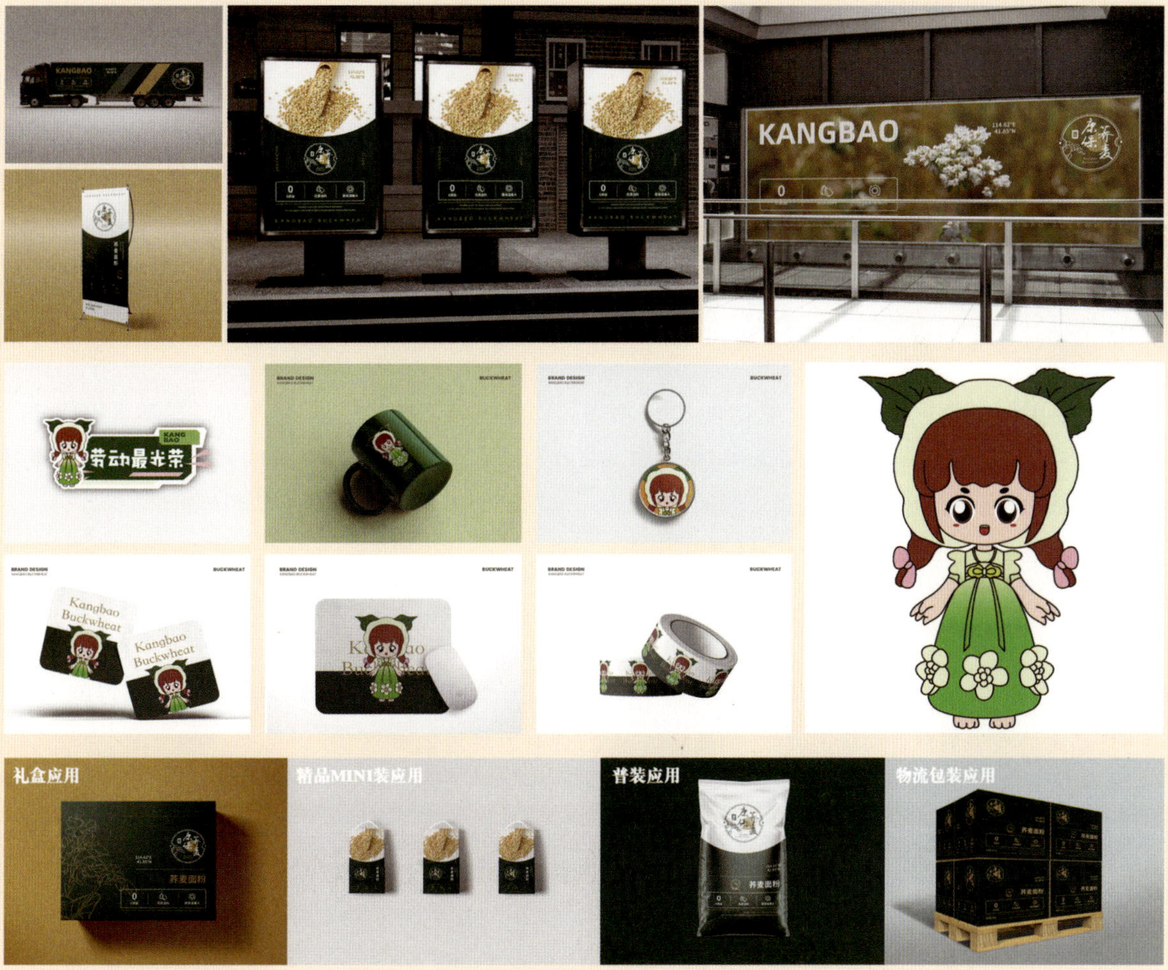

全方位举措齐发力，打造区域品牌

依托资源禀赋、产业基础等因素，康保县通过精准调研康保荞麦市场需求，挖掘品牌的独特价值，将康保荞麦的地域特色和营养价值作为品牌内核，融入品牌形象打造，避免脱离需求或千篇一律的情况。

深度挖掘品牌创意内涵

立足康保荞麦的产业基础，深度挖掘康保荞麦基于全国市场的差异化价值，融入自身产业特性、文化属性与市场需求，进行深度分析，挖掘品牌深层价值，提炼品牌广告语等内容。通过对康保荞麦的深入了解，立足品牌深层价值，进行一系列的品牌创意打造。

构建品牌影视宣传体系

立足康保荞麦产业发展的高度与深度，融合全方位优势基础，从高维度进行品牌影视系统的整体打造，经过实地勘察、实景拍摄、从品牌架构到场景化影片摄制，呈现出内容丰富、发展迅猛、市场庞大、产业雄厚的品牌宣传片及广告片。

组织召开康保县名优农特推介大会暨康保荞麦区域公用品牌发布会

把握康保荞麦的品牌发展机遇，举办康保特色农产品推介活动，策划并执行整场宣传活动，邀约政府领导、企业朋友、新闻媒体、渠道嘉宾等各领域重要人员，借此机会向全国范围内的媒体、渠道商、消费者公开发布康保荞麦区域公用品牌，从营销的层面实现品牌的落地传播。

做好媒体传播与推介

通过新闻媒介等传播形式，加大网上品牌宣传力度，构建品牌媒体的传播矩阵，循序渐进地将品牌投放于消费者的意识领域，刻画品牌印象，提升品牌覆盖率。

多方位政策助力，为品牌保驾护航

加强组织领导

成立康保荞麦区域公用品牌项目建设领导小组，由康保县农业农村局局长任组长，主管副局长任副组长，市场信息科、财务审计科、特色产业科、农业产业化办公室等相关业务科室为成员的项目工作组，下设办公室，日常工作由局市场信息科全面负责，并组织好项目的实施。

强化项目监管，确保资金安全

要切实加强项目监管，及时足额拨付资金，建立资金使用台账，做到有章可循、有据可查。严格监督资金使用范围，严禁截留、挪用和超范围支出，做到专款专用，按时对资金使用情况进行核查，确保项目资金使用安全。

依靠科技，推动落实

对荞麦种植企业进行农业品牌知识培训，提高企业政策理解和执行能力。加强分类指导，对各企业开展区域品牌指导，督促相关企业结合各自企业实际状况，选择适合自身特点的区域公用品牌打造类型和模式，确保按照时间节点，有序推进实施区域公用品牌打造工作，进一步扩大企业产品的知名度和影响力。

下一步，康保县利用荞麦种植基地，发挥荞麦文化优势和地域优势，打造生态、文化、旅游观光、休闲多功能产业园区，优化农业种植结构，培育全产业链生态农业，不断发挥品牌效应，做大做强康保县荞麦产业，促进康保农业高质量发展。

万全鲜食玉米

Wan Quan Xian Shi Yu Mi

原种原产地 甜糯自然香

『万全鲜食玉米』为河北省传统特色农产品。其糯质玉米会在乳熟期适时收获，果穗鲜嫩，外形美观，尤其是蒸煮后籽粒透明，色泽晶莹，柔软细腻，散发出浓郁的清香，滋味甘美，风味独特，是鲜食玉米中的极品，被国际友人称为『皇冠上的珍珠』。

张家口市万全区位于北纬40°41′～41°15′，东经114°20′～114°50′，处于世界三大黄金玉米带之一的中国黄金玉米带（北纬40°～42°）。凭借天然的优势条件、传统种植技术的改良和现代标准化管理，万全逐渐发展成全国五大鲜食玉米加工区之一，也是全国唯一集育种、种植、加工于一体的鲜食玉米加工区。

如今，全区鲜食玉米基地面积已发展到10万余亩，主要销往北京、天津等十几个省份，并出口韩国、日本、加拿大、俄罗斯等国家。“万全鲜食玉米”已成为张家口万全区的一张亮丽名片。

近年来，万全区鲜食玉米协会以习近平总书记推动中国产品向中国品牌转变重要指示精神为指引，以发展品牌农业为引领，以市场为导向，以推进农业供给侧结构性改革为抓手，打造以安全、优质为鲜明特色的鲜食玉米产品品牌体系和整体品牌形象，加大品牌培育和宣传力度，推动农业提质增效、农民持续增收、农产品优质优价，再造农业发展新优势。

种植历史悠久

万全久远的玉米种植历史为鲜食玉米种植提供了技术保证。玉米传入我国最早记载见于明朝嘉靖三十四年成书的《巩县志》，称其为“玉麦”，其后嘉靖三十九年《平凉府志》称作“番麦”和“西天麦”。到了明朝末年，玉米的种植已达10余省，如山东、河南、河北、安徽等地。“玉米”之名最早见于徐光启的《农政全书》。据民国时期《万全县志》记载：“玉蜀黍，苗似高粱杆，肥而高，结实，于腰际叶腋间，小子者百日照，老金黄，种一百二十日始熟，多煮食，亦有磨面蒸食（窝头）者”。明、清、民国以来，种植玉米一直是当地主要农作物之一。随着科技进步，种植品种改良，万全糯玉米种植的品种越来越多，而种植技术也越来越成熟。

气候得天独厚

万全地处世界玉米种植黄金带，属寒温带大陆性季风气候，特别是“雨热同季，昼夜温差大”，对玉米的良好生长、营养积累及品质提高具有明显效果，而且万全属于春播区，是甜、糯玉米种植的最佳区和高产区。因此，万全生产的鲜食玉米品质优、口感好，凭借这一优势，2006年10月，万全被中国特产之乡推荐暨宣传活动组委会授予“中国鲜食玉米之乡”光荣称号。

地形条件独特

境内山、丘、川并存，3个区域类型气候条件差异较大，使鲜食玉米企业得以错季生产，拉长了青穗供应时间，有效地延长了加工企业的加工期。同时，独特的气候条件使早、中、晚品种在万全都适宜种植，区内产出的鲜食玉米品种多样。

交通区位优越

邻京津，近晋蒙，是连接山西、内蒙古和京津地区的要塞，县内丹拉、张石高速纵横交错，交通运输条件极为便利，为鲜食玉米提供了得天独厚的运销条件。

科技赋能，品种优良

万全的玉米制种业已有30多年的发展历史，现有玉米制种企业两家，特别是作为鲜食玉米的专业制种企业——河北华穗种业有限责任公司，为提高制种的科技含量，积极挂靠大专院校、科研院所，积极引进人才和制种技术，为全区及其他地区鲜食玉米种植基地源源不断地提供新品种。本地育种、本地种植，品种地域适应性强，在品质、口感等方面，都代表了国内鲜食玉米的先进水平。万全成为全国唯一集制种、种植、加工于一体的鲜食玉米种植加工区。

基地规模保持稳定

近些年通过涉农资金整合项目对鲜食玉米基地持续不断的投入，种植面积稳定在10万亩，全部实现了节水灌溉，不仅节约了水资源，同时降低了农民的种植成本。鲜食玉米企业订单率在98%以上，加工转化率在95%以上。

10 万亩
种植面积

98 %
企业订单率

95 %
加工转化率

加工企业走上集团化道路

全区鲜食玉米加工企业稳定在19家，其中拥有3家省级、12家市级农业产业化经营重点龙头企业。加工企业年加工量6.3亿穗，实现产值22.4亿元，利税6000万元，直接出口创汇额为600万美元。2009年，以天勤、穗康等鲜食玉米加工企业为核心组建的张家口禾久农业发展集团，逐步完成了松散型向紧密型过渡，不断发展壮大，成员中鲜食玉米加工企业由初始的4家发展到现在的11家，正逐渐打造“万全鲜食玉米的产业航母”。

19 家 鲜食玉米加工企业

6.3 亿穗 企业年加工量

22.4 亿元 实现产值

6000 万元 利税

600 万美元 出口创汇额

品牌强农促发展

品牌LOGO

万全鲜食玉米

原种原产地 甜糯自然香

世界三大黄金玉米带之一 中国鲜食玉米之乡

“W”“Q”，玉米元素点明行业特征，“W”“Q”代表了地方区域。“Q”元素的圆形轮廓代表着产业无限的前途与和谐团结圆满。

WANQUAN FRESH CORN

品牌IP

姓名:ONE ONE(万万)

性别:男

籍贯:张家口市万全区

爱好:晒太阳　追野风

性格:勇敢　创新　乐观

口头禅:始于口感　忠于营养

品牌价值

黄金种植带
北纬40°~42°

黄金玉米种
鲜食玉米种源地

黄金锁鲜期
5h极速锁鲜

黄金甜糯比
3分甜7分糯

万全拥有“禾久、穗康、华穗”等河北省著名商标11件、“粒粒净、金慧德、万华天宝”等河北省优质产品7件。

“天勤、绿野、中通”等5家鲜食玉米企业的产品持有有机认证。

第十届中国鲜食玉米大会成功在万全召开。

“万全鲜食玉米”被评为“河北省名优农产品区域公用品牌”“河北省十佳农产品区域公用品牌”。

中国首个数字化有机鲜食玉米基地——阿里巴巴“数字粮仓”项目落户万全。

“万全糯玉米”地理标志证明商标成功注册并成功入选农业农村部“2022年农业品牌精品培育计划”。

“万全·中国鲜食玉米指数”在第五届上海农博会上成功发布。

鲜食玉米产业的壮大，也带动了秸秆加工等相关产业链条的发展，全区现有24家玉米秸秆加工企业，拥有“三利草业、盛隆大地、粥雨草业”等3家市级农业产业化重点龙头企业，1家大型农机联合社，13家农机合作社，拥有设备资产6360万元。为提升集群竞争力，5家企业联合组建了“张农秸秆集团”，集团年加工能力超20万吨。全区实现秸秆离田面积15万亩，加工黄秸秆饲料6万吨，青储鲜食玉米青秸秆17万吨，年终预计可实现机械化离田面积22万亩，秸秆利用总量可达32万吨以上，有望实现农业生产资源再利用附加值过亿元，并形成一条秸秆收、储、用、加工销售完整的产业链条。

作为“黄金产业”和“名片产业”，鲜食玉米产业的“井喷式”发展，是万全高质量发展足音铿锵的见证。回眸过往，鲜食玉米产业从破茧到成蝶，尽显“最美底色”，放眼当下，鲜食玉米产业从量变到质变，再展“颜值担当”，必将创造和续写令人刮目相看的鲜食玉米产业发展新篇章！

中国鲜食玉米从万全走来

世界三大黄金玉米带之一　中国鲜食玉米之乡

柏各庄大米

Bai Ge Zhuang Da Mi

民以食为天。老百姓的餐桌上，总少不了一碗热气腾腾的米饭。全世界的水稻有数十万个地方品种，各式各样的水稻主要分为粳稻和籼稻两大类，前者多产于北方，后者多产于南方。而产于唐山的『柏各庄大米』就可以满足你对好大米的所有期待。

品牌源自水清土沃

水清土沃米自香

西望京华接瑞气，南观沧海浪滔天。滦南县，位于河北省东北部，南临渤海，背靠京津，是商汤时期的孤竹属地，全国首批沿海开放县之一。区位优越、交通便捷，物华天宝、人杰地灵。先后被评为“全国粮食生产先进县”“全国绿色农业示范县”“中国生态农业示范县”“国家级主要农作物全程机械化示范县”；国家地标产品和国家地理标志证明商标总量位居全省第一，拥有1家国家级海洋牧场。同时，也素有大米、虾米、花生米“三米之乡”的美誉，其中尤以“柏各庄大米”闻名遐迩。

柏各庄大米的“前世今生”

“柏各庄大米”历史悠久。自1941年该地区建立“华北垦业股份有限公司滦县农场”，开启开垦稻田的历史，直到新中国成立后，兴建了总长29千米、拥有12条引配水渠道的柏各庄输水干渠，引用滦河水淋洗盐碱，柏各庄正式开启大规模水稻种植的历史新篇章。20世纪六七十年代，通过大面积推广薄膜育秧、铲秧移栽等技术，柏各庄水稻种植面积增至7万余亩，并陆续推广到滦南县东黄坨、坨里、方各庄等区域。80年代，通过广泛推广水稻节水技术措施，水稻种植面积达30万亩以上，柏各庄区域的水稻亩产达到500千克以上，产量为全县之冠，当地人民生活水平也随之发生了翻天覆地的变化。2010年，柏各庄镇被规划为“粮食生产核心区”，水稻种植实现了统一优良品种、统一时间播种、统一病虫害防治、统一技术指导、统一水肥管理的“五统一”生产模式。

擦亮柏各庄大米的“金字招牌”

“柏各庄大米”品牌鲜明。近年来，在滦南县委县政府的正确领导下，将稻米产业作为乡村振兴的重要抓手，着力打造了以水稻种植为主的“市级万亩水稻种植园区”，共注册相关商标8个，通过质量体系认证5个，培育市级以上龙头企业2家。

2014年11月18日，“柏各庄大米”获得农产品地理标志证书；2015年，参加中央电视台农产品地理标志纪录片——《源味中国》的拍摄；2016年，参加昆明第十四届中国国际农产品交易会——农产品地理标志专业展会；2018年，先后参加中国（廊坊）第二十二届农产品展示交易会、唐山市第八届农产品交易会；2019年成功举办“滦南县稻香节暨水稻产业化发展论坛”，先后参加2019年、2020年“河北品牌农产品万里行”活动，在2019年食材源·道米解香第五届全国优质大米争霸赛上获得“银米粒奖”，并成功实施了总投资500万元的省级2019年“柏各庄大米”地理标志农产品保护工程项目。

燕山写青史，滦水流千秋。“柏各庄大米”有着绵长的过去、生动的现在，相信通过不懈努力，会有更美好的未来。

柏各庄大米
仓廪实
净含量：1千克

邱县蜂蜜红薯

Qiu Xian Feng Mi Hong Shu

蒸煮烤样样好

走进邱县邱城镇段寨村红薯地里，机器轰鸣作响。随着一辆辆挖薯机开过，在翻滚的泥土中，一颗颗诱人的红薯纷纷探出头来。从零星种植到规模化发展，短短几年时间，邱县蜂蜜红薯产业一跃成为河北省特色农业的明星。

2018年，邱县政府工作报告中提出“实施‘小红薯大产业’战略”，让红薯产业成为邱县兴县产业，成为邱县特色农业“引爆点”。随后，邱县红薯协会成立，申请了“邱县红薯”证明商标。这为邱县红薯产业飞跃发展奠定了基础。

“老薯区”走上“新路子”

说起红薯在邱县算不上什么新鲜事，历史上邱县就是“薯区”。20世纪50—80年代，红薯是邱县农村家庭的重要口粮。90年代以后，随着红薯“退出主粮”，需求减少，邱县红薯产业也逐渐萎缩。2017年，全县红薯种植面积仅四五千亩。虽然邱县红薯产业规模不大，但邱县红薯有独特之处，是一个值得发展的“好产业”。

首先，邱县适合种红薯。邱县地处黄河、漳河古道，这里砂土地土质疏松且昼夜温差大，种出的红薯成型好、甜度高。而且，黑龙港河流经邱县，能够满足红薯灌溉所需。同时，邱县地势平整，适合机械化作业，相比南方丘陵薯区生产成本低。

其次，种植红薯效益好。当地农户种植红薯尤其是“蜜薯”，每亩收入三四千元，远高于邱县传统产业棉花、小麦的种植效益，老百姓种红薯的积极性很高。而且，红薯既可鲜食，也可加工，可以延长产业链，提高综合效益。同时，邱县虽然适合种植红薯，但受多种因素影响，邱县可以种红薯的土地面积有限，和动辄几十万亩的大薯区相比，邱县只能算个“红薯小县”。另外，邱县受市场欢迎的不是传统红薯，而是口感佳、鲜食用的“蜜薯”。

通过综合分析，邱县决定红薯产业必须采取“精品化”“鲜食化”“品牌化”高质量发展道路的策略，希望能实现“小红薯助力邱县乡村振兴”的大梦想。

好品牌从命名开始

如果邱县红薯想要跻身“高端红薯”市场，与普通红薯形成区隔，最好从产品名称就有所区别。实践中，农产品名称体现出产品特质，往往第一时间就能吸引消费者购买，“阿克苏冰糖心苹果”“中卫硒砂瓜”就是很好的例子。红薯中，已经成名的“桥头板栗红薯”“六鳌蜜薯”“天目山小香薯”等也都以独特的命名让自己与普通红薯区别开来，从而提高了“身价”。因此，如果以“邱县红薯”命名，很难让消费者有眼前一亮的感觉。同时，虽然邱县红薯的主力品种是“蜜薯”，但如果用“邱县蜜薯”命名，容易和“六鳌蜜薯”等市面上已有的红薯混淆。因此，邱县提出要用更有价值感和传播力的名字彰显邱县红薯的价值。

与别的红薯相比，邱县蜜薯最突出的特点是“又甜又水润”。经检测，邱县蜜薯糖度高达20°Bx，再加上薯肉绵软水润，呈淡黄色，我们认为把邱县红薯比作“蜂蜜”最为恰当。经过研讨后，最终将邱县红薯取名为“邱县蜂蜜红薯”。这个命名开创了一个红薯“新品类”，不仅生动地传达了邱县红薯的特点，而且能引发美好联想，降低营销传播成本。

蒸煮烤，样样好！

确定品牌名称后，便开始“邱县蜂蜜红薯”广告语创作。

红薯是常见的粗粮，每个人都有自己喜欢的食用方式，其中最常见的食用方法是“蒸、煮、烤”。为了让消费者想吃红薯时就能想起邱县蜂蜜红薯，由此创意了“邱县蜂蜜红薯　蒸煮烤样样好”的广告语。这句话直接表达邱县蜂蜜红薯的“承诺”——“咋做都好吃”，既能打消消费者的顾虑，也能激发购买欲望。而邱县蜂蜜红薯香甜软糯、个头适中，确实蒸、煮、烤都很好吃，能够完美兑现这个承诺。

与此同时，邱县还设计了人格化的IP形象“Mr.邱”，作为品牌代言人，让品牌更具亲和力和识别度。现在，这一形象已广泛应用在产品包装、宣传推广和文创产品上。每当人们看到竖着大拇指的“Mr.邱”，就立刻想到邱县蜂蜜红薯。

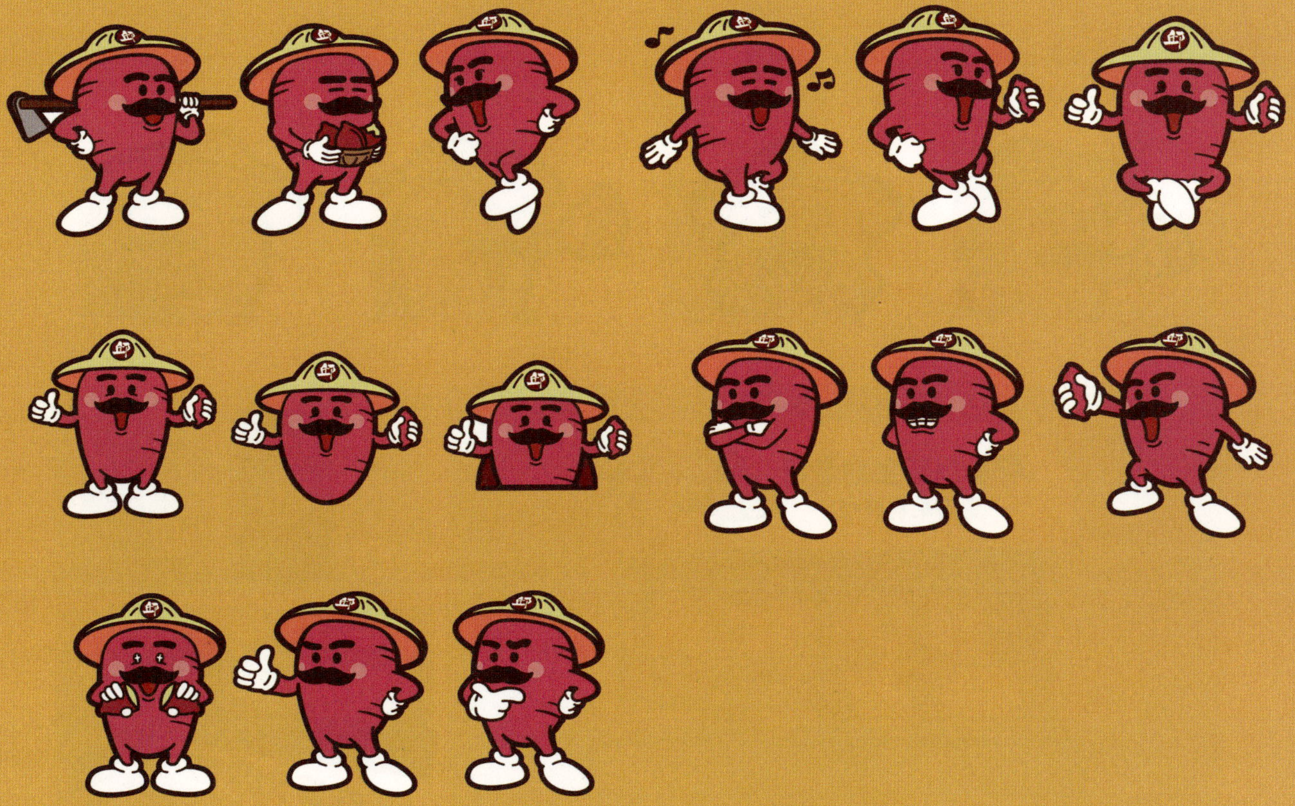

2018年9月，邱县蜂蜜红薯区域公用品牌在第22届中国（廊坊）农产品交易会上发布。同年11月，由河北省农林科学院粮油作物研究所、河北省薯类产业技术体系、河北省甘薯产业技术创新联盟主办的“河北省第三届‘邱县蜂蜜红薯杯’薯王争霸大赛暨甘薯产业高质量发展论坛”在邱县举办。

此后，“邱县蜂蜜红薯”先后亮相中国国际农产品交易会、中国国际进口博览会、中国国际食品配料博览会、全国甘薯行业产销对接大会、中国甘薯产业博览会、中国国际薯业博览会、京津冀蔬菜食用菌产销对接大会等一系列行业展会。每一次参展，展台前总是人头攒动，“邱县蜂蜜红薯 蒸煮烤样样好”的广告语也随之不胫而走。

品牌引领产业发展

2018年9月“邱县蜂蜜红薯”区域公用品牌发布后，邱县红薯产业走上了品牌引领产业发展的“快车道”。目前，全县累计发展种植红薯5万亩，年产鲜薯15万吨，年产值近3亿元。

更为重要的是，品牌效益的拉动，改变了薯农“重产量不重质量”的老传统，使得邱县红薯产业朝着“先进薯业”的方向稳步前进。依托邱县红薯品牌，为延长产业链、提升价值链，邱县深化农文旅融合发展，将邱县蜂蜜红薯品牌建设与美丽乡村建设相结合，深度开发邱城镇段寨村“红薯小镇”，还引进了旅游开发公司，为“红薯小镇”量身打造了一系列文旅和商旅项目。现在的段寨村红薯小镇，除了红薯文化墙绘，还陆续建成了邱县蜂蜜红薯销售体验中心、邱县蜂蜜红薯产业园、“薯香别院”特色民宿群、薯乐农家餐饮区、农场亲子体验区等。还建设有高标准游客接待中心、乡创文化基地、大型生态停车场，谋划增设30家特色民宿，全面开启“旅游+”模式，不断推进一二三产业融合发展。“邱县蜂蜜红薯”的成长历程，充分说明了品牌引领产业发展的价值意义。

邱县文冠果

Qiu Xian Wen Guan Guo

东方智慧树

也许你见过成片梨花的洁白无瑕，或是遍地桃花的粉红妖娆，但你绝对没有见过将白、绿、红、紫4种颜色集中在一棵树上的芬芳与惊艳。河北邱县就有这种奇特的花，它就是文冠果花，花朵随时间的推移，依次渐变成白、绿、红、紫4种颜色，分外美艳。

邱县文冠果

QIU XIAN WEN GUAN GUO

东方智慧树·邱县文冠果

每年4月中下旬，邱县万亩文冠果基地花开惊艳，那里便成了姹紫嫣红的花海，宛如仙境。

邱县位于河北省南部、邯郸市东北部，区位优越，4300多年历史赋予了这个城市浓厚底蕴，也为邱县文冠果产业发展提供了文脉支撑。目前，邱县拥有我国北方最大的文冠果种植加工基地、全国文冠果产业发展综合示范基地，成功创建“东方智慧树·邱县文冠果”区域公用品牌。

从一棵树到一片林，偶然中总有必然。邱县地处黑龙港流域，土地盐碱化严重。长期以来，当地村民以种植棉花、小麦、玉米为主，产量较低。为改变当地种植结构，2012年，在邱县县委、县政府的支持下，河北润升生物科技有限公司落户梁二庄镇现代农业示范园区，流转村民3000亩耕地开始培育文冠果。

文冠果又称“长寿果”，是我国北方一个十分难得林中珍品。早在5000年前，文冠果就被先人所认识。《本草纲目》记载：长寿果称“文冠树”，又谓“文光果、天仙果”，“性甘平，无毒，涸黄水与血栓。肉味如栗，益气，润五脏，安神养血生肌，久服轻健，百年不老。树枝煎熬膏药，祛风湿，强筋骨。”据此可知，文冠果可化血栓，益气，润五脏，安神养血生肌即美容养颜，久服文冠果油，能够长命百岁，难怪又称“长寿果”和“天仙果”。文冠果名字吉祥，有官运亨通的寓意。在晋西北，农家喜欢把文冠果栽在窑洞的脑畔上，秋季，文冠果成熟时，果子就会落下来——讨个“文官入院”“文曲星降临”的好彩头。文冠果木质地坚硬，赛钢如铁，也有人说就是传说中穆桂英大破天门阵的“降龙木”。祖祖辈辈流传的历史赋予了文冠果树神奇的文化色彩。

文冠果浑身是宝，宜食宜用，是高档食品、保健品，可用于医药、化工行业，还可用作活性炭等，蕴藏着巨大开发潜能。这种树还抗风沙、病虫害少，种植后，次年开花，三年结果，五年就能丰产。更重要的是，它的叶子可制茶，果实可榨油，采摘的花可提取花青素，树下还可以种植花生、红薯等矮作物，经济效益高出传统农作物数倍。

一花

一花四色吸引四方宾客。每年4月芳菲之际，姹紫嫣红的文冠果花在春风中摇曳婆娑，甚为壮观。一年一度的赏花节，吸引着全国各地上万游客纷沓而至，成为邱县聚焦众人目光的一张亮丽名片。

一树

一树三茶营养千万家。文冠果可产出嫩叶绿茶、花蕾红茶、秋叶暖茶，富含冠突散囊菌（金花），黄酮含量4.04%，具有降甘油三酯、抗衰老等多重功效。

一仁

一仁多油用途广。文冠果含油量达60%左右，比一般的油料植物都要高，文冠果油不饱和脂肪酸含量达到93%以上，油酸含量40.3%，亚油酸含量39.2%，神经酸含量3.72%，是高端食用油中唯一含有神经酸的油脂，有"东方橄榄油"之美称，长期食用文冠果油可预防高血压、高脂血症等病症。文冠果油还是化妆品、按摩行业首选用底油；油饼含蛋白质50%左右，可用于高档食品和饮料加工产业。还有更神奇的，文冠果油燃烧后无硫和氮氧化物等污染因子，提炼成的生物柴油能较好地应用于当下机械车辆，是不少专家看好的一种"绿色新能源"。

此外，文冠果果壳提取的皂苷类物质，可用于预防和治疗老年痴呆症（阿尔茨海默病），能够促进受损神经恢复生长，增强大脑功能，提高记忆力。

抓住文冠果全身是宝的重要特点，邱县全力打造区域特色绿色产业品牌。2019年，中国·邱县第四届文冠果花节暨文冠果区域公用品牌发布会在北京市昌平区草莓博览园北京农业嘉年华成功召开，邱县文冠果区域公用品牌诞生。

品牌标志

邱县文冠果
QIU XIAN WEN GUAN GUO
东方智慧树·邱县文冠果

标志是视觉形象的核心，它构成了邱县文冠果区域公用品牌的基本特征，体现了邱县文冠果的内在气质。文冠果象征着邱县人民坚韧不拔的意志和自强不息的精神。她历经灾难却坚强不屈、欣欣向荣，凝聚着邱县人民顽强拼搏的精神和文化。所以将浑身是宝的文冠果树形象作为Logo，直观地阐述了文冠果树的重要性。天圆地方，半圆形弧线代表天，文冠果为地，天地合一，展现了文冠果的无限魅力，同时弧线也给人智慧的感觉，与智慧树呼应。

品牌形象

整体形象是一对活泼可爱的小福娃形象，拟人的形象更生动、有亲和力。将文冠果的花、果实、叶子等元素融入其中，更有专属性。

叶子作为小福娃的耳朵，形状像是精灵耳，给人一种活泼、机智的感觉。色彩以绿色为主色调，与Logo呼应。胸前的“文”字，既是文冠果的文，有专属性，同时也是文化的文，给人智慧的暗示。

邱县文冠果区域公用品牌有力地带动了当地文冠果产业的发展，提升了邱县文冠果产业的品牌知名度和社会影响力。如今，文冠果在邱县已经成了“金果果”，成为邱县农业产业发展的一个金字招牌，全县文冠果种植面积已近2万亩，每亩地纯收益达6000元以上。

依托文冠果规模化种植，邱县大力发展文冠果精深化加工，延伸产业链条，与多家高等院校、企业合作，研发茶、油、胶囊、精油等系列产品，培育河北润升生物科技有限公司成为全国首家文冠果研发、加工、销售企业。

依托文冠果产业发展，邱县打造了特色鲜明的“文冠小镇”，发展乡村旅游，成为群众增收致富新的经济增长点，实现了生态效益、经济效益、社会效益的多赢局面。目前，全县文冠果种植面积将近2万亩。据了解，坞头文冠科技园获评“国家级AAA级旅游景区”。经济效益和生态效益双丰收。

从缤纷烂漫的“文冠花海”到硕果累累的“文冠丰收”，再到精益求精的“茶油产品”，这幅美丽、恬然、幸福的田园画卷成了人们心仪和目光聚焦的天堂，也成为邱县农业产业发展的新引擎。

大名小磨香油

Da Ming Xiao Mo Xiang You

传统石磨自然香

一口锅、一台磨，传承百年，香飘四海。河北省邯郸市大名县位于冀鲁豫三省交界处，自古以来，就有种植芝麻的传统。近年来大名县不断延伸芝麻食品精深加工，香油产业链条不断完善，『小磨香油制作技艺』入选国家级非物质文化遗产，有『中华老字号』的荣誉称号，大名县形成了多个香油专业村，被誉为中国小磨香油之乡。

历史源远流长

大名小磨香油始产于明朝嘉靖年间，距今已有400余年的加工史，形成了独特的生产工艺。大名府小磨香油初期为冷浸油，是用未炒熟的生芝麻磨制，味道远不如后来的热炒油馨香诱人。到了清光绪四年（公元1878年），大名镇南关回民杨殿魁由做勤行改做小磨香油生意，在城内西街与羊市街口相对处开设油坊。他是位特别爱动脑筋的有心人，当时大名一带人们早点爱喝豆沫，豆沫盛碗后要放芝麻盐（用炒熟的芝麻加细盐制成的佐料），食之其味芳香宜人。杨殿魁有感于此，经反复试验后将香油的冷浸改为热炒制作，此后城内其他热炒小磨香油坊陆续开业，其工艺流传至今。大名为历代郡、州、府、路、道治所在地，人文荟萃，商贾云集，经济繁荣，以小磨香油为调味品的餐饮文化得以传承和发扬光大，各类饭店、家庭厨房、各类名吃均离不开香油的味道点拨。大名名吃“五百居香肠”、大名人订婚送的“喜果子”和“永年驴板肠”均以香油为主要原料调味和延长保质期，南关回民特制的“油香”不同于其他油炸制品，也是由香油炸制的。悠久的历史文化、人文传承发展了大名小磨香油。

制作工艺历代传承

大名小磨香油以大名县种植的优质芝麻为原料，以历代传承的特有石磨磨浆，低温、低压“水代法”传统工艺制作，香油中的芳香味物质及功能性营养成分保存完好，无任何化学溶剂和重金属残留。从炒制到灌装，要经过选料、清洗、炒芝麻、溜芝麻、磨浆等十几道严格工序。如今，大名小磨香油的生产工艺，在实现了芝麻清洗机、芝麻烘炒机、自动晃油机、全自动灌装线等现代化生产、过滤、检验设备的基础上，依然保持了石磨工艺这个核心生产技术，使大名小磨香油始终保持着原汁原味的历史浓香。

目前，大名小磨香油行业拥有各类知识产权50余件，有力维护了地方品牌的唯一性和独特性，为小磨香油产业高质量发展、提高市场核心竞争力奠定了坚实基础。

味道香飘四海

大名小磨香油素以香气醇厚柔和、香味浓郁持久、口感纯正、沁心入肺、爽心畅气、绿色环保、营养高、有益健康等特点而驰名中外，可谓“大名小磨香油，油香磨小名大”，闻名全国，飘香华夏。2011年，“大名府”“五鹿香”香油商标荣获中华老字号荣誉称号，多年来全国香油品牌排行，两个品牌稳居前十佳。2014年，大名小磨香油获得“国家地理标志保护产品”认证，2016年评选为省级区域公用品牌。2021年大名小磨香油荣获“国家级非物质文化遗产”。大名府小磨香油凭着自己的“金”字招牌，加工摊点遍及全国县级以上城市及各地的部分乡镇，香油业成为大名普通百姓发家致富的主要途径，也成为大名三大特色产业之一。

目前，大名县年消耗芝麻20多万吨，年产香油6万吨，占全国香油总量的1/4，成为全国香油名气最大、销售量最多、销售范围最广、从业人员最多的小磨香油加工第一县。

品牌创建树立新形象

品牌是品质的升华。品牌不仅是一种识别标志，也是一种精神象征，一种价值观念，是企业综合实力的体现。近年来，随着我国居民消费水平和健康安全意识的不断提高，香油行业市场消费量呈快速增长趋势，具有广阔的市场增长空间。为更好地顺应时代发展，增强核心竞争力，大名县积极打造区域知名品牌，以品牌带动产业发展壮大。

品牌LOGO

品牌阐释：大名小磨香油以芝麻为原料，用石质小磨和独特的传统技艺加工而成，整体形象以石磨工艺为原型演变出古法石磨的品牌标志形象。

品牌故事：大名小磨香油始产于明朝嘉靖年间。创始人李某自山西迁民儒家寨村时，携带一盘石磨，以制作香油为业。明朝天启年间，刑部尚书李养正将小磨香油进贡给天启皇帝，天启帝品尝后赞不绝口，首辅黄立极（大名县营镇黄庄村人）以家乡物产受到皇帝赞赏，曾赋诗一首，称赞李氏小磨香油，此诗后不幸遗失。

大名小磨香油

DAMINGXIAOMOXIANGYOU

品牌插画

品牌包装

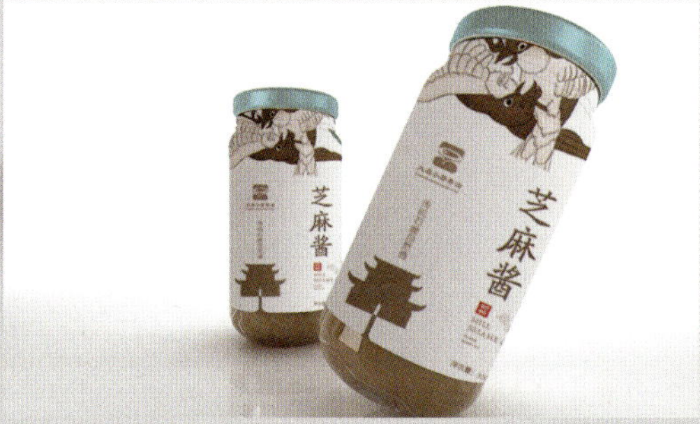

品牌化营销助推产业升级

采用新型材料 推进产业创新

目前市场上香油产品，同质化较为严重，有特色的差异化商品较少。随着生活水平的提高，旅游业迅猛发展，大名小磨香油根据市场的变化，打造多元化、差异化、个性化、方便化产品，满足消费者的不同需求。在产品包装方面，明确群体定位，提档升级，注重细节，进行人性化设计。既有针对团体、餐饮的，还要有适合家庭的，便于旅游、出差携带的。例如，日本的产品包装，采用可降解新型材料，既保证了美观实用方便，又兼顾了生态环保，就很值得借鉴。

强化产品功能，提升品牌附加值

香油具有较高的食用价值和药用价值，有强身健体和黑发、补肾的功能，且能创造可观的经济效益。现如今香油产业已成为大名县区域经济的三大特色产业之一，发挥着不可替代的产业龙头作用，这将进一步带动提升大名香油品牌的附加价值。黑芝麻是很好的补品，除了我们知道的黑发、补肾之外，还有很多功效，但目前是大多数人的吃法不对，所以吃了未见其效。未来在产品功能开发和宣传中，要使消费者了解芝麻的具体功效和正确的食用方法，来增加产品销量。例如，黑芝麻中钾含量丰富，有利于控制血压和保持心脏健康；黑芝麻中含钙量，约为牛奶的4倍，其补钙效果远好于人们常饮用的牛奶；此外，还有疏通血管、抗衰老、延年益寿等功效。

借用线上线下平台，提高销售规模

线下渠道和线上渠道在不断融合，界限越来越模糊。借势线上渠道的流量和线下渠道的快速配送，提高大名小磨香油的销售量。针对线上渠道，大名县香油协会联合电子商务有限公司，推出一个微商销售平台。免费为会员提供线上销售和宣传，实现生产厂家与消费者的直接对接，帮助企业建设线上社区顾客群，搭建手机上的批发市场，能使厂家及时掌握消费者的需求，为消费者提供方便快捷的送货上门服务。针对线下的场景消费、体验式消费热点，重点拓展餐饮渠道。

为做大做强大名小磨香油产业，大名县委、县政府高度重视，多年来一直把香油产业作为振兴大名经济的主导产业来抓，由县领导挂帅成立了香油产业推进指挥部，组建了大名县香油协会。出台了一系列有利于民营经济发展的优惠政策和20项招商引资优惠政策，并成立香油产业推进办公室，重点解决产业发展中的各种难题。从资金、土地、税收、工商、信息等方面给予更加优惠的扶持政策，这一系列措施促进了香油加工企业的迅速扩大和增加。同时从生产基础抓起，制定了《大名县无公害芝麻生产技术规程》《大名小磨香油标准化生产技术规程》《地理标志产品大名小磨香油》，规范了大名小磨香油用料、生产工艺、产品标准，保证了大名小磨香油的根本特有品质。投资上亿元，建设占地300亩、建筑面积8600余平方米、年生产加工香油能力7200吨的“中国大名香油城”。把原来分散的加工户紧密联系在一起，实行统一供料、分户生产、规模经营、连锁销售，把他们结成利益共同体，抱团闯市场，进一步推动了大名县传统香油产业的升级晋档，推进小磨香油产业化经营、规模化管理，从而把大名小磨香油做大做强，努力把大名小磨香油打造成中国乃至世界的知名品牌。

古老的城市讲述着过往的辉煌史，古老的城市孕育了百年老品牌。一批批大名人拉着石磨走南闯北磨香油，有的还走出国门，在越南、缅甸、新加坡、韩国、俄罗斯等先后挂出了“中国大名小磨香油”招牌。百度网搜索可搜到10万余条相关信息，真可谓是“大名小磨香油，油香磨小名大”，闻名全国，香飘华夏。

目前，小磨香油产业发展真正形成了加工有龙头、种植有基地、生产有标准、产品有品牌、技术有专家、销售有市场的格局，开创了一条由资源优势转化为经济优势的成功之路。

藁城宫面

Gao Cheng Gong Mian

延续传统 开拓创新

河北省石家庄市藁城区，一座文化之城，千百年来积累了深厚的文化底蕴，宫面、宫灯、宫酒素有『三宫』文化之称，已经形成了藁城区的特色文化符号。

一碗宫廷面，美名永流传。宫面是石家庄市藁城区特产之一，距今已有1500多年的历史，享有“河北省非物质文化遗产”“国家地理标志保护产品”“燕赵老字号”之美誉，2019年获得国家地理标志证明商标。因最初只供给宫廷，所以被称为“宫面”“贡面”。新时期，藁城区加大对“藁城宫面”品牌的文化挖掘和传播推广力度，实现了从好面到名面的精彩跨越，现有规模宫面企业14家，年产能1.8万吨，年产值2.2亿元。

简单美味

深厚积淀，传承千年

藁城宫面，又名耩面，源于隋唐，盛于明清，至今已经有1500余年发展历史。在同治、光绪年间，县城有“永和号”挂面庄，所生产的挂面，工艺精良，品味俱佳，被地方官吏选中进贡皇宫。据清廷《贡单》记载，光绪九年（1883年），光绪十二年、光绪十九年连续三年收到直隶总督荣禄、李鸿章送去“藁邑（城）挂面六盒”（每盒25千克）。自此藁城挂面已被列为宫廷贡品，称之为“宫面”。李鸿章进贡慈禧时曾说：“藁邑之挂面，系乡人所艺，味道适口，相传数百载，乃名产也。”傅杰老先生曾向藁城人口述，慈禧太后在过寿时也必吃挂面。

藁城宫面条细空心，油亮洁白，粗细均匀整齐。煮熟挑入碗中，半汤半面，汤清味佳，既可作主食，又可佐餐，尤宜病人和产妇食用。因其系手工制作，故耐火而不糟，回锅而不烂，嚼有口劲，食用简便，富有营养。历史悠久的宫面采用最原始的方法，纯手工制作，制作一份宫面要消耗足足20多个小时。宫面的筋道，来源于盐水与面融合的比例，多一点打乱了蛋白分子间的紧密排列，少一点缺了面条原始的口感。和面、饧面、盘条等20余道复杂工艺，每一道都必不可少，以保证宫面的筋道和弹性，面团发酵时被空气填充，经过一次次的拉伸使成型后的面条中形成不均匀的气孔，宫面最具特色的“空心有韧性”也因此而来。

品质保障，产业融合

为做大做强宫面产业，藁城区多措并举，力促产业提质增效。

建设标准化原粮生产基地

依托国家级平原小麦产业集群，建设优质麦规模标准化生产基地，形成了品种研发、标准种植、商贸流通、面粉加工、精细制作于一体的全产业链格局，培育优质小麦新品种9个。建立30万亩藁优麦生产基地，藁优麦面筋含量高，稳定时间长、抗延阻力大，拉伸力强，柔韧性好，最适合制作宫面。制定了《藁优2018栽培技术规程》，推广“八统一”管理技术。实现订单收购，北大荒粮好（河北）农业服务有限公司开展全程土地托管服务，与2万余亩种粮大户和1万余亩专业村签订了订单收购合同，锁定粮源，定向供给专用粉企业。制定了《藁城宫面专用粉标准》，实现了标准化生产。

完善藁城宫面技术标准

市场监管局联合宫面协会，先后起草了《手工宫面技术标准》《机制宫面技术标准》《花色宫面技术标准》，目前3项地方标准已报石家庄市市场监管局审批。3项宫面地方标准各有重点，侧重不同市场需求：手工宫面技术标准旨在保护传统手工工艺，打造高端品牌，增加产品溢价；机制宫面技术标准能提高自动化生产流程，扩大宫面产能，促进传统宫面技艺与现代生产工艺融合，利用益海粮油国家级龙头企业技术、市场优势，扩大市场占有率，影响力；花色宫面技术标准旨在满足多样化市场需求，减少藁城宫面同质化竞争现象，寻找宫面新的价值增长点。

延伸产业链条

藁城区建有“青竹宫面文化园”，开拓文旅线路。步入宫面文化博物馆，感受藁城宫面加工的厚重历史；走进藁优麦品种展示厅，了解藁优麦历代优质品种；来到宫面作坊展示厅，亲历百年传承的非遗制作技艺；通过宫面生产流水线，观摩宫面盘条、搓条、上杆、抻面到包装的半自动化作业；穿行宫面观光走廊，欣赏藁城宫面故事、诗歌、题词、散文及非遗技艺的特点。从田间到餐桌，再到文化长廊、博物馆，在美食体验的同时给人以精神文化享受，宫面产业发展正促进文化旅游的发展，又通过文化旅游业发展带动宫面销售市场的推广，从而形成良性互动，互为支撑。依托“互联网+”优势，藁城宫面积极开拓线上销路，在淘宝、天猫、京东、微信公众号和小程序开设自营店，并且与海尔、盒马鲜生、举个例子等平台合作直销，在抖音、快手等直播平台邀请网红大V直播带货，线上年销售额约4500万元。

品牌赋能，传播破圈

为提升藁城宫面品牌影响力，藁城区对“藁城宫面”进行全方位的包装设计、宣传推介，对其品牌形象进行了全新的升级，大大提升了藁城宫面品牌知名度。同时，藁城宫面被河北省农业农村厅评选为河北省名优农产品区域公用品牌。

品牌LOGO

形象释义：因考虑到藁城宫面源远流长的历史和文化底蕴，所以此次IP打造了一个比较传统的拉面师傅的形象。又因考虑到市面上大多数传统食品的IP形象设计都比较具象，而具象的人物动作无法给消费者留下深刻印象，且辨识度较低，所以此次设计在传统的基调上增加了一些自己的特色，就是五官的省略概括，给人留下遐想的空间以及一丝神秘色彩。同时，脸部的省略也是表现宫面的历史传承，它不是特定的某一个人，而是经过历史的沉淀后，被一代代人传承下来且发扬光大，被广大群众所熟知，寓意深远。通过拉面师傅的动作表达出其娴熟的手艺，同时使主体人物形象更为丰富饱满。还可以将人物运用到各种宣传品中，简约有力的线条可塑性极强且兼具浓厚的历史文化感！

2022年，“藁城宫面”荣获由《品牌农业与市场》主办的中国年度市场竞争力品牌，赢得众多经销商认同。同时，通过抖音等平台对消费者的“种草”，让藁城宫面超越“流量”，形成“增量”，不断走向全国，从“小私域”走向了“大公域”，备受全国消费者关注。在系列推广中，特别强化对龙头企业的包装和传播，培育了“青竹”“庄润”等一批具有较高知名度、美誉度和较强市场竞争力的宫面产品品牌，形成了以“藁城宫面”区域公用品牌联合企业品牌、系统化带动藁城宫面产业发展的局面，不断将藁城宫面及特色农产品做大做强，产品不仅畅销全国各地，而且还出口到日本、马来西亚、新加坡、英国、俄罗斯、美国、加拿大等国家。

未来，针对藁城宫面的品牌发展规划，一是严格标准落实，规范行业协会，提高行业自律，并更加注重品牌保护；二是加紧建设宫面产业联合体，实现强强联合，通畅上下游产业链；三是继续加大对企业的支持力度，促进企业实现技术升级、销售升级、品质升级、品牌升级。

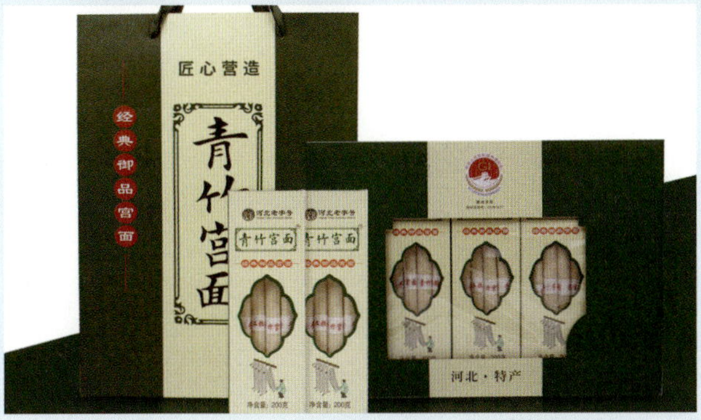

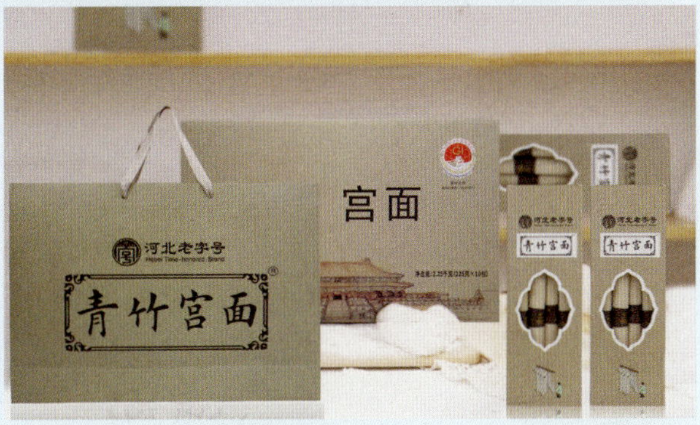

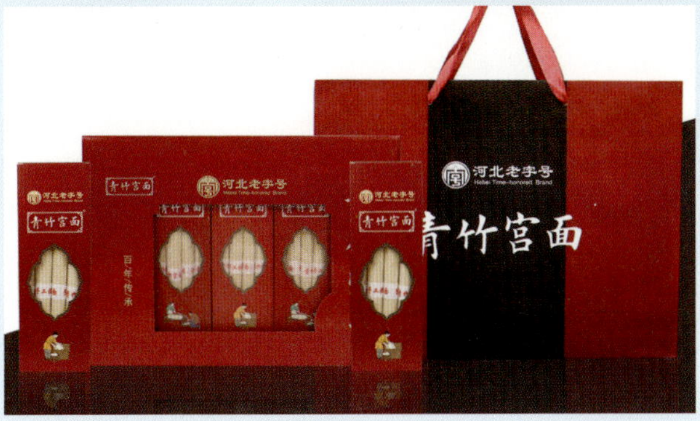

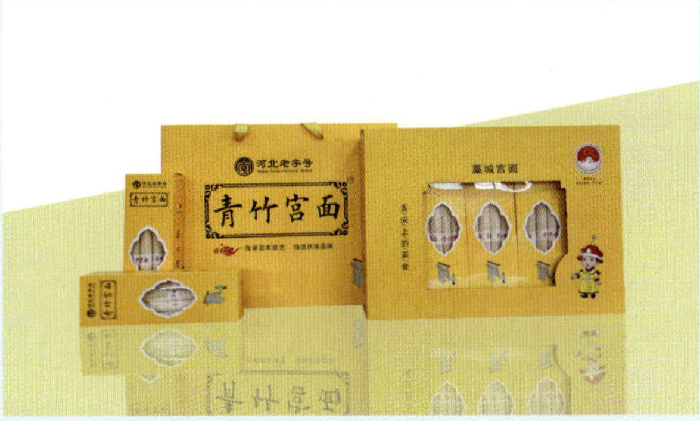

『水满陂塘谷满篝，漫移蔬果亦多收。』

《歌元丰五首》宋代·王安石

03
第三篇

蔬

品类齐全
四季供应

河北省是全国蔬菜产销大省，蔬菜产值占种植业产值半壁江山，是供京津蔬菜第一大省，坝上蔬菜弥补全国夏秋淡季市场，蔬菜品类多样，周年供应优势突出。

饶阳蔬菜

Rao Yang Shu Cai

饶阳果蔬 领鲜多多

饶阳，因地处饶河之阳而得名，因蔬菜产业壮大而扬名。目前，饶阳县蔬菜种植面积43万亩，其中设施蔬菜34万亩，实现了『人均一亩菜、户均一个棚』，形成了规模化、标准化、产业化的生产格局，被誉为京津冀的『菜篮子』和『后厨房』。

悠久的种植历史

民以食为天，食以菜为先。饶阳蔬菜的商业化历史悠久，成规模的蔬菜种植、销售在明万历年间、清乾隆及康熙年间的《饶阳县志》中均有记载，种植历史超过400年。新中国成立后，所有土地收归集体所有，饶阳县各村纷纷开辟“菜园子”专门用作蔬菜种植，以村为单位开展规模化蔬菜种植，逐步奠定了饶阳蔬菜产业的发展基础。自20世纪80年代初发展设施蔬菜种植以来，有着40余年的设施蔬菜产业发展历史，形成了区域化布局、规模化种植、产业化经营的生产格局。

饶阳蔬菜不仅成为名副其实的“京南第一大菜园”，且已走出国门，远销俄罗斯、韩国等国家和地区，成为享誉九州的金字招牌。

丰富的产区资源

饶阳的蔬菜种植专业村高达183个，占全县197个行政村的93%，是饶阳农业的绝对主导产业。饶阳蔬菜的品种有50多个，且规模大、产量高、品质好，素有“设施蔬菜河北第一”的称号。

目前，通过规模发展、科技提升、品牌开发，全县年产蔬菜260多万吨，产值21亿元；年产果品30万吨，产值26亿元，不仅占到京津市场的15%，还远销多个国家和地区。享有“中国蔬菜之乡”“中国设施葡萄之乡”“国家级生态示范区”等多项荣誉称号。

地利人和的产地优势

饶阳蔬菜产业发展有如下三大优势。

地理区位优势

饶阳地处“京衡大通道”重点区域，区位优势明显，是东出西联、南进北上的核心位置。北京、天津市场上1/7的果蔬产品都来自饶阳。

自然环境优势

饶阳地处华北平原中部，为滹沱河冲积平原，是国家级生态示范区，地形平坦、雨热同期、土壤肥沃、四季分明，气候资源丰富，光热水配合适宜；滹沱河从饶阳县中北部横穿县境，境内河段长34千米，河南北堤之间，行洪滞洪区面积171.9平方千米，占全县总面积的30%；饶阳县属于亚洲东部的季风气候，为温暖的半干旱区，四季分明，冷暖干湿差异明显，光、热、水配合适宜，有利于发展农业生产；全县光照充足，能保证短日照作物生长发育的需要。独特的地质特征、纯净甘甜的地下水资源、滹沱河畔冲击沉淀而成的砂质土层、恰如其分的光照和适宜的气候条件造就了饶阳蔬菜优良的品质。

历史传承优势

饶阳蔬菜种植自古以来就是饶阳县农业的重要副业，几乎各家各户都有种植，且因为靠近北京、天津、石家庄等大型城市以及保定、河间等历史重镇，销售市场十分广阔。

多层次提升品牌影响力

2011年，饶阳县大力实施农业转型战略，全县主打饶阳蔬菜这个品牌，各合作社生产的蔬菜在标注自有商标的前提下，都使用集体商标和统一标识。同时，积极组织开展各种类型的名优农产品展销会和网络营销活动，全方位、多层次、持续性地集中宣传品牌农产品。

以管理保证品质

在全省率先成立了第一家县级蔬菜发展联合总社，充分发挥联合总社带动作用，完善服务功能，积极构建标准化与质量追溯、市场营销、信息收集发布、品牌策划推广与技术服务五大体系，并根据市场变化，指导菜农调整蔬菜种植结构、提高蔬菜品质，规避市场风险，提高经济效益。

以品质赢得认可

绿色蔬菜和有机产品是蔬菜产业发展的方向。饶阳县建立了"宣传教育、源头管理、质量追溯、产品监测"四位一体、环环相扣的绿色蔬菜生产体系。打造了京津冀蔬菜测评中心，通过引进国际标准化测试方法，筛选出适栽的优良品种，同时形成了一套减水、减肥、减药的标准化科学栽培模式，助力当地设施蔬菜产业提档升级，让河北优质蔬菜"赢在起跑线上"。

目前，饶阳县所有蔬菜产品均达到了无公害标准，获得认证绿色产品27个、有机产品4个。其中，"饶阳甜瓜""饶阳葡萄"被认定为地理标志产品；"春阳""晶莹"被评为河北省名牌产品，12个基地、22个蔬菜产品通过了绿色认证。科技赋能品质，重点推广防虫网、黄板诱杀、熊蜂授粉、丽蚜小蜂防虫、生物秸秆反应堆等20多项实用新技术，生防基地扩大到15个村2.2万亩，生产出了饶阳不打农药的蔬菜。

品牌名称：饶阳蔬菜

饶阳蔬菜命名遵循以下6个原则。

1. 结合地域和产业双烙印
2. 符合地标类产品命名原则
3. 好识别易传播易记忆
4. 有利于品牌长期宣传使用
5. 能够与“寿光蔬菜”比肩
6. 形成对标利于品牌未来发展

品牌广告语：饶阳果蔬·领鲜多多

释义:用最简单朴实的文字，将区域+品类+产品品质及产品种类的丰富表达清晰，简洁明了，直击消费者痛点。“饶阳果蔬·领鲜多多”简单的8个字，清晰、明确地表达出了产品的产地，以及蔬菜品类的多样性，在一些方言中当“多字”叠起来使用时常常表示非常的意思，而“领鲜多多”简单的4个字更是将饶阳蔬菜的品质好与种类的丰富一起囊括其中，“领鲜”食品领先，“领先”口感领先，这种整体组合方式朗朗上口，能够使人记忆犹新。

品牌LOGO

饶阳蔬菜
饶阳果蔬·领鲜多多

◉ 品牌IP形象

饶阳蔬菜IP形象设计——瓜菜

饶阳蔬菜IP形象设计——茄子

饶阳蔬菜IP形象设计——番茄

◉ 品牌包装

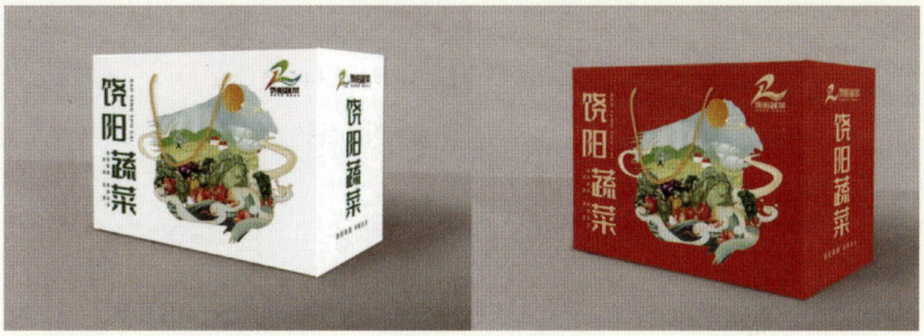

打造一个响当当的蔬菜品牌，对推动蔬菜的产业化发展意义重大。为此，通过制订饶阳蔬菜品牌叫响全国实施计划，举办媒体采风、全国设施葡萄高峰论坛、蔬菜文化节等活动，借助现代传媒的影响力，品牌的知名度和美誉度越来越高。同时，饶阳县还引导批发市场、龙头企业、营销大户等流通主体进军大中城市，通过广泛开展农超对接、蔬菜进社区等活动，逐步构建遍布京、津、石等大城市的蔬菜销售网络，真正实现靠品牌闯市场，靠品牌提高效益。

积极拓展线上线下高端农产品零售平台营销渠道，形成稳定产销供应链条，先后开设了“支持良心农夫”高端社群和“良心农夫市集”微店，并与三联生活市集、一大口美食商城、盒马鲜生、百果园等农产品电商平台达成合作。一年来，已通过电商平台累计销售果蔬1500余吨，交易额2800余万元。

持续扩大产业规模

近年来，饶阳县蔬菜规模化发展实现年均2万亩以上的速度递增。基本上实现了“户均三个棚”，被农业农村部确定为“全国一村一品示范乡镇”。

目前，饶阳县共建成8个特色蔬菜基地。先后与中国农业科学院、中国蔬菜协会等17家科研院所联合组建了设施蔬菜产业技术研究院，建立各类测评示范中心、创新研发中心13个，不仅培育和引进了大批优良品种，而且全面推行减水、减肥、减药的标准化科学栽培模式，极大提升了农民的种植管理水平。

“种上一个棚，当年就脱穷；卖完两棚瓜，小车开回家；户均三棚菜，小楼都能盖”这个流传在饶阳县群众口中的顺口溜是蔬菜产业富民的真实写照。在跻身全国50强的饶阳县蔬菜果品交易市场，“饶阳蔬菜”是各地客商们争抢的香饽饽，不但填实了京津冀的“菜篮子”，也进一步鼓起了百姓的“钱袋子”，成为千万农户发家致富的金钥匙和享誉四方的金字招牌。

鸡泽辣椒

Ji Ze La Jiao

大厨的秘密武器

酸甜苦辣咸，五味之中辣味最热烈，在邯郸最『火辣』的地方当属鸡泽县了。

162.52毫克

鸡泽辣椒每百克维生素C含量

“红火”之地

鸡泽县位于河北省南部、邯郸市东北部，历史悠久、文化灿烂。鸡泽之名，最早见于史书《春秋经》，因百鸟栖息、水草丰美，“鸟栖奚旁意为鸡，水草相依名为泽”，故名“鸡泽”，于隋朝开皇六年（586年）在此置县，距今已有1400多年历史。

鸡泽属海河平原黑龙港流域，土壤以潮土为主，土质适于作物栽培。属温带大陆性气候，四季分明，春季干旱多风，夏季炎热多雨，秋季风清气爽，冬季寒冷干燥；年平均气温13.1℃，平均降水量490.3毫米，无霜期192天，年日照2726小时，雨热同期，有利于农作物的生长，更是辣椒的天然产床。

百年传承

鸡泽是“中国辣椒之乡”，种植辣椒已有1400余年历史。据《鸡泽县志》记载：6世纪中叶，辣椒经丝绸之路传入中国甘肃、陕西等地。明万历年间，鸡泽县东双塔村的宦官贾桂购买上等辣椒送入御膳房作调料，鸡泽辣椒由此成为皇宫主要调料之一。清朝，御膳房所有调料都进行调整，鸡泽羊角椒用量不但没减反而大增，还把鸡泽辣椒定为专项贡品。从此，鸡泽辣椒种植面积越来越大。

鸡泽辣椒又称羊角椒，它形状细长，尖上带钩，状似羊角。皮薄肉厚、籽香油多、辛辣适中、美味好吃、营养丰富。据检测，鸡泽辣椒每百克维生素C含量高达162.52毫克，是其他辣椒的5倍以上，可称为蔬菜“维C王中王”。辣椒成为鸡泽县特色优势产业，种植历史久、面积大、品质优，当地全年种植辣椒8万亩，年产辣椒近20万吨，辣椒加工企业130多家，年加工鲜椒60万吨。产品有精品酱、盐渍椒、辣味酱菜、调味粉等五大系列，200多个品种，畅销全国各地并出口美国、日本、澳大利亚、韩国等20多个国家和地区，是中国北方最大的辣椒生产、加工集散中心。椒香远播，享誉世界。

如今，姑娘出嫁，攥把辣椒，婚姻美满，亲人的祝愿在小小的辣椒里；门手高挂双瓣椒，迎吉大祥，平安的祈愿在小小的辣椒里；盖房上梁挂串辣椒，梁上红火，日子红火，安稳的日子在小小的辣椒里；外出游子装兜辣椒，慈母期盼，家园难忘，满满的思念在小小的辣椒里……鸡泽辣椒，小小羊角已化作鸡泽人的文化象征，融进鸡泽人的精神气质，成为鸡泽人的生活之根，铸就鸡泽人的精神之魂。

8 万亩
全年种植辣椒

20 万吨
年产辣椒

130 多家
加工企业

60 万吨
年加工鲜椒

20 多个
畅销国家和地区

“红火”的品牌

鸡泽辣椒是河北农业品牌的明星。基于鸡泽辣椒的产业本质，在“鸡泽辣椒”区域公用品牌的发展中，将以打造辣椒加工品品牌为战略方向，深化鸡泽辣椒区域公用品牌建设作为品牌的“护城河”。

品牌核心任务

“鸡泽辣椒”区域公用品牌战略核心任务分3个层面。

品牌化

即提高鸡泽辣椒产品的知名度，通过营销推广，提升鸡泽辣椒的产品价值。

高效化

即规范完善辣椒产业体系，强化对产业的服务支撑以及原料保障，增强产业竞争力，提升产业效益。

融合化

延长鸡泽辣椒产业链，提升鸡泽辣椒价值链；以鸡泽辣椒产品为媒介，推介鸡泽，提升鸡泽的知名度。

品牌名称：鸡泽辣椒

涵盖辣椒产品

鸡泽辣椒产品主要包括盐渍辣椒、剁椒、辣椒酱、油辣椒以及辣椒粉等，产品形态与特性各不相同，且都在市场具有一定知名度，产品不可替代，品牌名称“鸡泽辣椒”是对鸡泽辣椒产品的总体概括。

继承品牌资产

鸡泽辣椒产业经过多年发展，已经在辣椒行业以及专业市场中形成了以“鸡泽辣椒”为认知主体的品牌认知度及品牌忠诚度，以“鸡泽辣椒”作为品牌名称不仅是对品牌无形资产的继承，也是对已有国家地理标志证明商标资源的有效利用。

品牌定位："辣食调味品专业品牌"

品牌定位的核心要旨是使每个品牌使用一个独特的概念来占领用户心智，使自己在用户心中与众不同，以便在潜在消费中占据有利的位置。从定位的科学理论来看，品牌的定位需要从市场、竞争者以及自身3个方面考虑，即辣椒市场的空间、行业内的竞争情况以及鸡泽辣椒产业出发，对鸡泽辣椒品牌进行定位。

从市场角度来看，餐饮消费潜力巨大。在目前辣椒制品市场中，食品加工消费主要作为食品加工的原材料，产品溢价能力有限。

从行业角度看，同质化发展，要进行错位竞争。我国的几个辣椒主产区辣椒产品大多为鲜椒、干椒等原材料的形式，行业发展同质化，缺乏鲜明定位。因此，鸡泽辣椒要在一众产区中突围发展，需要寻求差异化。

从产区来看，鸡泽加工是优势，餐饮是重点。鸡泽辣椒产业中，有约 98% 的鲜椒加工为辣椒制品。故而，鸡泽辣椒产业，要在保有加工优势的前提下，以餐饮市场作为发展重点。同时，鸡泽辣椒品牌的定位还要结合餐饮消费对辣椒调味品的需求。

综上，从鸡泽辣椒产业自身强于加工的能力出发，基于品牌发展空间以餐饮渠道专供为方向，瞄准市场上的品牌缺乏精于专业辣食调味供应这一竞争薄弱处，以满足辣食调味的专业化需求为目标，从而确立鸡泽辣椒的品牌定位。

品牌符号创意

鸡泽辣椒 河北 JIZE LAJIAO

大厨的秘密武器

（1）品牌标志创意说明

以鸡泽辣椒鲜椒"光滑细长、尖上带钩"的特点为创意出发点，设计品牌名称及传播口号标志，在融入鸡泽辣椒特点的同时，达到让消费者一眼认知的效果。

(2)品牌辅助图形创意说明

以大厨的造型为主要设计，加入辣椒主题，传达“专业大厨就是品牌的代言人”的形象，展示鸡泽辣椒产品是“大厨的秘密武器”这一产品价值，突显鸡泽辣椒作为餐饮辣食调味品专业品牌的品牌价值。

(3)品牌形象应用

品牌支撑

精选特产
优质好椒

传统工艺
天然发酵

严苛标准
品质如一

辣食美味
点睛之笔

耕耘品牌

鸡泽辣椒旨在打造辣食调味品的专业品牌，通过创新营销占领消费者对于辣食调味品的认知，创建一个植根于潜在客户心中的专业品牌。在调味品等餐饮配料的消费中，产品专业性主要依靠专业人士、专业餐饮渠道来体现。“鸡泽辣椒”要在主要辣食消费市场，针对厨师、餐饮职业经理人、餐饮店主等专业人士宣传，并结合在重点渠道、餐饮终端的推广，提高餐饮渠道消费者对“大厨的秘密武器”这一价值主张的认同，扩大“鸡泽辣椒”的品牌影响力，提升品牌美誉度，为企业创牌闯市提供新动力。

瞄准厨师群体作宣传

一方面，瞄准餐饮店大厨。通过提高厨师群体对鸡泽辣椒产品的接触以及使用概率，增强厨师对产品品质的专业性认识，扩大鸡泽辣椒品牌在厨师群体中的影响，打响品牌在餐饮界的美誉度。同时，通过厨师群体对鸡泽辣椒的创新应用，增加产品在餐饮市场的应用形式。

另一方面，聚焦烹饪学校的“准厨师”。从厨师的初学阶段开始，培养其对鸡泽辣椒产品品质和在菜品中应用的认识，增加“准厨师”与品牌间的情感联系，增强品牌亲和力，夯实鸡泽辣椒品牌在厨师群体的影响力。

对接线下线上重点渠道

面向专业人士关注的调味产品采购的重点平台，宣传品牌，提高与品牌的接触频次。鸡泽辣椒主要销售区是在华北、华东等地，湘菜餐厅除湖南本地外，主要分布在广东地区。基于此，要在这3个主要分布区的大型食品批发市场中，投放鸡泽辣椒品牌广告，并结合品牌宣传物料，生动化陈列，营造品牌氛围，提高“鸡泽辣椒”在采购商中品牌的知名度和影响力。此外，与线上专业平台合作，为鸡泽辣椒品牌搭建电商采购平台，为餐企提供透明信息服务，为供应商提供便捷销售渠道。

餐饮终端塑造专业形象

餐饮终端是消费者主要接触到鸡泽辣椒产品的环境。有效利用餐饮消费场景宣传品牌，使消费者在专门的就餐环境中品尝到经专业厨师烹饪的辣食美味的同时，感受到餐饮店中的品牌氛围，体验品牌文化，有助于品牌专业形象的塑造，也加深品牌对终端消费者的影响。

开发大客户，推动产品定制

推动产品定制以提升产品应用、优化菜品体验为目的，在协会组织下，聘任资深主厨，成立鸡泽辣椒主厨顾问团，为调味产品的创新开发以及实践应用提供专业意见建议，从而提升产品应用、优化菜品体验。

借用道具，提高营销效率

升级“中国辣椒网”，从内容和功能入手升级，将网站建设成为集品牌营销管理与辣椒行业展示于一体的综合性辣椒行业网站。在内容层面，开设“鸡泽辣椒”频道专区，展示鸡泽辣椒品牌信息，包括品牌日常信息、授权企业、产品信息以及策划性活动等，宣传推广鸡泽辣椒品牌。在功能层面，包含行业资讯、烹饪美食、供需信息、电商链接等内容。创新“宣传道具”，搜集全国乃至全球各地的辣食烹饪方法，编印“全球辣食烹饪指南”，植入“鸡泽辣椒”品牌宣传，在产品销售及品牌推广中免费派送或发放，提高鸡泽辣椒品牌知名度及美誉度，同时传播辣食文化，推广鸡泽辣椒品牌。

融合发展

以鸡泽辣椒现代农业产业园的规划建设和提升为契机，结合鸡泽文明城市创建，将品牌建设与乡村振兴战略、美丽乡村建设结合，深化一二三产业融合，打造辣椒文化，拓展辣椒精深加工链，提高产业综合效益。做透辣椒文旅，以“辣椒+文化”的形式，抢占辣椒文化高地，丰富品牌文化内涵，强化公众对鸡泽辣椒的认知；拓宽辣椒精深加工，随着产业发展，面向市场的需求，进一步延伸产业链，向高技术领域迈进，发展高附加值、高品质产品，建设辣椒产业集群，占据市场主动权，提高产业的竞争力。建议通过招商引资，引入专业的企业，引领本地辣椒精深加工的发展。

品质加品牌，历史加文化，一根辣椒，带火了鸡泽的一条产业，形成了以辣椒为中心的产业集群，成为群众增收致富的主要来源，也正在成为农业高质量发展的亮丽名片，全力推动着整个产业向着更高、更强、更先进的目标大步前进！

冀州天鹰椒

Ji Zhou Tian Ying Jiao

天之椒子 香辣天下

192天 无霜期

2571小时 日照时间

古黄河、漳河、滹沱河的水蜿蜒而过，流淌成上下五千年的滔滔绝响，孕育文明的泥沙不断漫延上岸，竟冲积出一片肥沃的平原。这片土地，被大禹用手一指，命名为冀州。冀州，九州之首，人杰地灵；物华天宝，天赐文明。

千古精华凝雨露，得天独厚；今朝辣味在冀州，品性一流。湖光秋月，生态宜居；水光潋滟，康养湖城。冀州的自然条件与地理环境仿佛是为天鹰椒设定好的，就等着它来这里发展，真可谓天造地设，浑然天成。

得天独厚

北半球的阳光一年又一年地倾泻在冀州，北纬37°的温带半湿润大陆性季风气候让这片大地四季分明，春去秋来，寒来暑往，万物都在茁壮成长。每逢春风送暖，春雨便如酥地落下来；每当夏日炎炎，堆积的云朵便会化为雨，为生命送来一片清凉。192天的无霜期，2571小时的日照，适宜的温度，还有保水保肥、通透性好的砂质土壤，这一切合力孕育了一个独特的农作物品牌——冀州天鹰椒，天之椒子，香辣天下。

冀州的辣椒基地，星罗棋布。明朝嘉靖年间，冀州便有种植辣椒的记载。1982年，冀州开始大面积种植天鹰椒，经过16年辛勤培育，竟蓬勃发展一片红火。周村镇，这个一度不为人知的小镇，红红的辣椒像一朵正在盛开的大丽花，不断向周边乡镇伸展花瓣，天鹰椒遍布周边乡镇。1998年辣椒专业市场拔地而起，一跃成为华北最大的天鹰椒集散中心。从此，冀州市（现冀州区）被命名为“中国辣椒之乡”。

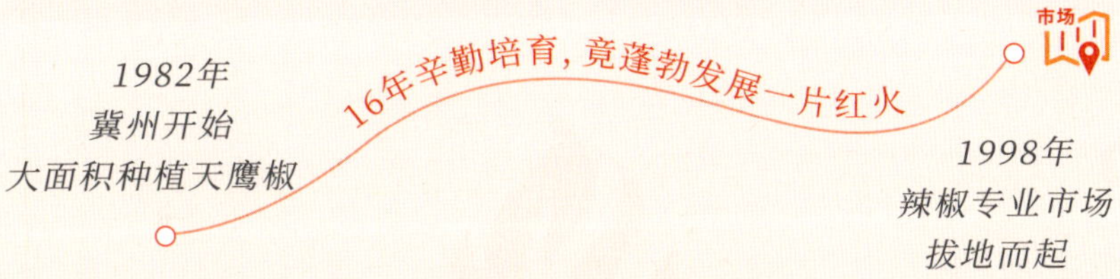

香辣天下

4~5厘米的椒长，1厘米的果径，椒顶端弯成一个钩形，酷似鹰嘴，鹰嘴朝天，展示鹰击长空之决心，天鹰椒因此而得名。形状是弯曲优美，颜色是浓烈红艳，辣味一触到舌头便会浸入五脏六腑，浓郁的香气在口鼻间化开，恍惚间，便打通了食欲的任督二脉。有了天鹰椒的餐桌，必会让来自四面八方的客人感受到一份浓浓的热情，燕赵风骨，不只是任侠，也极为好客。

抓一把冀州天鹰椒在手里，沙沙的，形美、色艳、辣醇、香郁。每千克辣椒含维生素C1050毫克，是茄子的35倍，番茄的9倍，白菜的3倍，白萝卜的2倍。火红的冀州天鹰椒亦是绿色的，实行统一种子供应、统一技术指导、统一质量标准、统一品牌销售的“四统一”管理体系，标准化实施程度达到95%，产品质量合格率100%。天鹰椒一簇5~10个椒果，犹如一个个欲飞冲天的红鹰，其志不在小。但文化基因中浸染了王者之气的冀州人，借了大禹的雄心，让天鹰椒不但畅销全国，还远销日本及东南亚。于是，天鹰椒辣了冀州，辣了衡水，辣了河北，辣了中国与世界，香辣天下，首屈一指。

品牌创塑

近些年，冀州天鹰椒遇到了种植规模萎缩、产业化程度低、产业服务体系不完善、标准化生产水平低的困境，但产区优势、市场优势、品质优势在乡村振兴的号角下得以重振雄风，迎来了新的发展机遇，借助国家专项发展资金进行区域公用品牌打造为产业发展注入新活力。冀州人下定决心，在新时代大力重振天鹰椒产业。于是，冀州制定了雄心勃勃的品牌战略规划。

智慧的冀州人建构了母子双品牌同创的战略架构，已成犄角之势。以“冀州天鹰椒”为母品牌，以“信德椒业”等企业品牌为子品牌，抱团打出一片红火的天地。“不是所有冀州产的辣椒都是冀州天鹰椒”，“冀州天鹰椒”这5个字意味良好的信誉、上乘的品质。

品牌LOGO

冀州天鹰椒

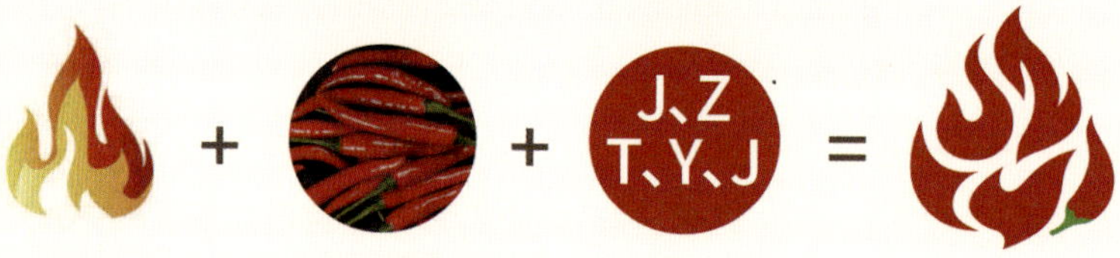

历史悠久的冀州古迹遍地，古城墙、竹林寺、八角井、冀宝斋、西堤北塔…… 文明的火焰穿梭了每一个历史时期。冀州人民也热情似火，来了必有好酒招待，举杯邀嘉朋，一饮醉明月。冀州的天鹰椒更是火辣辣，品尝过的客人都赞不绝口。于是，冀州天鹰椒便有了自己的品牌，以“火”为元素设计了自己的Logo。以J、Z、T、Y、J5个字母变形成红红的辣椒形态，共同组成一簇旺盛燃烧的火苗，象征着天鹰椒产业的红红火火。

品牌口号　天之椒子　香辣天下

创意说明：冀州者，天下之中州，是古代帝王建都的地方，有天下中国之意，冀州天鹰椒从文化基因上具备问鼎天下的气魄。滨湖文化名城，优良的生态环境，冲积而成的低洼平原，以及四季分明、雨水适宜，为冀州天鹰椒香辣天下的品质提供了地域资源和气候支撑。"天之椒子　香辣天下"既体现辣椒"香辣"的特点，也体现出冀州人民建设好冀州天鹰椒区域公用品牌的信心。

品牌主形象

东汉初，光武帝刘秀在鄗城（今邢台柏乡）称帝，建立东汉，并将冀州刺史部治所设在鄗城。故冀州自东汉起便有了天子气象，而冀州的天鹰椒也便有"天之椒子"的美称。大禹设九州、造九鼎，冀州为首，冀州天鹰椒便有了问鼎天下的文化基因，冀州人民也有了建设好这个品牌的文化自信。在品牌主形象符号中，冀州人运用艺术手法巧妙地将地域符号"鼎"与辣椒进行组合，彰显出冀州天鹰椒的历史文化价值与产品优势。

品牌价值支撑

天赐文明

九州之首 农耕文明

得天独厚

冲积平原 四季分明

浑然天成

康养湖城 生态宜居

香辣天下

辣椒之乡 香辣味浓

天赐文明象征着冀州为九州之首，为发源最早的农耕文明之一；得天独厚象征着肥沃的冲积平原和四季分明的气候条件；浑然天成象征着毗邻衡水湖的冀州是康养湖城，具有生态宜居的优美环境；香辣天下象征着冀州为中国辣椒之乡，其特点为香辣味浓。

品牌发展

冀州人有信心将辣椒产业做强、做大，以区政府主要领导挂帅，农业农村局、财政局、科技局、工信局、商务局、市场监督管理局、宣传部、旅游局、人力资源和社会保障局等十几个部门协同推进，以冀州天鹰椒合作社为依托，以网络、自媒体为宣传渠道，一个庞大的辣椒推广平台正在形成。

发展品牌创效益

冀州信德椒业有限公司是省级龙头企业，年加工辣椒干、段、粉等产品1100吨，近几年与内蒙古快乐小羊有限公司达成长期合作，着手兴建年产1500吨调味品生产基地；对接贵阳老干妈等知名辣椒加工企业的合作也正在进行中，一条长长的产业链从南到北，成为一道冀州天鹰椒建构的红色长城。

文化搭台　经济唱戏

文化塑造品牌，提升溢价能力。冀州人的第一个措施是建设冀州天鹰椒文化馆，依托"周村辣椒交易市场"，建设"冀州辣椒科普长廊""冀州天鹰椒文化展厅""辣椒文化雕塑"展销体验区等项目，打造北方辣椒文化高地。第二个措施是开发文创产品，提升品牌价值。借助茶杯、抱枕、手提袋、U盘、手机壳、钥匙扣等纪念品，丰富品牌内容。第三个措施是拓展辣椒产业功能，深化农旅融合。首先，建设辣椒小镇，集休闲娱乐、观光住宿餐饮于一体，到了天高气爽的秋天，周村的土地上呈现出一片烂漫的红色时，便是采摘辣椒、品尝美食的好时候，勿忘辣椒味道，必须寻味冀州。其次，建设辣椒村，独具特色"辣椒小院"成为吸引游客的民宿，"冀州天鹰椒购物中心"成为购物的好去处，随处可见的辣椒卡通形象为小小的村庄增添活泼可爱的情趣。再次，打造"冀州天鹰椒美食宴""辣椒产业旅游"，品尝了火辣辣的美食，再体会冀州人火辣辣的热情。最后，三产联动，建设田园综合体，让种植加工区、田园社区、科创空间、文创体验中心联合在一起。

构建渠道

冀州天鹰椒在天猫、京东等大电商平台建设旗舰店，提高品牌知名度。对接北方连锁商超与餐饮连锁店，设置品牌宣传专区。强化周村辣椒集散中心，掌握行业话语权。同时开发特通渠道，打造“河北农产品新名片”，建设冀州天鹰椒“品鉴点”。

宣传推广

借助自媒体强化品牌形象，策划辣椒丰收节，打造宣传平台，举办中国（冀州）天鹰椒文化节、冀州天鹰椒网络文化节、辣椒嘉年华等一系列活动，让冀州天鹰椒红起来、火起来。

古老的冀州在习近平新时代中国特色社会主义思想的引领下正迸发出勃勃生机，如今，冀州天鹰椒种植面积已达10万亩，年产3万吨。鹰击长空傲九霄，冀州的繁荣与兴盛，还看今朝！

馆陶黄瓜

Guan Tao Huang Gua

咏黄瓜

汉武大帝繁荣盛，丝绸之路万里行；
张骞西域美物归，胡瓜东进名黄瓜；
古城馆陶山水美，魏骨风范天下扬；
瓜香蝶舞翠满天，出神味美人人夸。

黄瓜原产于印度，汉朝张骞出使西域时传入中国。古人称黄瓜为“胡瓜”，《本草纲目》中记载：“张骞使西域得种，故名胡瓜”。东晋时，后赵王朝的建立者石勒，一律严禁出现“胡”字，“胡瓜”更名为“黄瓜”，此名一直沿用至今。

黄瓜作为一种常见的蔬菜品种，我国大部分地区均有栽培，邯郸馆陶县就是黄瓜的主产区之一。这里因黄瓜，建成了一个特色小镇，又因为这个小镇，带火了整个区域的蔬菜种植。馆陶县用一根小小的黄瓜，成就了一个品牌，红火了一个产业。

在馆陶跟黄瓜有关的头衔，当地人能给您掰着手指说出一大堆，“国家蔬菜生产重点县”“河北蔬菜生产重点县”“中国黄瓜之乡”“中国优质黄瓜生产示范基地”，“馆陶黄瓜”更是国家地理标志认证产品。

国家蔬菜生产重点县	河北蔬菜生产重点县	中国黄瓜之乡	中国优质黄瓜生产示范基地

馆陶县从1987年引进日光温室开始，彻底改变了原有种植方式，黄瓜生产由露地、风障等单一种植到日光温室、大拱棚、小拱棚、露地、阳畦等多种生产模式共同组成的生产格局，实现了黄瓜周年生产。在这里，走在路上不时地就能看到跟黄瓜有关的事物，越是临近大棚，黄瓜味就越浓。在农业园区的日光温室大棚内，一排排整齐的秧苗长势旺盛，如青玉般细嫩的小黄瓜在翠绿的叶片衬托下，身着绿装，显得格外脆生。

馆陶县良好的自然条件，非常适宜种植黄瓜。暖温带半湿润大陆性季风气候带来充足的日照和适宜的温度；古河道的壤质土冲积平原提供了弱碱性肥沃土壤；漳河和卫运河送来了充沛的水源，所有的适宜造就了馆陶黄瓜独特的品质。与普通黄瓜相比，馆陶黄瓜不打农药，不施化肥，纯绿色，品质高，拥有以下三大特点。

口感清爽

馆陶黄瓜口感清爽，和普通黄瓜相比更加脆嫩、水润。经常吃馆陶黄瓜能够补充身体所需水分，消暑解渴，缓解口渴难忍的感觉。

营养丰富

馆陶黄瓜富含多种维生素和矿物质，如维生素C、胡萝卜素、钾、铁、硒等。特别是维生素C的含量很高，有助于抗氧化、美容养颜、增强免疫力等。

有益健康

馆陶黄瓜含有丰富的膳食纤维，有助于促进肠胃蠕动、改善便秘等。此外，其含有的一些营养素还能够帮助降低血压、调节血糖和胆固醇水平，对预防心血管疾病和糖尿病都有一定的帮助。

除直接食用外，馆陶黄瓜还可以做凉菜、炒菜、煮粥、腌制等多种料理。烹饪方法简单，营养丰富，适合各种年龄层的人群食用。一根根黄瓜翠绿欲滴，随手摘下一根品尝，吃出浓浓的天然味道，既是蔬中佳品，同时也是一种天然护肤品。

立足资源优势，塑造竞争优势，品牌打造是馆陶县深入贯彻习近平总书记“三农”思想，结合推动农业供给侧结构性改革、发展绿色农业、助推脱贫攻坚等重大战略做出的科学决策，也是馆陶黄瓜提升核心竞争力的关键一步。

2019年4月25日，馆陶县借势第四届京津冀“蔬菜大会”，馆陶黄瓜区域公用品牌成功发布，这是馆陶主动融入京津冀协同发展战略推出的一个特色蔬菜产业品牌。进一步提升了“世界黄瓜看中国，中国黄瓜看馆陶”品牌影响力，提升了馆陶黄瓜在国内外的整体形象。

品牌标志

用黄瓜的自然形态为原型，还原馆陶黄瓜的怀旧农耕文化特点，打造出展现馆陶独特黄瓜文化的“新乡情”。

馆陶黄瓜

品牌形象

以黄瓜为原型进行设计，整体黄绿配色为了体现馆陶黄瓜在阳光下的新鲜自然。

基于馆陶黄瓜悠久的种植历史和原有区域品牌、周边小镇的消费基础，目前，馆陶黄瓜种植面积发展到10万余亩，总产量61.38万吨，年产值达17.6亿元。全县拥有4家专业蔬菜批发市场，年交易量超100万吨，黄瓜销往全国各地。县内有规模化黄瓜种植园区16个，全部实现了统一品种种植、统一农药使用、统一标准生产、统一质量检测、统一标识销售的全链条“五统一管理”。

同时，因为含有大量的维生素E和黄瓜酶，在加工提取后，黄瓜就从单纯的蔬菜转变为具有滋润肌肤功效的护肤品，大大提高了它的身价。黄瓜小镇还建起了全国首个黄瓜博物馆，带动发展休闲农业和乡村旅游业，研发了黄瓜挂面、黄瓜酱菜、黄瓜护肤品系列产品，实现了一二三产业的融合发展。

61.38 万吨
总产量

17.6 亿元
年产值

未来馆陶黄瓜将迎来更大的发展空间，首先，黄瓜的同类产品较多，但形成品牌化系统的很少，因此其市场空间较大。其次，消费者对食品安全问题考虑因素不断增强，馆陶黄瓜更符合消费习惯。再次，互联网平台崛起，电商购物和线下商超的联动，拓宽了销售渠道。最后，国家对农业产业发展的大力支持也将带来更多政策机遇。

柿柿如意 柿柿红

永清番茄

Yong Qing Fan Qie

2023年5月10日，是第七个中国品牌日，中国品牌正在迎来一个新时代。对于廊坊永清农业品牌发展进程来说，更是具有里程碑意义。当天，中国（永清）西红柿节暨廊坊市农业品牌高质量发展提升行动在这里盛大开幕。借势此次大会平台，“永清番茄”区域公用品牌的崭新形象，“品牌LOGO”与“品牌IP——穆小清”，首次向公众展示，艳惊四座。

小小番茄原产南美洲，后引进中国，在南北方广泛栽培。目前，中国已经成为全球最大的番茄生产国，同时又是番茄最大的消费市场。而永清是京津地区规模最大、产量最高、质量最优的无公害蔬菜生产基地。

从卖产品到卖品牌，从产品价值到品牌价值。多年来，廊坊永清通过筑牢品牌根基，壮大品牌主体，讲好品牌故事，做好“土特产”文章，重新定义了一颗番茄的价值，让红红绿绿的小番茄搭上京津冀协同发展列车，走上了高端餐桌。

一口多汁，嫩瓤鲜甜夹杂着微沙，混合着阳光的味道，于舌尖缓缓散开，永清番茄给消费者带来美味享受。美味背后是永清番茄的五大优势支撑。

区位优势　产地优势　产品优势　产业优势　文化优势

区位优势

“永清番茄”是一颗“临空新城，京畿绿谷中的‘供京番茄’”。永清县绿色生态，区域优势突出，是京津地区规模最大、产量最高、质量最优的无公害蔬菜生产基地。永清县背靠京津，面向雄安，地处北京、天津和雄安新区“黄金三角”核心腹地，全域处在京津冀协同发展的核心区。市场是品牌塑造的关键驱动力，“永清番茄”在农产品现代物流运输方面可谓得天独厚，发展空间潜力巨大。

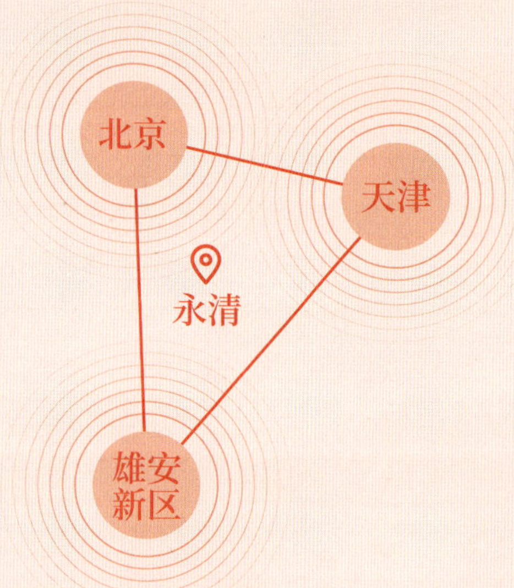

产地优势

“永清番茄”是一颗“绿色氧吧，阳光沃土中的‘阳光番茄’”。永清县属北温带亚湿润气候区，年平均日照2740小时，年平均降水540毫米，年平均气温11.5℃，年平均日照183天。四季分明，光热资源充足，雨热同季，有利于农作物生长。永清县，地势平坦，土层深厚，地下水资源丰富，拥有90万亩作物播种的良田沃土。1996年，经农业部定点测试，永清的大气质量为一级。2020年，永清县被评为中国百佳富氧县市。充足的光照，优良的水土与纯净绿色的生态环境为永清番茄的生产提供了难得的环境条件。

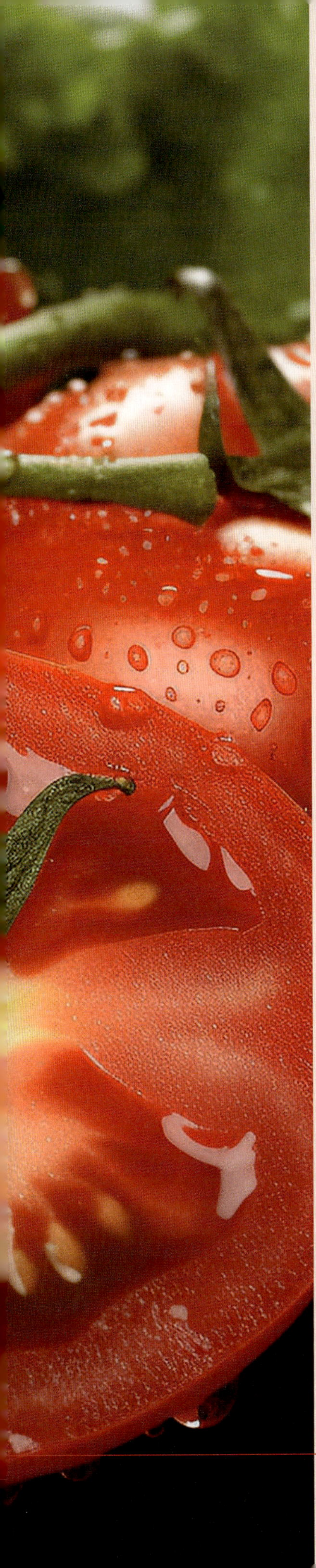

产品优势

“永清番茄”是一颗“莹润饱满，酸甜可口的‘品质番茄’”。“永清番茄”色泽天然红润，味道浓郁，酸甜多汁，品质上乘。永清县番茄种植历史悠久，自20世纪70年代就有种植设施番茄的习惯，经过多年发展，形成了深冬温室越冬栽培、塑料大棚早春栽培模式。永清县所产番茄以普罗旺斯、一口恋、铁皮番茄、草莓番茄等品种为主，柿味浓郁，肉厚多汁，营养丰富，品质优异，深得京津冀广大消费者的欢迎。

产业优势

“永清番茄”是一颗“高标高质，现代农业的‘数字番茄’”。“永清番茄”产业基础好，农业技术水平高。当前永清县发挥现代设施农业优势，立足番茄新品种、有机肥与标准化技术推广，其标准化技术普及率高，运用现代农业数字技术，可以做到智能管理、精准培育。其主产区打造的“番茄小镇”日光温室，滴灌微喷，根据土壤特性和作物需肥规律，有针对性地补充作物所需的营养。精准严苛的管控保证了更好的产品品质；更高的标准制定，重新定义了更优质的番茄。

文化优势

“永清番茄”是一颗“匠心忠厚，柿中豪杰的‘文化番茄’”。永清县人文资源丰富。“宋辽边关历史文化”“永定河故道风情文化”“现代生态农业观赏文化”相融相生。打造农产品区域公用品牌，就是将地方文化与农业产业进行深入挖掘与充分融合。品牌的显著特征在于“地域属性”。“永清番茄”的品牌塑造既与当地的产业传统、产业发展相关，又进一步将专属于永清县的品牌故事传播开来，彰显着独特的永清文化魅力。在永清，永定河水碧波荡漾，耕牧融合，人文兴盛；杨家将、穆桂英等众多历史故事、民俗与传说源远流长。“永清番茄”以对土地的热爱和对品质的专注，坚守着新时代下现代农业的绿色信念，讲述着专属于永清农业的品牌故事。

五大优势是永清品牌打造的根基，也是品牌成长的土壤。农业品牌显著的特征在于“地域属性”，它与当地自然环境、风土人情密切相关，彰显着独特的本土文化魅力。同时，它又与当地的产业传统、产业发展相关。资源优势、生态优势、文化优势是挖掘农产品区域公用品牌背后的内涵，并将其转化为品牌的核心，通过广告语与品牌形象创建传播，推动一二三产业，农文旅融合发展，由卖产品特色向文化价值转变。

“永清番茄”定位于京津冀高端番茄主产区，立足于产业高质量发展与独特的区位优势，精准满足消费市场升级需求，将永清番茄深厚的种植历史与区域文化有效融合，通过塑造“供京番茄”“阳光番茄”“品质番茄”“数字番茄”“文化番茄”五大价值体系，讲好永清番茄品牌故事，打造更高品质、更高标准、更高价值的永清番茄区域品牌形象，赋能永清番茄产业高质量发展。

永清番茄

京津冀高端番茄主产区

永清番茄，柿中豪杰 / 柿柿如意，柿柿红

供京番茄	阳光番茄	品质番茄	数字番茄	文化番茄
临空新城 京畿绿谷	绿色氧吧 阳光沃土	莹润饱满 酸甜沁爽	番茄小镇 高标高质	匠心忠厚 柿中英杰

品牌LOGO

中国廊坊

永清番茄

品牌口号

永清番茄
柿中豪杰

强化产地，关联品类，通俗易懂；永清番茄每一颗都是好品质番茄，体现品质引领，突显产地产业文化自信，整体口号朗朗上口，易于传播。

品牌IP形象

永清县历史悠久，杨家将传说存在的中心区域为河北省永清县全境。永清县杨家将传说系列其中最精彩的要数老君堂、杨家疙瘩两村村名由来和穆桂英大破迷魂阵的传说。依托永清县这个大的文化IP，创意设计了本次品牌形象——穆小清。

此次区域品牌打造，永清找到自己专属的文化气质，与永清番茄的优势相互融合。通过广告语与Logo的创意表达，给广大受众树立一个有品质、有情感的品牌形象，有助于激发区域自豪感，引领产业发展。

目前，全县番茄播种面积5万亩，产量30.38万吨，产值达6.88亿元。同时打造了柿柿红小镇产业园，以“农工结合”“农商结合”“农旅结合”“农教结合”“农研结合”“农环结合”新模式再次开创永清番茄融合发展新篇章。

临空强县，大美永清，欢迎您！

玉田供京蔬菜

Yu Tian Gong Jing Shu Cai

玉田供京蔬菜
首都人民信赖

玉田好菜园

玉田县隶属河北省唐山市，地处环渤海、环京津的中心地带，地理位置优越，是传统的农业大县，也是蔬菜生产大县。全县蔬菜有35个种类、180多个品种，主要以露地蔬菜种植为主，种植品种主要有白菜、萝卜、甘蓝、马铃薯、辣椒等，2022年全县蔬菜播种面积40.65万亩，总产量214.54万吨，种植面积和总产量多年均居全省首位。曾先后被授予全国菜篮子产品生产先进县、中国大白菜之乡、中国蔬菜产业龙头县、中国优质蔬菜基地重点县、国家农产品质量安全县等荣誉称号。

玉田县自然条件良好，气候温和，四季分明，光照充足，土壤肥沃，水资源丰富，地下奥陶水系、雾迷山水系两条优质矿泉水水脉贯穿全境，为蔬菜生长提供了富含矿物质和微量元素的纯净水源。玉田独特的地质条件、清澈的水系、丰饶的土壤和适宜的气候造就了玉田蔬菜独特的品味和上乘的品质。

玉田县内“四大一小”（大白菜、大葱、白萝卜、大蒜、玉田金丝小枣）等特色农产品种植历史悠久，品质优良。尤其玉田包尖白菜品质独特，享誉全国，有“玉菜”之美誉，是河北省首个国家蔬菜类地理标志证明商标，先后荣获“河北省十佳农产品区域品牌”等20余项荣誉称号。

将“御膳房”牌匾作为原型，“二龙戏珠”为原型，创意了“二龙争菜”的大符号。

35 个

全县蔬菜种类

180 多个

全县蔬菜品种

40.65 万亩

2022全县蔬菜种植面积

214.54 万吨

2022全县蔬菜总产量

创建好品牌

一直以来，玉田县依托良好的自然条件和产业基础，经过几代人努力，蔬菜生产取得了一定成果。但从规避市场风险、应对市场竞争的角度审视玉田蔬菜产业，也存在一定的短板。体量大但竞争力弱，有特色但未能成规模，品质好但难卖好价钱，近首都但疏于借优势，基础好但发展后劲弱等问题明显存在。为此，玉田县委县政府多次组织人员赴外地学习、观摩、调研，充分借鉴先进地区的经验做法，坚持改革创新走新路，全面开启玉田蔬菜区域公用品牌创建工作。

定战略

玉田县委县政府立足如何充分发挥玉田蔬菜产业比较优势，怎样深度挖掘市场潜力、凝聚品牌效应，基于既有资源禀赋研判和新时期产业发展布局综合考量，确定了“玉田蔬菜、供应北京”的战略定位，制定了《玉田供京蔬菜区域公用品牌发展战略规划（2021—2025）》，为“玉田供京蔬菜”品牌及产业发展提供了战略方向和行动纲领。

创品牌

县政府聘请专业公司对玉田蔬菜区域公用品牌的名称创意和价值创意进行系统策划，以品牌名称表达战略定位，利用玉田大白菜的“御菜”美誉，将公用品牌定名为“玉田供京蔬菜”，传达“皇宫御菜”的联想。主题广告词为“玉田供京蔬菜，首都人民信赖”，利用北京作为“首都”的势能，体现玉田蔬菜的高品质。整体标志对接北京皇家龙文化，将传统图腾“双龙戏珠”的“珠”替换成一篮“玉田蔬菜”，设计了“双龙争菜”的辅助图形，在厚重的历史底蕴中彰显玉田蔬菜的价值。

强产业

多年来，玉田县与中国农业大学、河北农业大学、张家口农业科学院等科研院所，在农产品标准制定、新技术新品种引进推广等关键领域建立了长期合作关系。与中国农业科学院签订了《玉田蔬菜产业绿色发展合作协议》，依托双方共建的"玉田研发中心"，为玉田蔬菜产业发展注入了强大动力，实现了科技赋能、提质提速发展。已先后引进春季包尖白菜、马铃薯、菠菜、油麦菜、甘蓝等8个品类50余个蔬菜新品种。特别是"春季玉田包尖白菜"试种成功，打破了传统白菜种植格局，实现一年两熟，在确保"原汁原味"基础上，填补了夏季市场"空档"，成为北京市场的"明星产品"。同时，按照"发展绿色农业，打造精品蔬菜"的目标，玉田县会同专家修订了大白菜、萝卜、马铃薯等6项高于行业的供京蔬菜标准，打造了10万亩供京蔬菜示范基地，从种植源头到商品流通，全部按标准执行，严格把控产品质量，真正让"玉田供京蔬菜"与众不同。

拓市场

按照“四季常青，周年供应”的要求，玉田供京蔬菜春季主推甘蓝、番茄、黄瓜；夏季主推马铃薯、番茄、黄瓜；秋季主推大葱、萝卜；冬季主推包尖白菜、芥菜、香菜。借鉴包尖白菜创建“地标”的经验，开展玉田大葱、玉田特色萝卜、玉田马铃薯等产品打造，形成玉田蔬菜地标矩阵，丰富玉田供京蔬菜内涵。为拓宽“玉田供京蔬菜”销售渠道，玉田县与中国蔬菜流通协会签订了框架合作协议，对接京津及周边地区线上线下各类商超、批发市场。2022年唐山市盛川农产品股份有限公司入选农业国际贸易高质量发展基地；2022年9月玉田县同心种植农民专业合作社经北京市农业农村局、河北省农业农村厅共同遴选认定，成功入选2022年环京周边蔬菜生产基地，获得了“供京”的官方认证。玉田县创利蔬菜种植农民专业合作社等部分品牌授权企业与京客隆、首航、盒马鲜生等在京大型商超建立了长期稳定的合作关系，实现了常年供货。2022年全年供京蔬菜约92万吨，同比增长2.2%。

持续提升品牌影响力

发挥协会作用，建立信息互通平台，进行技术培训

充分发挥调动玉田县蔬菜产业协会的平台优势，与外界相关部门、企业进行沟通、对接，为蔬菜产业可持续发展寻找适合可行的合作项目。依托协会，不定期邀请省、市农科院专家到种植基地对协会会员和农户有针对性地进行现场科学指导，包括但不限于栽培、植保、用药施肥、采后加工、检测等方面。

合作科研院所及团队专家，持续提高产品品质和品牌知名度

2023年计划继续加大与高等科研院所的深度合作，从种子更新、技术示范、制定（修订）标准、召开现场会、成果转化落地等方面为品牌助力。一是推广示范试验成功的新品种，扩大种植面积，不断引进其他种类的新品种，持续优化蔬菜产业结构；二是计划在白菜、甘蓝、马铃薯等产品集中上市时期，结合科研院所或省级技术创新团队适时组织召开产销对接会，提高“玉田供京蔬菜”知名度。

建设高标准蔬菜种植基地

在2022年5万亩的基础上继续扩大基地规模和主栽品种，2023年计划建设10万亩高标准种植基地，品种由6种增加到8种，制定（修订）相关产品种植标准，示范基地内全面推行标准化生产。

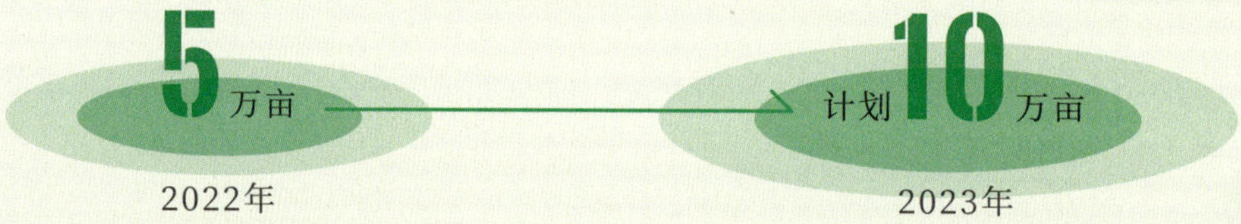

推进产业融合发展

在做好蔬菜种植的基础上，逐步推动产业链条提档升级。依托河北领创中央厨房、唐山市盛川农产品股份有限公司等净菜加工企业重点发展净菜加工项目，推动产业链条提档升级。

注册“玉田供京蔬菜”集体商标

根据国家商标局政策，利用县志、年鉴更新契机，创造“玉田供京蔬菜”注册集体商标和玉田萝卜、玉田马铃薯等拳头产品注册地理标志证明商标的机会，形成商标矩阵，在知识产权层面上保障品牌健康运行。

强化宣传推介，提升品牌知名度

以“玉田供京蔬菜”品牌建设为抓手，通过载体、网络媒体及产品展销等方式宣传推介玉田蔬菜产品，不断扩大“玉田供京蔬菜”品牌影响力。一是策划进京推介活动：联合北菜集团，举办“玉田供京蔬菜北京菜篮子工程保障恳谈会”。扶持龙头企业以“玉田供京蔬菜”品牌产品入驻“北京鲜活农产品流通批发中心”，并举办“玉田供京蔬菜北京菜篮子工程保障恳谈会”，会议期间安排入驻剪彩仪式、战略合作签约等；联合中国蔬菜流通协会，在新发地市场或唐山大厦等合适地点举办“玉田供京蔬菜品牌推介及产品招商会”，邀请北京新发地市场、餐饮、生鲜、商超等客商参加，促进产销对接和品牌传播。二是参展具有全国、全省影响的农业展会：组织产销主体、会员单位参展国际农交会、廊坊农交会等具有行业影响力的农业展会，向全国各地推介“玉田供京蔬菜”品牌。结合经销商在新发地等各类重点销售渠道投放广告，让玉田蔬菜成为供京蔬菜的“代名词”。三是升级品牌日传播：全年不间断开展短视频传播，利用短视频“成本低、效率高、范围广、互动性强”的传播优势，打好微信视频号和县融媒体中心抖音号两张牌。邀请新华社、中央电视台等权威媒体对玉田供京蔬菜品牌建设和产业发展历程进行总结性、深度性的报道，对产业发展和品牌建设过程中有新闻价值的事件进行不定期宣传报道，揭示“玉田供京蔬菜”产业振兴在玉田乡村振兴中的作用及对全国产业振兴工作的示范价值。

“玉田供京蔬菜”区域公用品牌创建以来，已先后引进春季包尖白菜、马铃薯、菠菜、油麦菜、甘蓝等8个品类50余个蔬菜新品种，2023年建设高标准示范基地10万亩。京津市场得到进一步开发，2022年全年供京蔬菜约92万吨，同比增长2.2%，“玉田供京蔬菜”品牌建设开启了玉田蔬菜产业高质量发展的新阶段。

好风凭借力，送我上青云。玉田以“品牌开路”，谋求蔬菜产业更大更高更快发展，全力构建南“胶菜”，北“玉菜”，南寿光、北玉田的首都蔬菜市场竞争格局，做大做强玉田“菜园子”，赢得首都“菜篮子”，把蔬菜产业打造成真正的强县富民主导产业。

香河韭菜

Xiang He Jiu Cai

长在京城边 韭香传百年

『夜雨剪春韭，新炊间黄粱。』春雨时节，正是韭菜生发之时。韭菜属于百合科葱属，多年生草本植物，原产于中国，已有3000多年的栽培历史，《山海经》《诗经》等典籍均有记载。叶子、叶鞘和种子均可食用。说到韭菜，那就不得不提到一个地方——香河。

香河县地处华北平原北部，四面与京津接壤，因东南滨水，掬觉微香，故名香河，素有“京畿明珠”之美誉。得益于特有的自然环境，香河县境内特别适合优质蔬菜，尤其是优质韭菜的生长，是“环京津省内无公害蔬菜标准化生产中心县”和“环首都绿色经济圈蔬菜产业示范县”。

香河县韭菜种植历史悠久，早在清末民初时期，李庄附近几个村就开始种植芽韭、紫根韭，1985年开始采用简易温室种植，实现四季产出。五百户镇更是有“韭菜之乡”的美誉。香河韭菜经过几代人的种植，从小户到规模化，走上了健康、环保、绿色、可持续发展的新道路。

随着农业品牌时代的到来，农产品变身“牌子货”，越来越多的品牌农产品从广袤田野、江湖山海走出来，为消费者的餐桌增色添香，也给父老乡亲带去真金白银的收入。

韭菜是与白菜齐名的民生“大品”，符合国人节气和庆典饮食习惯，既具有较大的市场需求空间，也面临挑战。从全国韭菜产业布局来看，由于韭菜适应性强，南北皆适宜种植，因此，韭菜在我国分布极广且产量大，这也导致各省韭菜名优品种多，同质化严重，区域间竞争激烈。从消费需求痛点看，随着消费升级，人们对蔬菜价格敏感度弱化，更加追求安全、新鲜、营养搭配。因此，在国内韭菜消费市场上，高安全、高品质、竞品少、附加价值高的韭菜品牌，较为稀缺，即使单品也有着非常广大的发展空间。在此环境下，香河韭菜打造全新品牌，助推产业升级势在必行。

众所周知，每个农产品区域公共品牌都有自身独一无二的资源禀赋为品牌的创建提供基础价值支撑。特定的地理环境孕育的特定农产品，在一定程度上具备先天优势，香河韭菜也是如此。

自然资源良好，种植规模大

地处黄金产区

香河韭菜产区位于北纬39°农产品黄金产业带，寒暑交界，光照适中，温度适宜韭菜生长。

地势开阔，雨热同期

地处华北平原中东部，燕山南麓，地势平坦开阔，温带半湿润气候，雨热集中，与韭菜的生长周期相匹配。

河流纵横，土肥水丰

京杭大运河、潮白河、青龙湾河流经此处，生态环境好，水源充足，土壤肥沃，韭菜长势佳。

面积最大，体系完备

香河韭菜种植面积是华北甚至是国内最大的韭菜生产基地。香河韭菜团队配套设施及产业流通体系齐全，供销上、中、下游具有较为强大的联动协调性。

栽培历史悠久，品牌底蕴深

特定的地理位置、气候条件以及人文因素，孕育出的“香河韭菜”品质独特，从民国开始便以叶肥、味香、色美享誉京津且久销不衰，素有“韭菜之乡”之美誉，凝聚着浓厚的历史文化和技术传承。

2019年12月“香河韭菜”被评为国家地理标志产品。

色

叶片墨绿色，根茎青绿色，无干尖。

形

根茎粗短，叶长，叶片宽大肥厚。

味

硫化物丰富，韭香浓郁，辛香味浓，微甜。

口感

鲜嫩，清脆爽口，汁水丰富。

营养

富含多种微量元素（如铁、钾等）、维生素（如维生素A、维生素C、维生素E）、尼克酸、β-胡萝卜素及粗纤维。

区位得天独厚，市场空间大

香河地处京、津腹地，45分钟可达北京市中心，60分钟可达天津市区，2小时就可以“上天下海”。独特的区位和便利的交通条件，既提供了巨大的消费市场又拥有较低物流成本。同时，香河拥有京津冀高端市场，发展空间极大。

科学技术保障，市场竞争强

与中国农业科学院和中国农业大学专家组成的国内韭菜首席研发团队建立合作，团队将为“香河韭菜”从生物防虫、基因防病等高端科技入手，解决安全性、季节性、品质性、风味性、储存性、入药性等“绿色”级，甚至攻破“有机”级难题，提供坚实技术保障。

“一方水土养一方人”，无论是香河韭菜的前世今生，还是资源禀赋，其文化和产地价值无可争议，依托产品价值的认同感，香河韭菜需要锚定品牌塑造的目标，找准属于香河韭菜区域公用品牌的市场切入点，建立品牌差异化，构建品牌壁垒，抢先占领消费者心智，建立香河韭菜和消费者之间的品牌价值认同，这对农产品的品牌建设意义重大。

品牌LOGO

香河韭菜 XIANGHE JIUCAI

长在京城边·韭香传百年

韭菜元素　三条河元素　船帆　“韭”字

品牌口号

长在京城边　韭香传百年

借助“京城”的超级符号提升香河韭菜的价值感，做到优质优价，韭香谐音“久香”百年，体现香河韭菜传承百年的优良品质，突出其香气浓郁的特点。京城与百年相关联，语义通顺，有节奏感，易读易记，好传播。

品牌IP

当农产品不再像过去那样只以时令、产地等功能划分，而是能以品牌为核心，农产品的商业价值就愈发突显。立足得天独厚的区位、规模优势，依托强大的市场驱动和品牌竞争力，深度培育“香河韭菜”区域品牌，在产品质量建设、产业特色建设和产区文化建设上持续深耕，不仅能直接促进农产品的营销，还能提高农产品的附加价值，将其融于一二三产业的发展中，扩大农产品的发展范围，从而实现乡村产业的可持续发展，促推乡村振兴，同时，快速提升香河“地方名片”的影响力。

韭香香

“没事笑一笑，什么都很好”

小名：韭香香

性别：女

职位：香河韭菜代言人

性格：乐观阳光，活力满满，有点儿小洁癖，做事超认真

爱好：沐浴阳光，吃吃喝喝，观察人类

特征：大眼睛萌萌哒，头系金丝带，向冠军品质冲刺

口头禅：香河碧连天　好韭四季鲜

香河韭菜
XIANGHE JIUCAI
长在京城边·韭香传百年

长在京城边
韭香传百年

XIANGHEJIU

宁 Ning 晋 Jin 羊 Yang 肚 Du 菌 Jun

菌中之王『晋』如人意

羊肚菌是世界公认的珍稀菌，营养价值高，是市场的宠儿，但因其对生长条件要求苛刻，一直以来在南方生产，产量低而不稳。2016年，宁晋创新了北方设施羊肚菌高产栽培模式，打破了羊肚菌生长培育的地域限制，随之也让宁晋成为种植面积、亩均单产、栽培技术全国领先、全国最大的人工设施羊肚菌栽培基地。

宁晋是食用菌生产传统大县，有着40多年的食用菌栽培历史，全县年产食用菌5万吨，产业产值达10亿元，占全县农业生产总值的15.9%，先后被授予“全国食用菌行业优秀基地县”“国家级出口食用菌示范县”“河北省出口食用菌质量安全标准化示范县”等荣誉称号。

宁晋县属暖温带大陆性季风气候，四季分明，光热条件良好，年平均气温12.5℃，秋冬自然气温昼夜温差大，非常适合利用设施大棚种植羊肚菌。依托本地独特的气候条件和食用菌技术优势，宁晋县种植的羊肚菌个大、色深，菌体黑白分明，外形美观、质量上乘。2019年设施亩产突破1000千克，刷新了羊肚菌人工栽培单产纪录，创造了北方羊肚菌设施高产高效的奇迹，为农民增收提供了有效途径，并成为宁晋县农产品特产新宠，为此宁晋县采取了一系列举措打造羊肚菌区域公用品牌。

40多年 栽培历史

5万吨 年产食用菌

10亿元 产业产值

政策引导，精心布局

宁晋县委县政府鼓励发展推广这一先进的品种和栽培技术。为此，宁晋县制定了羊肚菌发展规划，出台了一系列扶持政策，先后制定了《宁晋县羊肚菌产业发展实施方案（2020—2022）》和《宁晋县2020年羊肚菌产业规模落实方案》，2019—2020年整合资金5100万元，扶持当地羊肚菌产业发展。集中打造了以凤凰镇为菌种繁育中心，贾家口镇、北河庄镇、换马店镇、四芝兰镇、纪昌庄镇、唐邱镇6个种植基地连片发展的“1+6”格局，辐射带动全县乃至全市形成跨乡连片羊肚菌全域发展的良好局面。2021—2022年实施宁晋县羊肚菌优势特色产业集群建设项目，总投资2879.9万元，其中中央补贴500万元，带动社会资本投入1112.9万元，重点支持菌种研发繁育、标准化基地提升、科技支撑、品牌培育4个关键环节，推动羊肚菌全产业链均衡发展。

推广标准化生产规程
保证羊肚菌品质和质量

为全面提升羊肚菌生产的科技水平，聘请河北省食用菌产业技术体系珍稀食用菌岗位专家团队为宁晋县羊肚菌产业技术服务专家组，开展对羊肚菌种植户集中技术培训、菌种抽样检测，到羊肚菌基地巡回指导等。研发出“冀中南羊肚菌高产栽培模式”，引进并改良新品种10多个，积极推广《日光温室羊肚菌栽培技术规程》，并结合宁晋县羊肚菌种植模式，制定并实施《盖苫冷棚羊肚菌栽培技术规程》。为加强羊肚菌产品质量管理，全县羊肚菌种植企业均纳入省级农产品质量追溯平台，多年来，产品抽检合格率均为100%。其中盛吉顺食用菌种植专业合作社生产的羊肚菌产品率先通过绿色食品认证，2020年宁晋羊肚菌荣获“河北省气候好产品”荣誉称号。

坚持龙头带动 稳步扩大规模

目前全县已建成华燕、盛吉顺、由由等羊肚菌规模种植基地18个，羊肚菌种植面积发展到5000亩。示范带动周边县市羊肚菌种植面积不断增加，形成了以宁晋县为核心的冀中南羊肚菌产业集群，成为全国最大的人工设施栽培羊肚菌基地，荣获“北方羊肚菌种植基地县”称号。

创塑品牌 打造地域性特产

2021年宁晋县食用菌协会，全力开展宁晋羊肚菌区域公用品牌系统塑造，注册了“宁晋羊肚菌”商标，完成“宁晋羊肚菌”版权登记保护，并制定了品牌准入准出机制。基于宁晋羊肚菌统一的品牌管理标准和品牌形象体系，贯通产前、产中、产后管理，打造了“宁晋优质羊肚菌”科学的品牌管理体系。将品牌形象统一的包装体系（盒、袋、箱等）和用于质量追溯的标签作为品牌管理的抓手，把“宁晋优质羊肚菌”品牌产品与宁晋其他非“宁晋优质羊肚菌”品牌产品区别开来，广泛并深入开拓“宁晋优质羊肚菌”品牌产品的市场空间；运用质量追溯信息，维护广大从业者和消费者的合法权益，保护“宁晋羊肚菌”品牌，促进产业可持续发展。

此外，通过召开2021年北方羊肚菌设施种植技术交流会、举办“羊肚菌烹饪美食大赛”、参加食用菌产业大会等活动，大力推介羊肚菌区域公用品牌。录制以宁晋羊肚菌为主题的专题片，在CCTV、农视网、新华网客户端、河北新闻网等国家以及省市等官方媒体平台广泛报道和广告宣传，有效提升了“宁晋羊肚菌”区域公用品牌的公信力。在2021年“美丽宁晋”系列网络评选活动中，宁晋羊肚菌从120个当地特产中脱颖而出，被评为“宁晋县十大特产”之一，成为宁晋县对外推介的新名片。

完善加工、销售环节，打造中国羊肚菌集散地

鼓励引导羊肚菌种植户，建设烘干线和产品储藏冷库等初加工设施，实现鲜品羊肚菌地头烘干，有效提高了羊肚菌种植户的市场抗风险能力，保障了收益。目前有5家企业已建设羊肚菌烘干生产线，能够满足全县大部分羊肚菌种植基地鲜品烘干需求，实现羊肚菌干品周年供应。为提高产品附加值，提升产品市场竞争力，鼓励支持盛吉顺食品有限公司、国宾食品有限公司等食用菌深加工企业，开发出以羊肚菌为原料的蘑菇酱、蘑菇宴、羊肚菌脆片、羊肚菌面条、羊肚菌冻干系列等高端深加工产品10余种，补齐了羊肚菌深加工环节薄弱的短板，拉动了宁晋县及周边县市羊肚菌全产业链发展。

先后出台多种补贴政策，支持食用菌新型经营主体开展线上销售模式。2021年，借助羊肚菌产业集群建设项目资金，培育出玉统电商产业园，在京东、天猫、抖音、快手等大型平台开展电子商务和直播带货；2022年，宁晋县委、县政府主办了“网上过大年——宁晋县全域乡村振兴直播带货”活动，邀请了河北省农产品品牌协会、河北广播电视台、网红主播等相关人员和媒体齐聚宁晋，将直播间搭建在田间地头，利用电商直播模式开辟了农特产品销售新路径，加快“宁晋羊肚菌”区域公用品牌在电商端的传播速度，也进一步提升了宁晋羊肚菌的知名度和市场销量。

河北省农业农村厅印发的《河北省优势食用菌产业集群2022年推进方案》中明确表示，打造北方最大的设施栽培羊肚菌示范区，以宁晋县、柏乡县为核心，建设羊肚菌菌种研发繁育中心，扩大种植规模。宁晋县也坚持实施羊肚菌优势特色产业集群续建项目，通过支持标准化生产基地扩建、市场品牌推广和公共服务平台建设，保证宁晋县羊肚菌产业在菌种研发、生产栽培、加工、销售等环节健康运行，形成完善的全产业链条。2022年6月，“宁晋羊肚菌”河北省区域公用品牌发布暨农业项目招商推介会在石家庄成功举办，“宁晋羊肚菌”品牌形象也随之发布。

◉ 品牌LOGO、IP形象

NING JIN
YANG DU JUN
宁晋·羊肚菌
—— 菌中之王　晋如人意 ——

以“宁晋领跑羊肚菌”产业发展和占领羊肚菌产业第一的产业地位作为设计思路，创塑宁晋羊肚菌IP形象。

⦿ 品牌宣传语：菌中之王 “晋”如人意

“菌种之王”体现出羊肚菌的“营养价值、市场地位”，是大众心目中的珍稀菌菇；“晋如人意”与尽如人意同音，体现宁晋在羊肚菌产业发展上的优势，从产量、技术、品质上都能够让人满意，也体现出宁晋在“羊肚菌产业”上的地位优势。

⦿ 品牌宣传海报

⦿ 产品包装

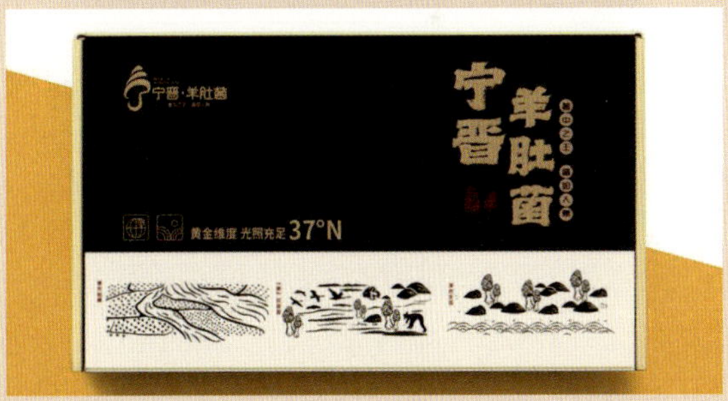

“宁晋羊肚菌”区域公用品牌全新形象的发布，有助于羊肚菌产业成为在全国范围内有影响力、有口碑的农业“金字招牌”。此外，也能辐射带动全县中小羊肚菌从业者参与到品牌产业之中，最终实现农民脱贫增收致富、企业盈利、产业升级的局面。

『庭前八月梨枣熟，一日上树能千回。』
《百忧集行》唐·杜甫

04

第四篇

果

超级果园 果香四溢

河北省果树资源丰富，是国际公认的落叶果树最佳适生区，也是全国重要的果品生产基地。梨产量居全国第1位，葡萄、板栗产量均居全国第2位，桃、枣产量均居全国第3位。

全国特色农产品优势区9个

河北省特色农产品优势区39个

中国驰名商标17个

国家地理标志产品28个

地理标志证明商标71个

地理标志农产品9个

迁西板栗

Qian Xi Ban Li

粒粒生香 驰名中外

白露一来到，栗子咧嘴笑；竹竿敲一敲，金钱鼓腰包。如果说板栗谁家好，不得不提拥有『中国板栗之乡』称号的迁西县，这里的板栗凭借千年的栽培史和百年出口史，驰名中外，深受广大消费者喜爱。

75 万亩
栽植面积

5000 万株
栗树

8 万吨
常年产量

迁西板栗为何能独占鳌头?

得天独厚的生长环境

迁西县四季分明，冬季寒冷少雪；春季干燥多风；夏季炎热多雨；秋季晴朗，昼暖夜凉，这种气候为栗树栽培和发展提供了优越的条件，主要表现为气温适宜，日照时间长，热量充足，降水丰富。迁西板栗如今栽植面积达75万亩，栗树为5000万株，常年产量8万吨，是名副其实的“板栗之乡”，也是我国板栗核心产区和最大的出口基地。

历史悠久的文脉底蕴

迁西板栗历史悠久，至今已有2000多年的板栗复合栽培历史。《诗经》《战国策》《左传》《本草纲目》《农政全书》等古代书籍中多有记载。明洪武年间，大将军徐达修筑喜峰口、铁门关沿线长城，得知迁西一带虽山多地少，但民以栗富足，遂开始军垦，大面积种植板栗，洪武帝也下诏“广植枣栗，以备欠年”，开始形成完善的板栗复合栽培系统。至今，境内100~200年生的大栗树到处可见，新立庄、汉儿庄、栗树湾子等地尚有许多300~500年生老栗树，仍枝繁叶茂，常胜峪村还生长着600年生古栗树。《迁西县志》记载，早在清朝末期，迁西县便有板栗经天津口岸出口日本、新加坡、中国香港等国家和地区。20世纪80年代起，在县政府的引导鼓励下，红红火火的“全民炒栗”使迁西板栗在全国范围内声名鹊起。

品质上乘的“东方珍珠”

迁西板栗标栗平均每千克栗果120~140粒，特选较大的每千克有80粒，色泽鲜艳，果形端正均匀，颜值较高。它的内皮易剥，果仁呈米黄色，肉质细腻，糯性黏软，甘甜芳香，且营养丰富。其蛋白质、碳水化合物、膳食纤维、胡萝卜素及多种微量元素和氨基酸的含量居各地板栗之首，有“东方珍珠”和“紫玉”之美称。2008年，“迁西板栗”被认定为中国驰名商标，成为迄今为止国内板栗行业中唯一一枚地理标志驰名商标，是全国板栗产业中心。

绿色科学的种植技术

通过科学选种和嫁接，在全县板栗生产中广泛推广的有燕山短枝、燕山早丰、大板红、燕山魁栗4个优良品种，其中前3个品种获得了国家科研成果奖。对板栗树的管理，也是下足了功夫。人工除草，不使用化学药物；用灯光杀虫等手段防治虫害；施用农家肥……为了增强板栗品质，迁西人还改变了以前的采摘方式，不打青，不抢市，让板栗自然成熟。这些都为保证板栗的纯天然、绿色无污染，为板栗品牌名优化打下坚实基础。

雄厚的产业基础

全县共有中国驰名商标3枚；板栗专业合作社已发展到300多家，板栗企业35家。全县板栗冷藏能力12万吨，深加工能力1万吨，开发出小包装板栗仁、罐头、栗粉、保健酒等多系列深加工产品。目前，迁西实现了“市场联龙头、龙头联基地、基地联农户”的产供销、农工贸一体化的产业化格局，多方共同打造了抗御风险、确保增收的产业“航母”。现今，迁西板栗及栗蘑等深加工产品实现了国民共享经济发展成果，并逐步形成多元化出口的贸易格局。可以说，板栗已成为全县的富民产业、迁西的亮丽名片。

120~140粒
平均每千克栗果

迁西板栗
QIANXICHESTNUTS
一 年 四 季 都 好 吃

300多家
板栗专业合作社

35家
板栗企业

12万吨
冷藏能力

10000吨
深加工能力

深耕品牌建设

产业要发展，必须注重品牌建设。迁西县2002年注册了“迁西板栗”地理标志证明商标，并在国外申请注册，成为河北省地理标志品牌建设的标兵，先后两次参加世界地理标志大会。同时，出台“迁西板栗”证明商标使用管理办法，签订“迁西板栗”证明商标使用许可合同书并向国家知识产权局进行备案。对使用“迁西板栗”证明商标的企业，实施“一牌一证一合同”授权许可制度。已对100多家板栗合作社、企业授权使用“迁西板栗”商标。此外，迁西县还对获得省著名商标、中国驰名商标的企业给予补贴奖励。

打造全国板栗标准化基地为品牌赋能

仅有产品品牌还不够，必须要有标准化的生产体系。为此，迁西县成立了板栗产业化办公室、板栗产业研究发展中心，开展板栗栽培和加工技术研究，促进科技成果转化、开拓市场、打造品牌，先后出台《关于推进迁西板栗标准化生产的通知》《关于实施百城迁西板栗栗蘑直营店工程的意见》《关于推进板栗产业高质量发展意见》等文件，全力扶持迁西板栗产业高质量发展。目前，已建成3个万亩标准示范园区，20个千亩标准示范园区，板栗专业村320个，板栗企业35家，形成了生产、加工、销售一条龙式的产业体系，实现了板栗基地建设品种化、生产技术规范化、产品销售规模化等标准化产业体系格局，建立了产品可追溯的管理体制，为产业品牌化赋能。

多渠道营销加强品牌市场渗透力

迁西县实施百城迁西板栗直营店工程，先后在北京等大中城市创办迁西板栗直营店101家，实现年销售额6亿元；成功打入了山姆会员超市、好又多连锁超市以及盒马鲜生供应链；部分公司的深加工产品也通过各类线下渠道进入各地市场。此外，在天猫、京东等电商平台开设了“迁西板栗”专卖店。积极开展“互联网+电商”营销新模式，推动“迁西板栗”在河北省农产品电子交易中心进行线上交易，交易量达到4000吨。个人网店商户有30多家，年均营业额达到10万元以上。

未来迁西县将持续构建全方位、立体式品牌营销体系，提升市场影响力和占有率，让一颗颗“金果”托起栗农们的致富梦，也让各种样式的板栗美食走向世界。

多元化宣传，叫响品牌

举办了“河北板栗品牌发布会”，迁西多家重点企业进行了产品介绍和推介，充分展现了迁西板栗企业的实力；举办“中日栗商恳谈会”，加深板栗产地与日本、泰国及大批国外客商的交流与联系；连续多年举办中国·迁西栗花节暨板栗产业博览会，在会场举办板栗、栗蘑招商洽谈会，组织企业与客商面对面交流，促成合作；借势农民丰收节，邀请多家媒体和网络达人在现场以直播的形式，对栗乡的环境、资源及以板栗为主的农业产业发展状况进行宣传推介，讲述栗乡故事。建立“中国板栗博物馆”，集中展示板栗产品、板栗文化，开展板栗科学研究。利用新媒体进行推介。依托各类媒体平台开展线上线下板栗树认养活动，已有7万多株板栗树被认领。

为产业发展注入品牌力量

品牌形象变靓

迁西已拥有迁西板栗、紫玉、栗之花3枚中国驰名商标。2022年“迁西板栗”被列入农业农村部2022年农业品牌精品培育计划名单。“尚禾谷”“紫玉”“栗之花”“胡子板栗”等企业品牌享誉全国。目前,“迁西板栗”证明商标品牌价值达34.09亿元。

产业结构变优

板栗产业的发展,不仅带动了板栗深加工的蓬勃发展,还带动了特色小镇建设、旅游业等二三产业融合发展,较好地实现了产销、贸工农、文旅、康养一体化发展。

农民腰包变鼓

“迁西板栗”的品质、品牌、质量优势铸成了远近闻名的知名品牌,成为消费者的首选。迁西板栗产业的产值已突破25亿元,农民人均增收4000多元,成为全县农民增收致富的最主要渠道。

下一步,迁西将全力建设全国板栗产业旗舰县,打好“强基础、壮龙头、提品质、亮品牌”组合拳,健全“板栗龙头企业+板栗专业合作社+板栗基地+栗农”的组织体系,提高板栗单产产量,提升板栗整体品质,优化产品结构,增加附加值,实现一二三产业高度融合发展。

进一步巩固迁西作为全国板栗产业的优质板栗生产中心、加工仓储中心、技术研发推广中心、文化引领中心、价格形成中心的地位。力争在2025年前打造出一家国家级板栗龙头企业,实现板栗常年产量10万吨,板栗产业综合产值30亿元,栗农人均板栗年纯收入5000元以上。到2030年,实现板栗常年产量达到12万吨,板栗产业综合产值突破45亿元,栗农人均板栗年纯收入8000元。

魏县鸭梨

Wei Xian Ya Li

酸甜有度

梨是我们常吃的水果之一，味美汁多，营养丰富，含有多种维生素、纤维素等，既能生吃也可以煮水或煲汤后食用，具有清热镇静、润肺止咳、润肠通便等功效。河北是我国梨起源地之一，栽培历史悠久。司马迁《史记·货殖列传》记载：『常山以南，河济之间千树荻』，『荻』即『梨』也。魏县是全国最大的梨优势产区，栽培品种近300个，鸭梨和雪花梨传统品种优势突出，其中鸭梨当属魏县鸭梨，『一梨三味』、品质独特。

“凡事有度”的文化底蕴

“长风响梨叶，秋光遍原埠”。这是清代知县毛天麒描写魏县金秋时节，鸭梨飘香的景象。魏县的鸭梨大面积种植历史可追溯至北宋，如今已有1000多年种植历史，素有“中国鸭梨之乡”的美誉。

这里鸭梨之所以闻名省内外，主要是因为这里鸭梨吃起来有3个味：一香，梨头儿闻起来有一股香味；二甜，梨中间吃起来有蜜一样的甜味；三酸，梨的尾部有酸的味道。除了口感好，魏县鸭梨还有汁多渣少、果大核小的特点，别具一格的味道，成为魏县鸭梨品牌创建的内核。

创建农业品牌的关键是发现、发掘和抢占本土优势资源，包括产地资源和品类资源，这是重要的品牌战略资源。魏县鸭梨有三大层面可以深度挖掘，提炼品牌价值。

地域层面挖掘底蕴支撑

魏县区位优越，地处河北省南端，冀鲁豫三省交界，历史上素有“三魏重镇”“晋齐咽喉”“燕赵吴楚孔道”之美誉。魏县历史悠久，文化底蕴深厚，建县有2000多年历史，2009年被联合国地名专家组评定为中国地名文化遗产千年古县。魏县地处平原，土地肥沃，物产丰富，是河北省农业大县。随着时代发展，魏县历史底蕴变得越发醇香，为鸭梨品牌和产业发展提供了丰沃滋养。

自然层面挖掘品质支撑

日照充足。魏县地处北纬36.37°，海拔48~51米，全年无霜期205天，日照2553小时。雨量充沛。魏县地处漳河和黄河水系改道冲淤而成的平原上，年均降水量500毫米，让每一棵梨树畅快痛饮。四季分明。魏县地处我国北方季风气候区，四季分明，让每一棵梨树物质含量更丰富。

人文层面挖掘精神内核

历史悠久。魏县鸭梨种植历史悠久，据考证已有2000多年的历史。早在秦汉时期已有所发展，北宋时期大面积栽培。生态栽培。种植过程继承传统农业作业精髓，吸纳现代生态农技要领，让每一棵梨树健康生长。良心良作。千年农耕文明哺育，民风淳厚，重诚守诺，耕作勤恳，心怀敬意，精心培育每一棵梨树。

除自然层面的“天赐”与人文层面的“匠心”之外，“孔融让梨”梨出魏县，又为魏县鸭梨多了另外一层含义，即“礼让”。在这三者之间，鸭梨就有了更高层面的意义——凡事有度，这也成就了魏县鸭梨的品牌内核。

酸甜有度的鸭梨品牌

品牌创建就是挖掘提炼产品和品牌差异化的价值并加以彰显传播。要设法让产品和品牌在外在形象上表现出差异，用外在形象彰显和提升内在价值，即内在品质外在化，外在形象品质化、差异化，这就是品牌和产品形象的塑造。河北梨有300个栽培品种，且大多区域品种同质化，在消费市场上竞争也变得愈来愈激烈。如何在竞争中持续突破，需要长远的品牌战略规划。魏县鸭梨区域公用品牌规划从宏观背景出发，结合魏县鸭梨产业的自身现状，寻求突破重点，形成魏县鸭梨产业品牌化发展的顶层战略设计与战略体系。规划围绕品牌的价值体系、符号体系、产品体系、传播体系、管理体系、保障机制等方面，为魏县鸭梨区域公用品牌提出战略定位、策略路径及实施建议，使之成为魏县鸭梨产业品牌化的顶层设计，并进一步推动魏县鸭梨品牌产业转型、企业提效、农民增收，提升魏县鸭梨产业的核心竞争力与影响力。

基于以上背景研究，魏县深入挖掘鸭梨的品牌价值，从“凡事有度”的文化内核中提炼了魏县鸭梨区域公用品牌的品牌口号、价值支撑，由此构建魏县鸭梨区域公用品牌的全新价值体系。魏县鸭梨与其他地方的梨相比区别就是“酸甜有度”——既彰显区域特征，又表现产品特点，同时又有利于消费联想和品牌传播。

◉ 品牌LOGO

魏县鸭梨
WEI XIAN YA LI

品　牌　口　号：魏县鸭梨，酸甜有度

四点价值支撑：黄金纬度——世界公认优生产区

自然成熟——生态栽培良心良作

历史悠久——2000年的种植经验

优品优质——一半天赐一半匠心

◉ 品牌口号

魏县鸭梨，酸甜有度

◉ 品牌IP

梨果果：以魏县鸭梨为原型，微笑的表情充满亲和力，整体色彩呈金果黄，春天绿。

花朵朵：头部以梨花为设计元素，展示万亩梨园生态景观，衣服代表树叶，表示春天来了，万物即将复苏，整体色彩呈梨花白，春天绿。

手势寓意：伸展的手臂寓意魏县经济、社会事业蒸蒸日上地发展；点赞是为魏县这番美景而点赞，体现出“花开魏县，犁遍天下”。

◉ 价值支撑

黄金纬度 世界公认优生产区

自然成熟 生态栽培良心良作

历史悠久 2000年的种植经验

优品优质 一半天赐一半匠心

魏县是一个农业大县，近几年，随着农业产业结构调整，魏县紧紧围绕鸭梨主导产业，按照“龙头连基地带农户”的产业化模式，大力扶持龙头企业及相关产业，强力推进鸭梨产业化经营，实现了“能内销、能外销、能贮藏、能加工”的产业模式。专门成立了魏县鸭梨协会，加强组织协调工作。全县现有与鸭梨相配套的制箱、装潢、包装、运销、中介组织、专业服务组织近百家，运输专业户1000家以上，经纪人4000多人。全县现有恒温库300余座，总储藏量7万多吨。

品牌引领的鸭梨产业

农业品牌是农产品在市场上的形象和信誉的体现，是消费者对农产品的认可和选择的基础。通过打造魏县鸭梨品牌，不仅可以提高农产品的附加值和竞争力，提升魏县鸭梨的知名度和美誉度，还扩大了在华东市场的影响力和竞争力，更进一步推动了魏县农业供给侧结构性改革，把品牌优势真正转化为产业优势。

魏县鸭梨在品牌化引领、标准化生产、社会化服务中，将进一步拓展发展空间，完善支撑体系，具有一定的经济、社会、生态效益。

经济效益。魏县梨树种植面积20万亩，年产量45万吨，其中鸭梨面积15万亩，年产量35万吨，鸭梨已成为魏县乡村振兴和促进农民增收致富的支柱产业。

社会效益。魏县鸭梨品牌创建促进了当地农业产业结构调整、加长了产业链条，又带动了相关产业的发展，形成了较为完善的产业链条。全县现有与鸭梨相配套的储藏、制箱、装潢、包装、运销、中介组织、专业服务组织近百家，同时，也解决了农村就业问题。近几年，魏县以鸭梨品牌为依托，以“吃住游娱购学”需求为导向，打造发展果园观光旅游路线暨建设果园观光区、温泉度假村，培育发展农家乐、生态旅游等项目。在此基础上通过市场化运作的办法，办好梨文化旅游节，适时举办采摘游园活动，鼓励果农建立认购园、观光园，实现“春有花海、夏有绿荫、秋有鲜果、冬有温泉”的四季旅游观光线路。

生态效益。鸭梨种植面积巩固和拓展，可以有效地防风固沙、调节小气候、保护天敌，在改善生态环境方面发挥了重要作用。

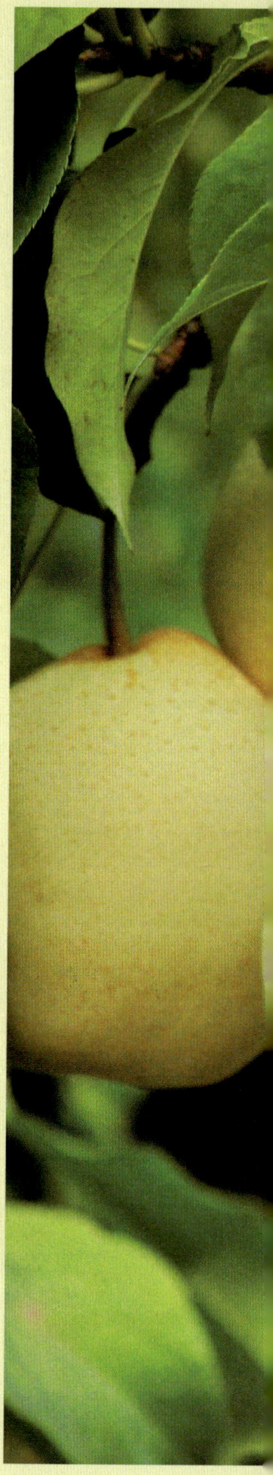

未来，随着品牌建设的持续深入推进，通过提升新营销渠道、构建新消费模式、推进新产品研发、健全供应链体系，推动农业产业标准化、规模化、智慧化，魏县鸭梨产业必将成为魏县农业发展的引擎，推动全县农业现代化建设跑出加速度。

辛集黄冠梨

Xin Ji Huang Guan Li

奏响乡村振兴进行曲

梨为『百果之宗』，是我们常吃的水果之一，味美汁多，营养丰富。《本草纲目》中记载梨：『生者清六腑之热，熟者滋五脏之阴』，宜四季食用。春食惊蛰梨，滋阴清热，春瘟远离；夏季宜生食，清凉甘洌，暑气全消。秋食清肺润喉，梨膏解秋燥；冬养心肺，止咳化痰，温暖一冬。

河北是世界公认的梨发源地之一，已有2000多年的种植历史，拥有得天独厚的自然条件和种植历史优势，其产量、面积、出口量均位居全国第一。在众梨争艳的河北，黄冠梨作为河北梨区的主打品种，已经在各县市铺枝散叶，成为目前种植面积最大的品种。辛集的黄冠梨更是享誉国际。在第十二届亚洲果蔬产业博览会上，辛集黄冠梨”被亚洲果蔬产业博览会授予“2019年度中国果业最受欢迎的梨区域公用品牌10强”“2019年度中国最有价值的20大水果区域公用品牌”荣誉称号。

辛集，依太行、临滹沱，大美之地，土白水软，气候温宜，高天厚土，成就了梨树得天独厚的生长条件。梨果业是辛集市的传统优势产业，具有2000多年的种植历史，可追溯到秦汉时期。据古县志记载：辛集梨果以其形美、味佳、营养丰富，贡于宫廷，魏文帝曾赞其“甘若蜜、脆如菱，能消烦解渴”。20世纪90年代，辛集调整梨树品种结构，改接、新植黄冠梨，成为发展黄冠梨品种最早的县市，现有万余棵100 多年的老梨树。

2019年开始，辛集市开始着手打造“辛集黄冠梨”区域公用品牌，2020年4月，对梨果产业进行品牌战略策划，创意了“喜欢清甜，就吃辛集黄冠梨”的广告口号，并设计品牌Logo，将“黄冠梨”和“皇冠”进行组合，形成“戴皇冠的梨”超级符号，增强识别，达到“过目不忘”的效果。

喜欢清甜
就吃辛集黄冠梨

2020年8月8日，辛集市举办了2020梨产业年会暨辛集黄冠梨品牌战略发布会，有效奠定了辛集黄冠梨的行业地位，打响了辛集黄冠梨区域公共品牌建设和2020新梨上市“第一枪”。

随着辛集黄冠梨品牌战略正式发布，辛集市政府领导、梨果企业代表、新零售渠道代表纷纷走进梨园里的直播间，从品种优势、种植技术标准、田间地头管理、商品化处理等各个环节，向全国果商推介辛集黄冠梨。

如今，辛集市现有黄冠梨树面积10.4万亩，年产量23.8万吨，产值12亿元，2022年出口5.5万吨，创汇3200万美元，果品销售及转化率达95%以上，农民从果品业获得的收入占人均收入的30%以上。凭借外观综合评价极好，肉质细腻、松脆，石细胞及残渣少，风味酸甜适口并具浓郁香味，平均可溶性固形物含量为12%左右，品质综合评价极佳的独特优势，占领了深圳、广州等南方梨果市场及东南亚、美加市场。

此外，为保证梨果质量安全，辛集市还制订了出口水果农残监控计划，对全市的出口鲜梨进行一般监控和重点监控，确保出口鲜梨质量安全水平符合进口国的要求。对全市梨果生产企业及农户实行网络化管理，逐级签订责任状，加强了对基地梨农用药、施肥的监督检查，严防使用高毒、高残留化学投入品，严格按照安全间隔期用药，并指导梨农建立生产档案，填写生产日志。不仅如此，辛集市还积极推广黄冠梨病虫害的生物防控、物理防控技术，按农时采取多种措施对梨农进行技术培训，所有栽植户都能做到科学用药，绿色防控面积100%，15年来从未发生过梨果质量安全问题。

近两年，通过梨产业集群项目的实施，辛集市黄冠梨产业化水平更上了一个新的台阶，强力打造梨果电商协同发展示范区，网上销售额占到了总销售额的20%；翠王、裕隆等企业引进了梨果智能分选线，做到梨果精准分级，提升了梨果产后处理水平。

在此基础上，辛集市加大了品牌创新力度。一方面打造出口优势。创建辛集保税物流中心（B型），中心占地面积388.19亩，总建筑面积15万平方米，设计年货物周转量100万吨。辛集保税物流中心的封关运营，为黄冠梨打开了走向世界的窗口，架起了通向世界的桥梁。另一方面打造梨果生产废弃物利用新模式。梨果生产废弃物主要有3种。一是残次果。以前直接扔掉，既不卫生，又会造成病虫害的人为传播，现在所有残次果都由河北国投中鲁果蔬汁有限公司收购加工成浓缩梨汁，年为梨农增收500余万元。二是果袋。辛集市梨果生产基本都为套袋栽培，所用果袋为纸袋，废弃果袋回收做成蛋托等包装用品。另外，从2022年开始示范推广光梨生产，在提高了梨果品质的同时节约套袋及人工成本，平均每亩节约1570元。三是修剪下来的枝丫木材。以前是堆在田间地头或村边街边，现在大部分由河北巴迈隆木业有限公司收购加工成高密度板，或由辛集万隆食用菌有限公司收购加工成菌棒，年可为梨农增收1000余万元。

一个果子牵出一个产业，辛集市聚焦梨果产业，共谋高质量发展。坚持把梨果产业作为乡村振兴的重要抓手，一心一意从绿色发展中探路掘金，打造出全链条发展的梨产业，让梨撬动“大发展”，走出了绿富同兴的新路径。

武邑红梨

Wu Yi Hong Li

香酥富农家

武邑红梨，外皮红紫可人，内里脆甜多汁，是有颜又有品的特色高端梨果。从引进这稀罕品种到形成特色产业，再到延伸产业链、推进农文旅融合发展……近年来，武邑红梨的『滋味』越来越甜，产业越来越旺，成为当地富民强县的『金名片』。

“梨族新青年”

河北是全国第一梨产业大省，面积、产量、出口量都排在全国第一位，在世界7个梨当中、全国5个梨当中就有1个产自河北。可见河北梨已经名扬国内外，各类品种的梨、各色各样的梨应有尽有。即使如此，仍有一种河北梨备受偏爱，那就是红色的武邑红梨。红色的外皮，在传统梨的基础上增添了一份神秘和诱人的色彩，获得新称号“梨族新青年”。

武邑地处黑龙港流域冲积平原，海拔15.1~22.5米，平均海拔20米，土壤类型主要为潮土亚类，pH值在7.3~8.9，有机质含量一般为0.8%左右，属于北温带湿润大陆性季风气候，四季分明，年平均日照2575.6小时，平均气温12.6℃，无霜期195天，年降水量518.5毫米左右，非常适合红梨的种植生产。

除自然环境适宜外，武邑的种梨历史也已经有2000年，是传统的梨树种植区。武邑红梨为国内乃至全世界独一无二的专利、稀有品种，填补了国内全红型梨品种的空白，并且达到了国内领先水平，于2014年8月26日获得中华人民共和国农业部植物新品种权证书。武邑县武罗农产品种植专业合作社自2015年引进，经过三年的种植、培育、改良、示范，品种已经定型。武邑县成为全国规模最大的单品红梨生产基地。2023年，总产量可达1060万千克，实现产值6360万元。

1060 万千克
2023年总产量

6360 万元
实现产值

红梨的竞争“密码”

红彤彤的梨子挂满枝头，一股淡淡的梨香随风吹来，沁人心脾。武邑红梨，外皮红紫可人，内里脆甜多汁、口感好、甜度高，是领军高端水果市场的王牌品种，在市场上拥有十大竞争优势。

一为2000年的种梨史。武邑已有2000年的种梨历史，是传统的梨树种植区，文化底蕴深厚。

二为世界独一无二的品种。武邑红梨为国内乃至全世界独一无二的专利、稀有品种。2014年才通过品种鉴定，市场上还未出现除武邑红梨之外的红梨商品梨。

三为自然全红的外观。自然条件下果面着色面100%，颜色鲜艳亮丽，是白梨系统唯一全红的品种。

四为营养丰富多含花青素。武邑红梨含有多种维生素、有机酸及钙、磷等多种矿物质。尤其是富含花青素，花青素具有抗氧化、抗炎的功效，能维持细胞组织的健康状态，帮助器官排毒、净化，还能软化血管，促使血液将更多的钙质运送到骨骼。

五为口感细腻无石细胞。果肉呈白色，口感甜脆爽口，气味芳香，石细胞少。

六为品质香甜汁多果芯小。武邑红梨的可溶性固形物含量在12.60%~13.80%，含糖量14%以上。

七为成熟期早丰产好。8月中下旬成熟，无熟前落果现象，种植后2年见果，3年丰产，密植栽培3年亩产可达1500千克。

八为耐储运。自然条件下可储存半年左右。

九为市场潜力巨大。现已有俄罗斯、泰国正大集团及中国京东、顺丰快递等客商预定，价格暂定特级果60元/个，一级果15元/千克，产品供不应求。

十为科技引领科学管理。为了做优红梨品质，武邑县量身定做了“优质红皮梨生产技术流程”，为红梨生产提供技术标准和科技支撑。从整地到种植，从管理到采摘63道工序，一环扣一环，全部实现标准化生产。

此外，还有一系列科技管理配套，如实行宽行密株栽培新模式；实施精准水肥一体化节水灌溉；增施有机肥；利用生态技术防控病虫害；增设防鸟防雹网；配备大型弥雾机和避让式割草机；利用“果树扰流防霜风机”解决春季花期晚霜冻害难题等。

重新定义红梨品牌

随着时代的发展和人民生活水平的不断提升，大众的需求开始从温饱向美好生活转变。大众对梨果的关注也逐渐从价格转向价值，越来越多的消费者愿意为高品质、好营养的水果买单。在此环境下，武邑红梨的品牌创建正当其时。

依托十大竞争优势，武邑红梨品牌塑造以独有、特有、稀有、富有的“四有”原则突出品牌核心支撑点，品牌定位及价值从营养滋补、权威地位、情感沟通3个维度出发进行挖掘塑造，打造“世界梨乡”河北的排头兵，也为世界打造一颗红色好梨。

品牌LOGO

武邑红梨

正统中华全红梨

品牌价值

从理性角度解读（驱动目标对象购买的功能或感官利益点），武邑红梨仅此一种，高颜值、好口感的甜爽好梨，抗氧化健康又驻颜；从感性角度解读（驱动目标对象购买和复购的情感利益点），打破乏味，给生活润色、让心情舒爽，保持年轻健康态。

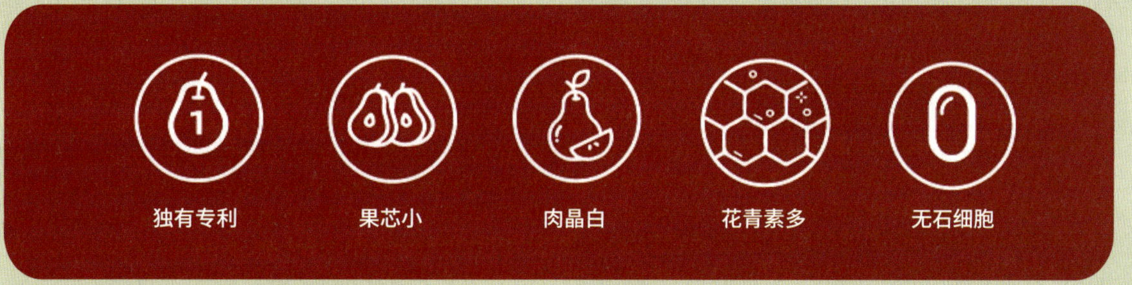

近年来，武邑县先后被评为国家“武邑红梨”标准化示范区、河北省特色农产品优势区，“武邑红梨”被认定为河北省区域公用品牌，先后获得河北省梨王争霸赛金奖、衡水市果品品牌包装金奖，并通过举办两届武邑红梨文化节，搭建武邑红梨展示平台，提升武邑红梨品牌形象，武邑红梨已经成为武邑县的一张“金字招牌”。

武邑
红梨
悦吃悦嫩！

武邑
红梨
悦吃悦嫩！

武邑红梨
武邑红梨

武邑
红梨
武邑
红梨
武邑
红梨
武邑
红梨

味正甜醇
悦吃悦嫩！

武邑红梨
悦吃悦嫩！

文旅融合擦亮“金字招牌”

武邑县以红梨为径，大力实施品牌战略，着力推动农文旅产业融合发展，倾力打造现代农业强县。为持续增强红梨产业链动力，武邑县利用梨产业集群项目建成年储量5000吨的现代化智能冷藏库，进一步延长产品储存期，提高产品附加值；建成先进的果品智能分拣线，实现果品的全自动化智能分级。研发的梨膏、梨干、梨糖、梨茶等红梨深加工产品，一上市便深受消费者喜爱，销量和效益更是逐年增长。

在不断挖深、做精加工产业链的同时，武邑县还依托万亩武罗现代农业园区等资源环境优势，打造红梨文化节等特色节庆活动，推动农文旅产业融合发展。每年春秋两季，漫天的梨花和一树树的红梨都会吸引大批游客前来赏花、品果。借助这些活动，塑造、弘扬浪漫红梨文化，在提升武邑红梨知名度和美誉度的同时，也让过去只知道种梨卖梨的果农有了新的增收渠道。

未来，武邑县将继续做大做强梨产业，继续调优结构，提质增效，延长产业链条，不断发掘红梨的经济价值、生态价值、社会价值、文化价值，唱响梨经济、培育梨文化、写好梨文章，进一步擦亮武邑红梨“金字招牌”。相信在红梨产业的带动下，武邑人民的生活也将如红梨般甜蜜红火。

走出品牌『梨』想之路

赵县雪花梨

Zhao Xian Xue Hua Li

河北省赵县的洨河上，有一座世界闻名的石拱桥，叫安济桥，又叫赵州桥。它是隋朝的石匠李春设计并参加建造的，到现在已经有1400多年了。

很多人知道赵县，是通过一篇课文《赵州桥》。想起它，就想起昔日的朗朗书声，想到它“不但坚固，而且美观”的模样。如今，它仍然伫立在洨河之上，供人行走。而同样在赵县，赵州梨的历史比赵州桥更为悠久。如果说赵州桥是古代工匠的智慧，那么赵州梨就是这片土地的品格。

千年“梨”史

中国梨看河北，河北梨看赵县。赵县是“中国雪花梨之乡”，也是河北省第一产梨大县。梨，在赵州（赵县，古称赵州）这片热土上栽植繁衍，长达2000余年之久，它见证了朝代更替，经历了战乱灾荒，目睹了人们的喜怒哀乐，也传承着深厚独特的赵州“梨”史。

赵州雪花梨早在秦汉时代就被选作贡品进贡朝廷，至今已有2000多年的历史。据史志文献记载，赵州栽植梨树最早可追溯到2500年前。《诗经·陈风》《庄子》《吕氏春秋》等文献中都有赵州产梨的记述。《周礼》记述周代每年祭祀祖先宗庙时，都以梨作为重要祭品之一。

北魏时期，魏文帝下诏赞赵州御梨“大如拳、甘若蜜、脆如菱”，形象地概括了赵州梨的特征，赵州雪花梨也被魏文帝诏令为宫廷御梨。另据唐杜佑《通典》载：“皇帝钦定的常山郡（指赵州）贡梨六百棵”。各种典籍的记载，是对赵州雪梨栽培的有力佐证。唐朝著名宰相李吉甫是赵州人，在《思乡诗》中写道：“正是北州梨枣熟，梦魂秋日到郊园。”乾隆大帝三下江南皆在柏林寺小憩，曾接受当朝进士米绎如进献的雪花梨，褒奖不止。可以说，赵县雪花梨是名副其实的“宫廷御梨”。到清同治七年（1868年），滹沱河改道，赵州东北部30多个村镇冲洪积为沙地，为种植梨树创造了自然条件。数十个村镇成片栽培梨树，并逐步发展培育，形成了独具特色的地方名优特产。近年统计，全县百年以上的古梨树近3万株，而据专家鉴定，赵县董庄村至今尚存1800年、1500年、1300多年的老梨树。

贡梨品质

土地是神圣的存在，是万物之母，是生命之源，是中华民族的根基所在。这种深厚又复杂的情感纽带，也存在于赵县人和梨树之间。雪花梨的传承离不开赵县这片土地的深厚滋养。

赵县一带是滹沱河古道，大片大片全是沙土地。古时候植被少，气候恶劣，一年四季常刮大风。黄沙飞扬，遮天蔽日，大风带来的沙尘一夜之间就能把即将成熟的小麦埋得只露出半截麦穗甚至全部淹没。然而，这样的土壤是最适宜梨树栽培的粉质砂壤土，且含有多种微量元素，表土疏松、透气性良好，加之生长季节日照长、热量充足、雨量适中，为梨果生长提供了良好的自然条件。正是这样独特的气候和土壤条件，才孕育出了上品赵县雪花梨。

成熟的雪花梨有六大特色。一是果形优美。赵县的雪梨果实呈圆润形状，外观美观，很诱人。二是口感清爽。雪梨的口感非常清脆，肉质嫩滑多汁，吃起来非常爽口。三是香气浓郁。赵县的雪花梨散发出浓郁的香气，让人食欲大增。四是皮薄肉嫩。雪花梨的果皮薄而柔软，果肉鲜嫩多汁，非常易于咀嚼和消化。五是味道甜美。赵县雪花梨的味道十分甜美，带有一丝微酸，让人回味无穷。六是营养丰富。雪花梨富含各种有机酸、矿物质和多种维生素等，可入药医病，有生津、润燥、清热解毒、化痰止咳等医疗功效。

赵州雪花梨因优越品质被农业农村部评为优质水果；赵县被命名为“中国雪花梨之乡”。1999年在中国国际农博会上获得“中国国际名牌产品”荣誉；2015年，成为河北省唯一出口鲜梨及其制品免检通行的县。2017年11月，国家质检总局批准赵州雪花梨为国家地理保护标志产品。好产品，自然会有好销路。近年来，赵县通过“互联网+”与阿里巴巴、京东、拼多多等电商平台开展合作，开辟了京东特产赵州馆等线上销售新渠道。

目前，赵县已有25万亩梨园，年产60万吨，拥有14家梨果出口公司、10余家梨果深加工企业、200多家梨果专业合作社，带动从业人员14万余人。产品不仅在国内广受欢迎，更是远销欧美、东南亚等十几个国家和地区，年出口梨果约8万吨。

时至今日，赵州梨已初步形成标准化生产，并衍生出多种初加工、深加工、冷藏保存与果品运输项目，还带动了赏花采果等农文旅经济，成为一二三产业融合发展的产业集群。每年，赵县的梨花节和丰收节都要在春、秋季节举行，并成为当地乃至梨果行业的盛事。2023年，赵县梨果行业品牌化已势不可当，“赵州梨”公用区域品牌应运而生。

创塑品牌

赵州梨，是赵县的产业，是赵县的名片，更是这片土地的灵魂。随着品牌时代的到来，2000多岁的赵州梨，决定重新出发，启动了赵州梨品牌打造计划。这对进一步擦亮“赵州雪花梨”金字招牌，做大做强梨果产业，促进和带动梨果产业发展，助推乡村振兴具有十分重要的意义。

品牌愿景

让赵州成为
旅者的向往
让赵州梨成为
消费者的牵挂

梨，在赵县有2000多年的种植历史。帝王将相因它留下故事，文人墨客为它写下名句。赵州梨，已然堪称“引无数英雄竞折腰”的历史名梨。然而近年来，各地区域品牌和细分产品的不断冲击，使得水果市场的竞争愈发激烈。赵县虽为历史名梨产地，却遭遇着前所未有的挑战。经典的“白月光”眼看就要变成平凡的“米饭粒”，攻占市场高地，赢回消费者心智，品牌之战迫在眉睫。赵州梨的生长，离不开这片土地，但赵州梨在未来，则将携赵州深厚的历史文化底蕴和无与伦比的品质与口味，扎根于消费者的心里。

赵州梨
ZHAOZHOU PEAR
赵　州　桥　畔　赵　州　梨

品牌口号

赵州桥畔赵州梨

将家喻户晓的地域名片“赵州桥”与地域特产“赵州梨”齐肩并立，表达高强度关联。双品牌的价值加法——举世闻名的“天下第一桥”赵州桥，是赵县独特的地域名片，以桥带梨，以梨润桥，双品牌相互滋养，彰显悠久历史，展现上乘品质。

◉ 品牌LOGO

标识将赵州桥、洨河、赵州梨相融，将“赵”字本身幻化成为赵州梨的超级符号，在市场上形成独一无二的认知。举世闻名的赵州桥，自隋朝便横跨洨河而建。而洨河，也滋养着这片神奇的土地，养育着名满天下的赵州梨。“赵”字新组，以水托桥，以桥带梨，以梨润赵州。一条河润一方土地，一座桥渡芸芸众生，桥与河，共同托起象征着根脉与希望的赵州梨。

赵州梨®

赵 州 桥 畔 赵 州 梨

赵州桥石拱剪影　　源于"赵"字笔画的洨河　　赵州梨剪影

每到春秋两季，在赵县的梨花节和丰收节期间，梨园内外到处车水马龙、人潮涌动。不论是耕种劳作、繁衍生息，还是节气祭祀、休憩娱乐，梨和人，梨与生活，早已交织融合，密不可分。赵州梨，已成为滋养世代赵县人、世代中国人的文化符号。这颗雪花梨是赵州的，也是中国的，更是世界的。

润威梨无比!

威梨

Wei Li

润无比

河北是世界公认的梨发源地之一，也是中国梨最大的主产区。河北梨的种植面积、产量、出口量均排在全国首位，特别是邢台威县，凭借四季分明、雨热同季的气候及砂壤质、轻壤质潮土的土壤条件，种植出了品质上乘的梨果。

新梨七号

秋月梨

雪青梨

红香酥梨

从2013年开始，威县便在梨产业上发力，短短数年时间梨产业从无到有、从有到强，带动了上万群众脱贫致富。2017年5月“威梨区域公用品牌”成功发布，并在2018年，成功注册了“威梨”商标，自此，威梨产品有了自己通向市场的身份证，开启了威梨品牌发展的新阶段。

实际上，威县种植梨树的历史已有千年。据《广志》记载：“吾威古巨鹿地也，古至今产佳梨，其名鸭子嘴者尤甘美。本境西区沙地产梨最多，每年贩运去天津者约百余万斤。”

在传统产业基础上，威县嫁接发展现代梨产业，实现了梨树种植经营的转型升级，从威县梨，发展成“威梨”。将新梨七号、秋月梨、雪青梨、红香酥梨等优新品种，作为主推品种，打造品种差异化，满足不同需求。

此外，为实现高效率标准化栽培、稳定产品品质，威县从2012年开始至今，按照农业部绿色食品生产标准要求，在整个梨园区具体落实，体现在标准化建园、标准化经营管理等方面。与国内外先进模式接轨，建设河北领先、全国一流、世界知名的优质梨果生产销售基地。

如今，威县绿色A级梨产业园区，已获评省级现代农业园区、省级出口鲜梨质量安全示范区，国家级现代农业示范区。建成标准化梨园230个，种植面积达10万亩，涉及14个乡镇、200余个行政村，一条“科技+品牌+组织化”的产业发展路径在威县渐渐展开。

成长为区域品牌的“威梨”也以其“品种优、种法新、口感好、价格适中”等特点，主销国内中高端市场、一二线城市，直销“北上广深”及沿海地区，带动了上万群众脱贫致富。

230个
建成标准化梨园

10万亩
种植面积

品牌LOGO

威梨品牌Logo以梨的外形为创意原点，结合“威”字的首字母“W”，融合强壮上臂来进行形象演绎，传达威县义和团（拳）文化，并将消费者心中的健康概念和威梨有机结合。设计色彩明快，字体文化气息浓郁，图形细节精致，整体形象刚柔相济，突显威梨在“润”方面无可比拟的功能特征，树立威梨健康的现代梨果品牌形象。

威梨

现代梨果标志性品牌

核心价值及品牌传播口号

梨作为中国传统水果，消费者对其已有基础认知，调研发现“润”是消费者对于梨的普遍认同。对入口食物而言，除口味和营养之外的消费需求就是健康。为切准消费痛点，突出威梨功能选用“润”字。此外，威梨优势在于模式新、技术优、标准高、品种特、品质佳，这些都是其他品牌梨所无法比拟，用一个词形容叫“威力无比 ”。

因此，借助公共认知，彰显威梨价值；切准消费痛点，突出威梨功能；嫁接超级符号，提升威梨名气。综合梨的特质、消费需求和威梨自身优势提出：“润，威梨无比”。这既是威梨对外传播的核心点，也是威梨产品的消费价值。它不仅是传递给消费者强有力的信心指令，也可称为经销商的重要销售话术。可以在品牌宣传推介中结合品牌标志同步对外传播。

润，威梨无比！

价值支撑

“威梨”区域品牌产品的价值支撑可概括为：现代模式栽威梨、有机肥料育威梨、绿A品质数威梨、滋润生活有威梨4个层面的内容，具体如下。

首先，现代模式栽威梨，指依托梨工程技术研究中心威县站和院士工作站，采用全国领先的高效省力栽培模式，宽行密植，让威梨优质丰产有保障。

其次，有机肥料育威梨，指高起点建园，广施新型有机肥，限用化肥，扎实培肥土壤，增加地力，确保梨园都能拥有肥沃土质。

再次，绿A品质数威梨，指每颗威梨的诞生，从苗木繁育、起步建园、生产管理到包装销售、储藏加工、市场物流等，均严格执行绿色 A 级生产标准。

最后，滋润生活有威梨，表示威梨品种丰富、各具特色，雪青、秋月、新梨 7 号、红香酥等优质品种，可以满足不同需要，香甜汁美的产品，全方位滋润健康生活。

在品牌效应的带动下，威县梨果产业发展迅速。目前，威县先后引进河北龙集等龙头企业40余家，组建农民合作社120个、家庭农场30余个，建成标准化梨园230多个，一跃成为全国最大的县域秋月梨、新梨7号标准化生产基地。

从威县梨到“威梨”，威县总结出了梨园建设“8大程序、30道工序”，以及威县绿色A级梨标准化生产体系。2023年6月4日，威梨生产技术规程体系通过了邢台市林业局、邢台市农业农村局、邢台市市场监督管理局的联合技术论证，正式升级为邢台市地方标准。

在组织保障的前提下，威县以科技为先，坚持走科技兴农的路子。目前，威县创新建立产业首席专家负责制，与河北农业大学建立战略联盟，建成河北省梨工程技术研究中心威县实验站。同时，完善县、乡、村三级林果技术推广体系，各有关乡镇配备1名梨产业专职干部，每个标准梨园分别培养1~3名技术人员，形成全方位技术服务网络。

威县梨果产业发展之路与当地县情农情紧密契合，在发展梨产业过程中，突出地域特点，彻底改变了过去“冀南棉海”一棉独大的局面，绘就出了金鸡鸣唱、林果满枝、牛奶飘香、蔬菜鲜美的靓丽画卷。将“土特产”这篇大文章，在乡村振兴中闯出了一片广阔天地，为当地老百姓带来了更加红火的日子，创造出一幅幅乡村振兴的新图景！

现代模式栽威梨　有机肥料育威梨　绿A品质数威梨　滋润生活有威梨

保定苹果

Bao Ding Ping Guo

映红梦想路

保定太行山下的苹果园，一筐筐透红圆润的红富士苹果整齐摆放着，果农们忙着采摘、挑选、装箱、装车，一派丰收盛景。

位于太行山东麓、华北平原腹地的保定，区位特殊，资源丰富，是农业大市，耕地面积773万亩，粮食作物播种面积稳定在1000万亩，产量保持在400万吨以上。同时，保定还是京津冀重要的农副产品供应基地和科技成果转化基地，农业农村发展潜力巨大。

保定苹果栽培历史悠久，已有几百年，具有优越的地理优势和气候优势。保定境内土壤有机质含量丰富、通透性强，昼夜温差大，且空气清新，水质清澈无污染，非常适合苹果栽植生长。保定苹果主要分布在顺平、易县、唐县、阜平、曲阳等18个县（市、区）。栽植品种主要为红富士，其次是王林与红星，此外，还有嘎啦、金冠、斗南等品种少数分布。

保定红富士苹果的特点是体积平均大小如棒球一般，果肉紧密，具有色艳味正、香气浓郁、肉细无渣、酸甜适口、维生素C含量高等优势。消费者评价它有3个“刚刚好”。一是“果皮厚度刚刚好”；二是“糖酸比例刚刚好”；三是“果肉硬度刚刚好”。而且，与其他苹果相比有更长的最佳食用日期，甚至无需放入冰箱保存。室温下可保存4个月，如果放入冰箱，红富士苹果可保存5~7个月。

保定苹果的优良品质既得益于保定市特有的地理环境和生长条件，也得益于特质性砧木的选育与现代化栽培技术的应用。

进入20世纪后，保定开始引进并推广河北农业大学研发的“三优”富士矮砧密植栽培模式。由此拉开了高标准、现代化苹果基地建设大幕，苹果栽植模式发生重大变革，这是目前世界上最先进的栽培管理技术之一，便于果园的机械化作业，大大降低了人工成本，提高了工作效率，提升了产品品质。借助种植模式优势，保定苹果曾连续8年进入中南海作为国宴佳品。目前，全市拥有现代化苹果种植基地近20万亩。

苹果正红，深耕品牌。实施品牌战略，融入万物互联时代，是助力保定苹果产业升级、培育农业发展新动能的重大选择，也是助推产业兴旺、乡村振兴的一大创举。

价值定位

目前，消费者的消费需求趋向于追逐个性，具有更多求新求变的渴望。因此，保定苹果要打造个性化品牌，以表达个性为价值策略方向，提炼了“保定苹果，为梦加油”的价值主张。

就全国各地苹果公用品牌的诉求来看，多围绕“产品”宣传；就保定苹果自身来看，与其他产地产品无明显差别。品种、品质与全国其他产区无太大差别。但保定苹果又因“保定”而“不同”，因为保定苹果有一批“追梦人”，这里有执着于太行山道路探索的团队；心系于苹果技术提升的专家；投身现代果业的新果农……从消费者层面来看，消费者个性化需求越来越迫切。一方面，全国4000多万吨供给，市场饱和，消费者已选择疲劳；另一方面，消费者更趋于追求品位，青睐个性化产品（如“褚橙”），富裕起来的中国人在这过程中，也有了更多的渴望和梦想……

基于以上3个层面，行业竞品多聚焦产品，保定苹果因“雄安”而不同，消费趋势偏重个性与渴望，进而确立了保定苹果的价值策略在于：聚焦精神，表达个性。最终形成“保定苹果，为梦加油”的价值定位，并作为品牌的价值诉求。其中“梦”的内涵丰富，意蕴深长，有果农的小康梦，也有果业专家的科技梦，有果业企业家的强企梦，也有区域城乡的发展梦，更有民族复兴的中国梦……同时，这一价值定位也作为品牌的传播口号。

价值支撑

生于太行，凝结自然爱意。保定苹果，生长于北纬38°优质苹果产区，经历太行山风霜洗礼，汲取天地精华，1%土壤有机质，成就品质生态好果，每一只都寄托着山区果农勤劳致富的梦想。

兴于科技，成就安全优果。保定苹果，采用世界先进栽培模式，选用“三优”富士品种及“SH矮化砧木”，推行全球10项最严苛的农残检测，全面禁止有机磷农药，以科技为现代果业梦想夯实基础。

富于营养，奉献甜蜜好果。保定苹果，来自大山的馈赠，富含维生素、有机酸、果胶等营养元素，平均甜度高达16°Bx。保定苹果，甜入心脾，润入肺腑，以美味顶礼新时代，为筑梦人补充能量。

基于情怀，温暖追梦征程。保定苹果，经由山区果农虔心呵护，严苛分选，承载果农满满心意。保定苹果，用情怀感动每个逐梦人，以匠心向远行者致敬，为无数人的梦想喝彩。

品牌符号

保定苹果
BAODING APPLE
为梦加油

品牌形象

随着保定苹果区域公用品牌的创塑，保定也已构建起“保定苹果”区域公用品牌管理机制和发展机制，建立起集产品战略、产业战略和区域经济战略“三位一体”的品牌建设体系。未来必将进一步扩大保定苹果的品牌知名度与影响力，加速推动保定苹果产业的优化升级、提质增效，促进农民增收、产业兴旺，从而进一步巩固脱贫成果，助力乡村振兴。

山里的苹果正红，致富梦也正梦想成真。保定苹果的果香必将飘向全国，飘向未来。

国宴佳品

顺平苹果

Shun Ping Ping Guo

秋园果已熟，红脸点胭脂。

顺平苹果开花时，一片香雪；

苹果采摘时，十里飘香。

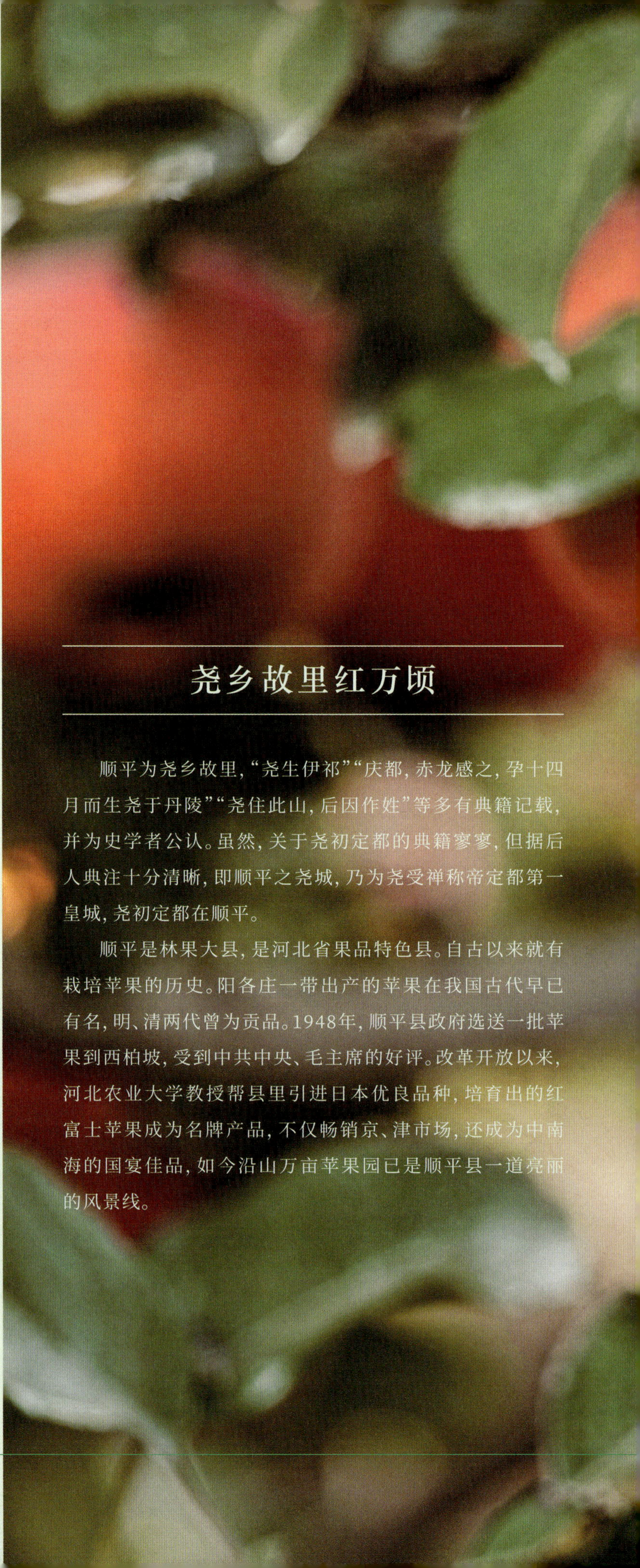

尧乡故里红万顷

顺平为尧乡故里，“尧生伊祁”“庆都，赤龙感之，孕十四月而生尧于丹陵”“尧住此山，后因作姓”等多有典籍记载，并为史学者公认。虽然，关于尧初定都的典籍寥寥，但据后人典注十分清晰，即顺平之尧城，乃为尧受禅称帝定都第一皇城，尧初定都在顺平。

顺平是林果大县，是河北省果品特色县。自古以来就有栽培苹果的历史。阳各庄一带出产的苹果在我国古代早已有名，明、清两代曾为贡品。1948年，顺平县政府选送一批苹果到西柏坡，受到中共中央、毛主席的好评。改革开放以来，河北农业大学教授帮县里引进日本优良品种，培育出的红富士苹果成为名牌产品，不仅畅销京、津市场，还成为中南海的国宴佳品，如今沿山万亩苹果园已是顺平县一道亮丽的风景线。

苹果之乡有“奥秘”

顺平属暖温带半干旱大陆性季风气候，四季分明，气候温和，年平均气温12.7℃，年平均降水量578毫米。日照充足，全年日照时数2523.4小时，全年无霜期195天。顺平县也具备优越的地理环境，顺平县位于保定市西郊，地处太行山脉与华北平原的连接线上，属半山区，境内从西北向东南地区丘陵、平原呈顺序性排列，地势西北高、东南低。山区及沿山特有的小气候，使得顺平苹果着色艳丽、含糖量高、香脆爽口，被授予“中国苹果之乡”的称号。

2014年，顺平县政府与河北农业大学签订了长期合作协议，制定苹果标准化技术规程，建立产品质量追溯体系，带动全县苹果产业跨越式发展。顺平县的“三优”红富士苹果先后获得第十八届河北省名优果品擂台赛金奖、第二届河北省苹果品质鉴评会银奖等多项殊荣，并畅销国内外市场。

地利人和的条件便是顺平苹果得以扬名的奥秘所在，也是其能够成为国宴佳品的奥秘所在。

科技助力　品牌强农

加快推进品牌建设 促进农业提质增效转型升级

顺平苹果栽培总面积3.3万亩，产量3.5万吨，产值2.1亿元。主要分布在山区、沿山区，形成了一片、一带产业发展格局，即南神南、北大悲种植片区和东阳各庄、峨山、蒲王庄、西于家庄、何家营沿山产业带。顺平苹果以晚熟品种红富士为主，占总栽培面积的67%以上。苹果加工企业4家，年加工万吨以上，产品有苹果饮品、脆片、酒等。冷库12座，储藏3000吨。全县苹果专业合作社及家庭农场74家，绿色认证产品8700亩。经过多年的开发和培优，如今顺平苹果渐渐成为一个叫响河北的水果品牌，并于2020年12月16日，举办了“顺平苹果”区域公用品牌发布会，宣告了顺平自己的区域公用品牌正式设立。这也为顺平广大农民和农企搭建了更加广阔的品牌化路径。

构建科研推广服务体系

顺平县成立了果树研究所，各乡镇建有林果站、农综校，各产苹果重点村配有科技主任，形成了上下贯通的县、乡、村三级科技推广服务网络。县果树研究所与河北农业大学和科研部门已形成长期稳定的合作关系，为新品种的引进和栽培技术的不断更新提供了良好的技术保障。近年来，顺平加快了苹果优良品种的引进和新品种的培育，品种结构不断趋于优化，栽培技术、栽培模式不断革新，与国家苹果产业体系接轨，步入标准化生产轨道。

顺平苹果
中国苹果之乡

◉ 打造三产融合新局面

顺平充分利用历史文化、自然生态等优势，整合伊祁山、王氏庄园、龙潭湖等，发展特色文化旅游，深挖尧文化、红色文化，打造历史文化、红色传承、自然风光、民俗风情、自然品味、生态休闲于一体的现代化农业旅游产业融合的新局面，通过文化旅游带动苹果产业的大发展。

顺平苹果产业有力推动了乡村产业高质量发展，实现了农业增效，农民增收，成为当地农民的支柱产业，在乡村振兴的画卷上写下了浓墨重彩的一笔。

浆水苹果

Jiang Shui Ping Guo

太行山的问候

邢台信都区位于河北省西南部，太行山东麓，是河北省果品生产重点地区。其苹果产业主要分布在西部太行山区的浆水镇、冀家村乡、宋家庄镇及其周边乡镇。

自然环境得天独厚

信都区属暖温带半干旱季风气候区，大陆性季风特征显著，光照相对充裕，雨热同季，四季分明。海拔在500~1800米，年平均气温12.8℃，年平均降水量588.8毫米，年日照时数2506小时，年有效积温4300℃，无霜期194天。土壤类型为壤质和砂壤质，壤质土占62.9%，砂质和砂壤质占36.7%。这些为信都区发展苹果产业提供了得天独厚的自然条件。目前，信都区宜林面积157万亩，森林覆盖率达45.1%，果树面积67.2万亩，产量16.8万吨，产值7.6亿元，已形成“板栗上山、苹果入川、薄皮核桃丘陵大发展”的格局。

政府提供政策支持

2017年，出资注册“浆水苹果”区域公用品牌

2019年7月，浆水苹果获得国家地理标志证明商标

2019年11月，被认定第二批河北省特色农产品优势区

2020年12月，浆水苹果通过有机认证

2022年，浆水苹果通过绿色食品认证

全区目前苹果面积6.8万亩，年产量13.6万吨，产值5.5亿元

建立标准，有章可循

制定《浆水苹果品牌管理办法（试行）》《浆水苹果优质生产规程》《浆水苹果市场准入标准》等一系列管理办法。

科技下乡，提质增效

组织技术人员深入田间地头指导生产，遇到异常天气，及时发布信息，并亲临现场指导。2023年以来，技术人员累计召开培训会12场次，现场指导50多次，通过技术宣传和现场指导，让果农从产量效益型逐步转变到质量效益型。

建立基地，示范带动

筛选建立23个有代表性的苹果生产基地，挂牌宣传、定点指导，使基地起到一定的示范带动作用。

成立联盟，科学指导

成立浆水苹果技术联盟和销售联盟：一是组织核心产区50名优秀果农到山东省烟台市良枝苹果基地参观学习；二是制订全年培训计划，注册了“浆水苹果联盟动态”公众号。目前按农时季节和管理过程中出现的问题，发布技术信息52期。

“品牌为核，六位一体”的战略路径

基于独特的区位环境和政府政策支持，打造“浆水苹果”区域公用品牌，构建精品品牌、融合发展、高效生态的“邢台路径”。

战略路径可以概括为：以浆水苹果品牌建设为核心，同步推进创塑品牌、优化供给、品牌管理、营销升级、融合发展、系统传播内容，六位一体全面发展。

在创塑品牌层面，依托大区域彰显大价值，嫁接大符号擦亮大牌子。

首先，从地域特征上，邢台县位于太行山主脉东麓，背依太行山脉，东俯河北平原，自古处于冀晋交通要道，为兵家必争之地。邢台县苹果主产区位于西部太行山区的3个乡镇及周边，是“太行山最绿的地方”，生态环境好，小气候有特点，适合苹果生长。同时，太行山与邢台关系密切，太行精神是牛城之“魂”。太行文化、太行精神就是邢台悠久历史文化的深刻象征和重要体现，高度浓缩了邢台文化的精华。自2009年开始，邢台市每两年举办中国·邢台太行山文化节，主题就是弘扬太行精神，传承太行文化，发展太行经济。太行山文脉绵长，精神内涵丰富，“巍巍太行，中国脊梁”，在消费者心中具有较高知名度，是非常难得的超级符号。

其次，从文化基因来看，浆水苹果具有红色文化基因。浆水镇是中国人民抗日军事政治大学敌后总校所在地。此外，浆水苹果连续被列为十六大、十七大两届中国共产党全国代表大会专用果品，这是浆水苹果为数不多的重要无形资产。

因此，嫁接超级符号太行山，依托“太行山”，叫响“浆水苹果”品牌；聚焦浆水苹果红色文脉，引发情感，建立关联。基于以上考虑，提炼出浆水苹果区域公用品牌的核心价值，同时也是浆水苹果品牌的传播口号。

◉ 品牌标志

JIANGSHUI APPLE

邢台 浆水苹果

太｜行｜山｜的｜问｜候

标志设计通过诠释核心价值，借用广泛认知，继承已有资产，易于形成浆水苹果品牌传播。浆水苹果品牌标志创意以传达“太行山的问候”为原点，图形创意来自党代会的会议旗帜，左右两边旗帜交叉叠加形成镂空的苹果造型，既展现浆水苹果的红色文脉，又表示浆水苹果值得信赖的上佳品质。左边用印章形式注明“邢台”二字，图形下方标注“浆水苹果”及其品牌口号“太行山的问候”，字体设计端庄稳重。

◉ 品牌传播口号

浆水苹果，太行山的问候！

创意说明：苹果是柔性的，太行山是刚性的，红色文化也是刚性的，用“问候”这一富有情感的词语来嫁接，超越产品层面的竞争，建立与消费者更深层次的情感关联，浆水苹果是太行山的问候，更是人与人之间的问候，赋予产品更深层次的内涵。“太行山的问候”这一核心价值，既是浆水苹果对外传播的核心点，也是浆水苹果产品消费价值。品牌口号字体设计灵感来源于大字报风格，稳重端庄，表面斑驳设计既有鲜明质感，又表达了历史年代感。

◉ 价值支撑符号

创意说明：价值支撑符号整体外形为徽章，用徽章表示浆水苹果的优点。用多面旗帜组成会议背景表示为十六大、十七大专用果品；用太阳、高山、苹果树表现浆水苹果的良好生态环境，来自太行山最绿的地方；用切开的苹果造型表现浆水苹果的口感特点，皮薄汁多核小味美；用双手托着一颗苹果表达果农的虔诚匠心，用心培育浆水苹果。

◉ 辅助图形

创意说明：整体造型为太行山，山下围绕着大片苹果园。采用立体浮雕形式的表现手法，展现浆水苹果的红色文化底蕴；浮雕内容为中间穿插着飞翔的鸟和围绕着山间的云，表现浆水苹果生长环境的良好生态。

◉ 卡通形象

创意说明：结合浆水苹果外形和红色文脉，创意品牌代言卡通形象“浆水苹果娃娃”，其萌萌的大眼睛展现浆水苹果娃娃的俏皮感，传递出浆水苹果生机盎然、活力满满的品牌形象。挥舞着旗帜一方面表现浆水苹果打造河北苹果领军品牌的雄心壮志，另一方面也传递了浆水苹果品牌的红色文脉。

卡通形象延伸出不同的动作，用于不同传播场景。

◉ 各类应用设计

在优化供给层面，浆水苹果最初授权企业，落实产品优选分级，确保品牌产品的市场供应。后逐步以浆水苹果区域公用品牌建设为契机，着眼于中长期布局，积极培育和壮大新型合作社与龙头企业，通过建立品牌基地、落实标准体系、强化产业支撑、加强质量监管等举措，促进浆水苹果标准化、组织化生产，提升和稳定浆水苹果品质，确保优质好苹果的持续供给。

在品牌管理层面，短期内创新机制建立品牌办，聚合职能部门资源，明确浆水苹果品牌管理职责。此后，逐步建立健全浆水苹果品牌管理模式，在品牌架构、管理平台、管理组织、管理分工、许可制度、管理模式6个方面建立品牌协同管理机制，确保品牌管理权责明确，共同维护浆水苹果品牌形象，促使浆水苹果品牌持续发挥效益。

营销升级是浆水苹果品牌战略推进的重要一环，需从销售主体、销售渠道、产品开发3个层面进行升级，逐步培育销售龙头、拓展多类渠道、开发细分产品。

融合发展的整体思路是以“太行醉红苹果小镇”为平台，以“吃住游娱购”需求为导向，拓宽产业发展思路，丰富衍生产品、推动苹果文创、打造苹果文化、促进果旅融合，升华“浆水苹果”价值内涵，丰富“苹果小镇”产品、服务及文化，推动邢台县苹果产业的融合化发展，拓展产业链，丰富产品线。

系统传播是实现品牌价值必不可少的环节。浆水苹果品牌传播先后从包装、媒体、渠道、活动、网络等各方面进行系统、持续传播。

目前，全区苹果种植面积达6.8万亩，覆盖13个乡镇、260个行政村，年产量13.5万余吨，产值5.46亿元，带动10余万农民增收致富。红苹果变成山村百姓的“致富果”“幸福果”。

宽城苹果

Kuan Cheng Ping Guo

万里飘香

一个好苹果用什么标准来评判？各项检测指标会很细。但如果这个苹果能顷刻间招来一只蜂，反反复复飞落其上，至少说明这里的苹果具备『招蜂引蝶』的吸引力。

14 万亩

山地苹果产区

类似出其不意的偶遇，经常发生在承德市宽城满族自治县14万亩山地苹果产区的各处果园，宽城苹果也源源不断地装进市民的“果篮子”。

宽城苹果闻名遐迩，是中国最有影响力的十大苹果区域公用品牌，主要有红星、红富士、国光和黄元帅四大苹果品种。其中，最赫赫有名的要数宽城亮甲台镇产的红星苹果。亮甲台红星苹果个头大，色泽鲜艳，皮较薄，果肉香甜可口，令人回味无穷，最值得一提的是，很远就能闻到香味儿。红星苹果最初是在20世纪60年代初从美国引进的。

宽城另一大名鼎鼎的苹果为红富士，授粉品种为金冠（黄元帅）、国光，红富士甜脆可口，富含硒元素。它的主产地为化皮镇西岔沟村和孟子岭南天门村。西岔沟是“省级优质国光苹果生产示范基地”，注册的“硒富”牌苹果通过绿色食品认证，2016年获得“2016中国最具影响力的十大苹果区域公用品牌”和河北省唯一的“金奖苹果”两大奖项。成立的“硒富”苹果合作社进入全国名优特产品平台，被农业农村部评为金奖。此外，每年的河北省山地苹果鉴评活动都有宽城的苹果上榜，凭借好看和好吃的内外兼修品质荣获了“苹果王”称号及金奖、银奖等殊荣。

1993年 被选定为亚运会指定果品

1993年 被宽城满族自治县政府定为全县农业发展的“八龙”之一

1993年 在北京举办的国际果品博览会上，荣获了“优质产品”和“中华名果”两项大奖

1993年 被中国果品流通协会评为“中华名果”。自那时起，宽城苹果便声名远扬

1993年 获得农业部颁发的“2016中国最具影响力的十大苹果区域公用品牌”和河北省唯一的“金奖苹果”两大奖项

“天时地利人和”造就宽城苹果格外甜

吃过宽城苹果的人，都会觉得这里的苹果格外甜。宽城苹果之甜，在于“天时地利人和”。

天气方面，宽城属于半湿润半干旱大陆季风型燕山山地丘陵气候，春季寒暖适中，夏季炎热多雨，秋季天高气爽，冬季寒冷少雪，全县≥10℃积温3300~3650℃，多年平均无霜期165天，年降水量550~750毫米，四季分明，光、热、水同季，日照充足，昼夜温差大。有效形成了苹果糖分和养分的积累。

而在地形上，宽城的优势就更为明显。宽城县介于东经118°10′35″~119°10′845″，北纬40°17′00″~40°45′15″，平均海拔300~500米。宽城位于燕山山脉东段，长城北侧的滦河流域。宽城境内多河流，水质好，无污染。更为主要的是，宽城土壤质地疏松，土壤pH值在6.5~7.5范围内，土壤类型分为高山土、褐土、棕壤土、草甸土4类。以褐土、棕壤土为主，养分含量全，微量元素丰富。不仅适合苹果生长，而且还为苹果的天然生长提供了大量的微量营养元素，素有长在矿石上的果品之称。

除了独特的区域优势外，在苹果的管理上，宽城也有着许多独特的地方，这就是“人和”的力量。例如，果农从苹果刚出芽就开始疏芽，疏芽之后疏花蕾，然后才是疏花、疏果。一棵苹果树可以开六七千朵花，最后挂果按树势强弱和水肥管理水平留果。推广苹果套袋技术，小果刚长成型就开始套袋，从此虫子咬不着、雹子砸不着、农药喷不着。待到采摘前十几天才摘了袋，苹果鲜艳漂亮，太阳一晒，一天一个样儿。

为了保证苹果的口味，培育出精品名牌苹果，宽城还研究出了40多项精品苹果生产技术措施，全力打造精品苹果。生产的苹果个大、色艳、含糖量高、风味浓、品质优良，深受客商和广大消费者青睐。

50多年积淀塑造宽城苹果“金字招牌”

宽城县种植苹果具有悠久的历史。20世纪60年代以前，宽城的苹果主要是山区生产的国光苹果，宽城苹果生产发源于西岔沟村，由于西岔沟村的土地均是山坡地，最适宜发展苹果树。70年代初西岔沟村开始搞小规模的苹果生产，并建立了果品生产技术、农药化肥、水电设施、苹果销售等一系列服务组织，形成了一整套的服务体系，实现了苹果生产跨越式的起步，10年发展苹果面积近1000亩。1985年，西岔沟村将全村3000多亩土地全部栽上了苹果树，成为宽城第一个苹果生产专业村。

90年代中期，宽城提出了“山区要想富，必须栽果树”“西果、中菜、东粮”“一家一亩果园、一户一名技术员”等一系列措施，走出了一条山区、半山区发展果品产业的生态富民之路。在10余年的时间里，宽城通过经济沟开发、山区综合开发、沙河滩地治理、老杂散劣果园的更新改造等措施，大力发展标准化果品生产基地。此外，通过实施标准化生产、苹果精品战略、精品营销综合开发“三大战略”和品种结构调整工程、沃土工程、阳光工程、苹果增甜工程等系列工程建设，使全区苹果果实品质和安全质量明显提升，果农增收显著。

自2011年开始，宽城县通过土地流转和栽植方式、栽培技术的创新，着手发展“高密植、高产量、高效益”的标准化、规模化、集约化、机械化、现代化新型果园。

历经50多年的发展历程，宽城终成为拥有富士苹果、国光苹果、黄元帅苹果、红星苹果四大系列，现有苹果面积14万亩，苹果生产专业村达到28个，全县3万农民从事苹果生产，人均苹果收入1.98万元。形成了第一老果区（宽城镇、化皮镇、孟子岭乡、塌山乡、桲罗台镇、龙须门镇）主要以富士苹果栽培为主；第二新果区（板城镇、汤道河镇、苇子沟乡、大字沟乡、大石柱子乡）以国光苹果和杂果栽培为主；新发展区（亮甲台镇、东川乡两乡镇）以红星苹果栽培为主的发展格局。创建了4个省级以上苹果标准园，化皮镇西岔沟和孟子岭乡南天门两个苹果基地更是取得了绿色认证。宽城以苹果产业为主的果品产业也成了全县农业产业结构调整的特色代表，是名副其实的富民产业、生态产业。

整合资源，辐射带动
农业休闲旅游产业

多年来，宽城西岔沟村依托得天独厚的自然优势和区位优势，大力发展特色林果产业，坚持走高端标准化、绿色林果产业发展之路。全县经济林面积达5000亩，主要以苹果、板栗、山楂为主，年产苹果100万千克。其中，西岔沟的苹果最为知名。

如今，化皮镇西岔沟这个苹果专业村更是远近闻名，拥有中国少数民族村寨、省级美丽乡村旅游示范村、全国生态文化村、全国“一村一品”示范村、中国双优古村等多个名片。

每年春季都举办以“赏苹果花开，走满乡村寨”为主题的赏花节。赏花节期间，村里还组织文艺队伍跳起具有满族风情的大秧歌，吸引北京、天津、承德的众多游客。

到了丰收的季节，宽城县也会举办苹果采摘文化旅游节暨农民丰收节，促进区域农副产品产销对接，带动林果产业及旅游产业全域发展。其中采摘节中最激动人心的环节就是苹果擂台赛，从种植的苹果中“甜中选甜、优中选优”。通过这种形式，让宽城苹果长盛不衰。

除政府主办活动外，西岔沟的村民们也主动搞起了满家游，有的对房子进行了改造，有的新盖起了满族建筑风格的青砖灰瓦客房。“游客来了，可以吃满族八大碗，住满族特色民居，看满族文艺表演，体验满族风情。”

在各式主题活动的带动下，近两年慕名到此采摘的游客络绎不绝。可以说，在林果产业带动下，宽城的农民收入持续稳定提高，切实为乡村振兴注入了新活力。

宣化牛奶葡萄

Xuan Hua Niu Nai Pu Tao

精耕千年蕴璞玉

古城宣化被誉为京西第一府，东距首都北京150千米，西距山西大同180千米，是内蒙古高原向华北平原的过渡地带，沟通南北之要冲，地势险要，山川明秀，自古为兵家必争之地。其葡萄栽培历史也有1000多年，是我国著名的葡萄产地，宣化牛奶葡萄更是名扬海内外的著名果品，也是宣化古城的名片。

地貌气候俱佳

宣化北靠泰顶山，南临洋河，地势南低北高，平均海拔高度615米，古城地域宣化位于桑干河流域的宣涿盆地之内，属半干旱大陆性季风气候，全年无霜期145天左右，年平均气温7℃，最低气温-25.8℃，极端最高气温39.4℃。年日照时数为2881小时，年降水量为400毫米左右，四季分明、日照充足、昼夜温差大。全区耕地总面积为17.39万亩，占总土地面积的43.92%。宣化区土壤分为棕壤、褐土、栗钙土、灌淤土、草甸土、水稻土6个类型，土壤pH值为8~8.5，钙、钾质丰富。这样的地形地貌和气候条件均有利于生长出品质上乘的水果。

宣化牛奶葡萄盛名远播

宣化主栽的葡萄品种为牛奶葡萄，现种植面积约500亩，年产量近1000吨，主要分布于春光乡的观后村和河子西乡的陈家庄村，种植方式以漏斗架的架式种植为主。宣化是牛奶葡萄的古老产区，曾和新疆的吐鲁番、山西的清徐共称中国三大葡萄产地。上千年的历史承载为宣化积累了厚重的文化内涵，成为古城文化的核心之一。

因葡萄种植传承久远，盛名远播，为宣化赢得了“京西第一府，千年葡萄城”的美称，在近代更曾有“半城葡萄半城钢”的美誉。独特的地理环境和气候条件孕育了宣化牛奶葡萄晶莹剔透、粒大皮薄、果肉脆而多汁、酸甜适中、食之清甜爽口的独特品质。牛奶葡萄可剥皮、可切片，享有“清甜爽口香四海，刀切牛奶不流汁”之美赞，堪称果中之珍品，曾为元、明、清三代宫廷供品，近代更是多次出口中国香港、澳门及东南亚等世界各地。

宣化牛奶葡萄历史悠久
底蕴深厚

宣化牛奶葡萄历经唐、辽、金、明、清到现在已有1000多年的栽培历史，是祖先留下来的宝贵文化遗产。据史料记载，元、明、清时期宣化牛奶葡萄被视为“珍果”，列为皇家贡品。

目前宣化传统葡萄园中，漏斗架葡萄树龄大多在100年以上，其中观后村的一棵葡萄老藤，树径70厘米，长度达6米多，树龄达600年，被称为“天下第一老藤”。

宣化葡萄在唐代由僧人引入，主要集中在寺庙中种植，据考证宣化古老的寺院弥陀寺、慈恩寺等都有葡萄种植。后逐渐发展到贵族、官员的内宅花园。明、清时期，宣化的政治经济地位空前提高，宣化牛奶葡萄的种植面积扩大，宣化葡萄也逐渐走入寻常百姓的生活中，并远销京、津、蒙、晋等地，成为当时名扬全国的著名果品。

民国时期，虽是战火纷飞的乱世，宣化的葡萄却得到了进一步发展。著名的戏剧家曹禺先生，对民国初年前后的宣化就有如下回忆：“余孩提时，随父居住宣化。古城秋暮，军号吹来，犹绕耳边，音凄日落，不能自已。然犹口中葡萄颗粒甘鲜。”在老舍先生的《四世同堂》中记载，金秋九月北京城的老百姓都会吃到香甜的宣化牛奶葡萄。

新中国成立后，宣化历届政府都很重视葡萄栽培，并专门建立了葡萄研究所，使宣化葡萄进一步得以传承和发展。葡萄种植生产逐渐与百姓的日常生活融为一体，形成独特的庭院经济，体现了城市文明与农耕文化的共存共荣。

宣化城市传统葡萄园是重要的农业文化遗产

2013年“宣化城市传统葡萄园”被农业部评为“首批中国重要农业文化遗产”，同年被联合国粮农组织批准为“全球重要农业文化遗产保护试点”，截至目前，全球重要农业文化遗产总数为57个，我国获得该殊荣的仅有18处，自此宣化牛奶葡萄备受世界瞩目。

宣化城市传统葡萄园使用的传统漏斗架种植方式，是我国一种古老的葡萄架式，目前全世界只有宣化有这种架式。传统葡萄园每亩3~5个漏斗架，直径10~15米，架根高30厘米左右，架梢高2.5~3米，葡萄植株从架的中心圆台向四周分出许多主蔓，各级枝蔓呈扇形分布在倾斜度为30~35°的圆形架面上，整架葡萄看起来好像一个大漏斗，或者像一个平底大碗放在地上，故此得名，又称“莲花架”。其架形美观，观赏性强，同时具有肥源集中、水源集中、光源集中、节水省肥节约土地的优点。

宣化城市传统葡萄园的栽培技艺独特，如空心埋土、马兰绑条、扇形整形等。空心埋土法具有抗风、抗寒、保温、保湿、透气性好等优点，是祖先留下来的文化遗产，具有重要的历史研究价值和文化内涵。

宣化城市传统葡萄园有丰富的生物多样性。经联合国粮农组织专家考证，宣化城市传统葡萄园是全球唯一位于城市中，由城市向城郊发展的农业系统。葡萄栽培于百姓的庭院中，葡萄种植生产与农户日常生活融入到一起，形成了独特的庭院经济。葡萄园与城市中的传统民居浑然一体、相得益彰，是城市文明与农业文明共存的典范。

它以5个全球唯一[全球唯一以莲花架（漏斗架）为栽培方式的葡萄园；全球唯一在城市中的农业文化遗产；全球唯一城市文明与农耕文明高度融合的葡萄园；全球距离首都最近的农业文化遗产；全球第一个以“城市农业文化遗产“命名的传统农业系统]傲立于世界，托举出宣化葡萄的与众不同。

宣化牛奶葡萄也因此享誉世界，备受瞩目，联合国粮农组织、“一带一路”国际友人等纷纷前来考察观摩，对宣化牛奶葡萄优良的品质和独特的葡萄种植文化赞不绝口。

宣化牛奶葡萄品牌价值极高

1915年，在巴拿马万国物产博览会宣化牛奶葡萄获得“荣誉产品奖”，这是宣化牛奶葡萄首次获得国际大奖。新中国成立后，宣化葡萄不仅供应京、津、沪及我国南方各省区市的果品市场，1956—1982年期间还出口到中国香港、中国澳门、东南亚各国、英国等地，前后共计出口825万千克，为国家换回了大量外汇，为新中国的建设作出了巨大贡献。1999年，宣化牛奶葡萄获昆明世博会铜奖；2007年，宣化牛奶葡萄成功获得国家地理标志证明商标和国家地理标志保护产品。到目前为止，“宣化牛奶葡萄”共斩获世界级荣誉称号1项、国家级5项、省级及各类专业奖项近50项，品牌价值达到20.61亿元，傲居葡萄类果品之首。

山海关大樱桃

Shan Hai Guan Da Ying Tao

依托适宜的气候、土壤等自然条件，这里的樱桃色艳味美、营养丰富，果皮和果肉均呈深红色，皮薄肉厚、果肉紧实。一口塞进嘴里，汁水在口腔中爆开，带着果香，甜而不腻。

小樱桃，大市场

据史料记载，樱桃是为数不多原产于中国的水果之一，栽培历史已经长达3000年以上。自古以来，樱桃就是中国人餐桌上最常见的时令水果之一。

我国是樱桃生产大国，改革开放后，随着市场经济的发展，大樱桃种植效益显著，促进了环渤海湾地区栽培面积的迅速扩大。2016年中

助农增收促发展

『古韵雄关美，山海樱桃红。』山海关，素有『中国大樱桃之乡』的美誉，也是秦皇岛大樱桃产业发展的核心区。

国甜樱桃种植面积和产量已成为世界甜樱桃第一生产国。虽然我国樱桃的年产量巨大，但是年产值还不过百亿元，且出口量几乎为零，与世界上很多樱桃产量远不如我国的国家相比，还有不小的差距。这是我国樱桃产业发展所面临的挑战，同时也蕴含机遇。

一是樱桃市场缺口巨大。我国樱桃一般于5—7月上市。其余月份樱桃消费主要依赖于进口。二是消费水平升级，市场需求强劲。随着我国经济发展，80后、90后年青一代逐渐成为市场消费主力军，他们对中高端水果的需求不断提升。总体来说，我国大樱桃产业正处于高速发展的“黄金时期”。

就市场现状而言，第一，我国樱桃分布广，消费需求大，但消费者购买樱桃时注重品类消费，对产区和品牌认知比较局限。所以，樱桃品牌还未形成影响，品牌区隔认知尚未成型，品牌樱桃消费时代亟待开启。第二，消费者购买樱桃时更关注“新鲜”度，导致樱桃消费以传统线下场所为主，线上平台占比较小，线上新兴渠道有待开发。第三，从国际樱桃市场看，进口樱桃身价高、占比大，且国外樱桃采摘产业成型，国内尚欠缺。第四，消费集中在鲜果消费，樱桃深加工产业链尚未形成。所以，山海关区樱桃业发展既面临挑战，又充满机遇。

小樱桃，大品牌

发展山海关樱桃产业，必先审时度势，放眼全国，从樱桃产业整体态势发现发展机遇，从市场现状洞察消费需求，为找准战略定位和发展方向提供前提条件。品牌化是大樱桃发展的重要路径，利用山海关地域文化，打造樱桃文化；争创樱桃强势品牌，以品牌提升产品溢价能力。为此，立足山海关，挖掘山海关价值基础，寻找价值支撑点是樱桃产业发展的重要环节。

一是挖掘独具特色的地域文化。山海关区地域文化丰富、文化产业繁荣，可为樱桃业创牌提供文化支持。二是挖掘悠久的种植历史。山海关种植樱桃由来已久，是樱桃的老产区。三是挖掘优异的资源禀赋。山海关区地处渤海湾畔，北部地区以丘陵为主，气候、土壤等条件十分适合樱桃生长。同时，山海关紧邻京、津两个特大城市，具有广阔的市场发展前景。

基于以上价值挖掘，山海关大樱桃区域公用品牌的创塑，关键在于确定品牌定位，结合主推产品的品种优势和品质特点，创意吸引消费的品牌名称，缔造山海关大樱桃价值，并辅以人格化的品牌IP和独创性的符号设计，确保品牌有系统完整的视觉形象体系。

品牌定位

以山海关发展特色品牌农业的初衷和消费市场对新品种优质樱桃的需求为基础，山海关樱桃业须以优质樱桃为发展方向，减少低端低效供给。因此，品牌定位为中国优质樱桃。

品牌名称：山海关大樱桃

以“山海关大樱桃”为山海关樱桃区域公用品牌命名，既体现地域烙印，继承地域资产，又突显产品价值。而且也能直接体现产品价值，即“大”，个头大，味道好。因此，以“山海关大樱桃”命名，可以吸引消费者兴趣，叫响品牌。

品牌LOGO

在符号方面选取了以“大樱桃”和“海浪”为文化原型进行创意设计，突显地域特色。

采用中国文化国粹——书法和水墨的形式结合呈现，符合山海关“中国书法之乡”的形象，同时又能展现文化底蕴。

在色彩方面使用果红色，充分表达了樱桃的产品形态属性，也高度契合了品牌的调性。同时，以印章作为创意符号的辅助元素。

秦皇山海
醉美樱桃
秦皇岛市海港区大樱桃区域公用品牌
山美 水美 樱桃美！

IP形象：关小桃

IP形象取自樱桃，为他戴上帽子、穿上背带裤、加上表情和动作，使其更贴近现实中可爱的孩子，红润的脸蛋、微笑的表情和掐腰的姿势彰显山海关大樱桃“果珍味道好”的自信，整体形象与价值支撑互相呼应。

品牌口号：山海关大樱桃，果珍味道好！

明确表达了海港区的地理位置，即北依燕山，南临渤海；明确表达了樱桃生长的环境为山水之间，表达出了大樱桃生长得天独厚的自然条件造就了美味的大樱桃；此传播口号朗朗上口，易于记忆和传播。

阶段化打造，构建品牌战略体系

基于品牌创建思路，山海关樱桃区域公用品牌发展的战略路径，可以概括为：启动山海关大樱桃区域公用品牌建设，以创塑品牌为前提，同步推进产业培育、品牌管理、产业融合、渠道构建、宣传推广等各项工作，六位一体全面发展，分阶段实施品牌战略，夯实山海关樱桃产业发展基石，构建山海关樱桃产业核心竞争力。

产业培育，品质提升。推进矮化管理技术、生物物理防治技术等项目建设，培育组织，推广标准，搭建溯源，强化配套、技术、人才支撑，引导产业健康发展。

产业融合，效益提高。推进樱桃乐园、樱桃村、樱桃文化馆建设，开发休闲食品、文创产品，拓展收益来源。

渠道拓展，持续宣传。利用电商提知名度，促进商超对接，筹划樱桃果汁店、果酱店、酵素店；持续宣传品牌，扩大品牌影响力，助力企业闯市。

加强监管，维护品牌。加强溯源监管与品牌使用监管，严控质量，严防假冒伪劣，加大品牌保护力度，维护品牌形象；效益突显，品牌经济：效益引领产业规模化发展，筹建产地市场，樱桃果汁店、果酱店、酵素店加盟店遍地开花，一二三产业进一步融合，品牌传播持续推进，山海关樱桃成为秦皇岛乃至河北新的名片，实现小樱桃大经济的战略目标。

总之，以品牌建设为契机，做大山海关樱桃产业经济，打造樱桃业兴旺助推乡村振兴的“山海关样板”。以樱桃为媒，树立弘扬地域文化、推广地域形象的“河北典范”。

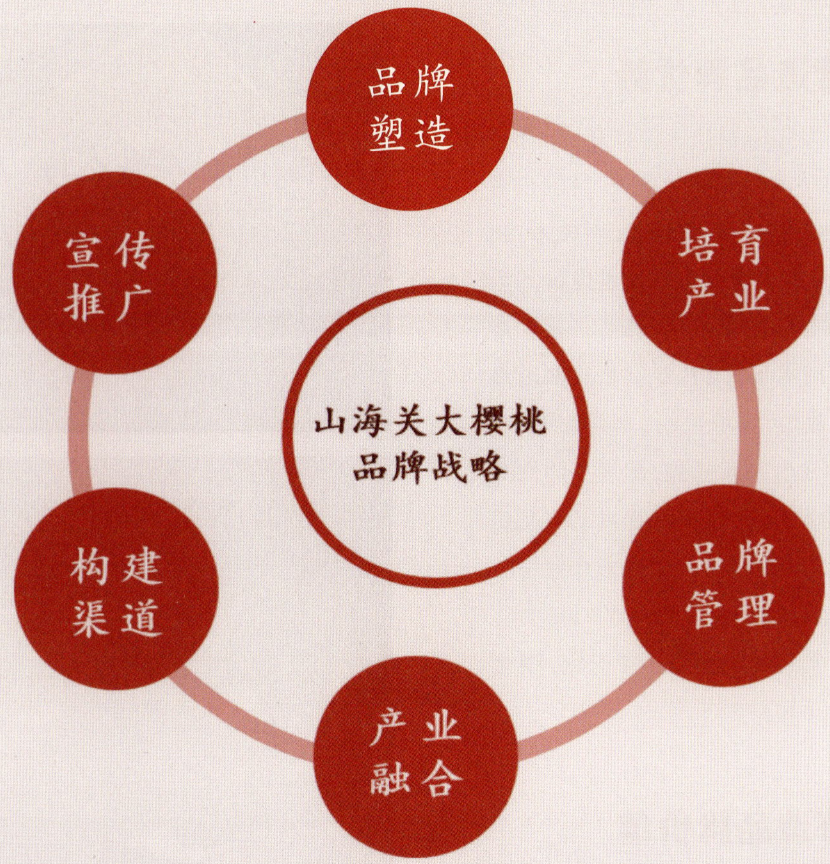

立体化打造，助推品牌飘香

聚焦政策，促进产业发展

山海关区高度重视大樱桃产业发展，产业落地伊始便出台利好政策推广大樱桃，连续多年给予农户樱桃苗木、资金扶持，极大地调动了广大果农种植大樱桃的积极性。同时，不断加强基础设施建设，启动了西线引水、村村通、水通路等工程，新建大樱桃绿道，服务乡村旅游发展。

品质为本，铺筑品牌基石

据中国农业科学院果树研究所检测，山海关大樱桃各项成分含量居于国内领先水平。依托先天优势，2008年，山海关大樱桃生产标准化示范区通过了省级示范区验收。2010年，顺利通过了“国家级标准化生产示范区”验收和全国绿色食品原料（大樱桃）标准化生产基地验收。2014年，山海关大樱桃被授予“河北省优质产品”荣誉。2017年，山海关区被中国园艺学会樱桃分会授予“中国大樱桃优质产区”。截至2022年底，全区3家大樱桃合作社（企业）通过绿色食品认证。

科技支撑，营造品牌优势

初步建立了多元化的科技支撑体系。一是开展大樱桃产业关键技术问题联合攻关。与院校机构合作，推广大樱桃栽培管理新理念、新技术，制定了《绿色食品山海关大樱桃生产技术规程》，为山海关大樱桃标准化生产奠定了基础。二是广邀专家授课，提升管理水平。知名专家多次来山海关授课，传授果树栽培、蜜蜂授粉、水肥管理、病虫害防治等先进理念与技术措施，促进了山海关大樱桃种植管理技术升级，极大地提高了果品质量。三是示范推广农业农村部大樱桃蜜蜂授粉与病虫害绿色防控集成技术，辐射面积近30000亩，带动农户万余人，实现亩均增产200千克，增幅12%，增收超过3000元。

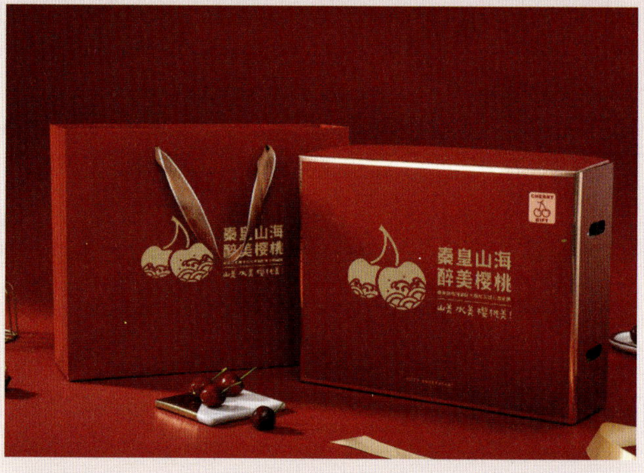

文化助力，打造品牌价值

一是举办特色节庆，带动休闲农业发展。连续举办十八届山海关大樱桃节，组织大樱桃高端发展论坛，初步形成了多元农业价值开发体系，举办特色节庆推介活动，扩大山海关大樱桃知名度，打造农业休闲游和"采摘+古城+文化"旅游名片。二是持续做好产销衔接，扩大品牌知名度。组织大樱桃生产、加工企业、合作社等参加各类农业展会，提升山海关农业品牌知名度，宣传山海关形象。

渠道拓展，成就品牌价值

在不断完善优化原有销售渠道的基础上，山海关区积极探索"互联网+农业"模式，与京电商平台及快递公司合作，实现村级电子商务全覆盖，构建起大樱桃产销链条和电子商务产销平台。通过线上线下循环带动，山海关大樱桃叫好又叫座，目前已远销国内20余个省份。

品牌带动产业发展成效

目前，大樱桃种植遍及全区53个行政村，总面积达3万亩，其中防雨棚、冷暖棚等设施栽培面积达到1000亩，主栽品种有红灯、美早、砂蜜豆等，年产量超过2万吨，产值4亿元。全区有大樱桃深加工企业2家，大樱桃专业合作社34家（其中国家级示范社1家），产业协会1家，产业研究院1所，一批技术水平高、管理理念先、辐射带动能力强的新型农业经营主体不断涌现、不断完善。

同时，观光采摘、休闲度假、餐饮娱乐、产品加工、体育赛事等新型农业业态不断涌现，一二三产业融合发展初现成果。如今，山海关大樱桃，已经成为一枚有文化的樱桃，是当地一块响当当的文化品牌，一颗小樱桃变成了强区富民的大产业。

未来，山海关将继续以品牌化为引领，构建樱桃业产业体系，推动樱桃业高质量发展，并大力开发樱桃业多功能和新业态，延长产业链、提升价值链、完善利益链，拓宽农民增收渠道，成为农村经济发展新动能，真正实现“樱桃业兴旺助推兴村强县”。

泊头桑椹

Bo Tou Sang Shen

千年古桑 泊头椹好

芒种时节，老盐河畔，桑椹满枝。

暮春初夏的季节总是很美。此时也正逢泊头千年古桑园内桑椹成熟，暖风微拂，桑叶翠绿欲滴，随风轻摇，桑叶下是那一颗颗三五成聚的桑椹，在风中微微颤动，很是诱人。从小生长在农村的人，都会记得桑椹的甜美，记得那年晚春早夏时节，上树采桑椹吃的经历。

这种记忆夹杂着情怀，即使是历经千年，古人与今人依然有着相同的感受，从白居易“兔隐豆苗肥，鸟鸣桑椹熟。”到欧阳修的“黄栗留鸣桑葚美，紫樱桃熟麦风凉。”再到杨万里的“桑椹垂红似荔支，荻芽如臂与人齐。”桑椹的甜美与故乡的初夏永远相连，像泊头这千年古桑园的桑树，默默传续千年。

古老桑椹见证沧桑

泊头市古属兖州，文化底蕴深厚、源远流长，自古就是大运河畔一颗璀璨的明珠。这一带桑树种植的历史悠久，可追溯至西汉初年。据《尚书·禹贡》言：兖州，桑土既蚕。《史记》则将“桑土既蚕”正义训为宜桑之土。宋代王炎云：今德渤海间皆产丝最多。秦观《蚕书》曰：桑土既蚕，独言于兖，然则九州蚕事兖为最乎。此外，《河间府志》《交河县志》均有记载明代时任交河县知县林俊倡植桑枣一事。目前，全市桑树树龄在100年以上的有1万余株。“泊头古桑林”入选第七批中国重要农业文化遗产名单。

优越条件造就“黑色珍珠”

泊头桑椹悠久的种植历史与当地自然环境密不可分。

首先是土壤适宜。泊头地处河北平原腹心地带，土壤多为古河流冲积形成的砂壤土，层理清晰，土层深厚，有机质、矿物质营养丰富。可有效刺激桑椹根系向四周延伸，使根系发达，根深叶茂，适宜泊头桑椹种植。

其次是水量充沛。泊头年均降水量543毫米，降水多集中在7月、8月，境内有清凉江、老盐河等10余条大小河流，水源丰富，水质优良，能够满足桑椹灌溉用水的需要。

最后是气温适宜，光照充足。泊头属暖温带湿润大陆性季风气候，年平均气温12.7℃，无霜期187天，年平均日照时数2783.6小时。充足的日照为桑树生长、果实发育、内部有机质的转化、提高果实糖分和各种有机酸的含量提供了重要条件，为生产高质量的泊头桑椹提供了优良的气候条件。

一切的正好催生了泊头桑椹品质的真好。泊头产出的桑椹品种以传统品种“黑珍珠”为主，兼有大白、红枣椹子、江米椹子等品种。“黑珍珠”色泽黑紫，外形似肾，饱满光亮，果肉肥厚，含糖量高，汁溢鲜嫩，味甘如蜜，回味醇香。

多种措施打造“金字招牌”

为了让更多人认识到泊头桑椹的独特地域、独特品质和独特历史文化，泊头立足桑椹产业优势，实施品牌战略，大力推进地理标志、区域公用品牌、农业企业品牌和农产品品牌“四位一体”的品牌战略。经过品牌创塑，为“泊头桑椹”提炼出了“千年古桑·泊头椹好”的超级口号，“千年文脉、千年轴线、千年桑林”的品牌价值支撑，并于2021年6月6日在营子镇弘德文化园召开“泊头桑椹”区域公用品牌发布会，“泊头桑椹”在品牌强农工作上进入了新阶段。

品牌口号：千年古桑，泊头椹好

释义说明：品牌的最终目的是实现与消费者的有效价值沟通，品牌口号是最能传达品牌价值的话语。千年古桑，表达了泊头桑椹厚重的历史感，给消费者正宗品质的联想；椹好同“甚好”，一语双关，寓意泊头桑椹的优良品质。千年古桑·泊头椹好，既体现了地域烙印，又突显了产品价值，同时又便于品牌传播，朗朗上口好记忆。

品牌LOGO

泊头桑椹

千 年 古 桑 · 泊 头 椹 好

设计说明：以“泊”字为原型展开设计，体现地域专属性，融入桑椹、凤凰等元素，突显泊头桑椹的品质感。通过颜色的变化，展现泊头桑椹的生长过程；凤凰衔椹，寓意着泊头桑椹为人民送去幸福和健康。

◉ 品牌价值支撑

毛苌大儒 桑林讲学
传道弘德 赓续文脉

千年中轴 初心不忘
凤凰飞舞 幸福安康

黄河故道 民间圣果
一带一路 人类共享

◉ 品牌运营

加强品牌推广宣传力度，提高泊头桑椹知名度。通过CCTV多次开展宣传活动，发放有泊头桑椹Logo图案的宣传品，宣传泊头桑椹的良好形象，参加第四届京津冀中药材产业发展大会，荣获大会最高奖项“河北省道地药材精品奖”；参加世界园艺博览会、郑州举办的华糖万商领袖大会等，获得“中国果品行业年度推荐果礼”称号；参加2021第五届丝绸之路国际博览会、第四届中国茶博会等展会；参加《乡村振兴　品牌强农》中国农业品牌甄选会，推介泊头桑椹产品，泊头优质的“黑珍珠”桑果已成为国内桑椹产品厂家的首选原料。

建设泊头桑椹核心种植区宣传阵地。开展建设了河北泊头桑文化展馆，桑椹基地各处可见的宣传公益广告牌、游园指示牌附有桑椹文化，观光台及附近草坪等辅助设施整齐完备。

与河北省农林科学院开展合作开展了示范基地项目，打造500亩科技示范区。与河北农业大学开展果桑品种研究及病虫害防治的科学研究，采集各种样本，进行科学实验，分析应对措施，减少危害，增加产量。邀请专家培训，科技兴农，助桑椹农家致富。与科研单位签署科技合作协议，承担地方标准《泊头桑椹栽培技术规程》的编写工作，承接科技成果转化、技术转移活动，开展了“树体结构改造技术示范”“密植园间伐技术示范”“白果病综合防治技术示范”等科技应用示范区打造。多次进行科技培训，现场授课，指导种植技术、加工技术，提升了农户管理水平，获得较高的收益。

成立桑椹生产领导小组和技术指导小组负责桑椹的生产管理工作，根据各自职能，分工协作，帮包到村、到户，实行全程目标责任制，确保农产品基地建设各项措施的落实。

创新桑椹销售模式，稳步推进社会化与电商等新形态的产品销售工作。

小桑椹成就致富产业

桑树全身都是宝。桑叶、桑果、桑根、桑枝皆可入药，泊头对桑椹产品的加工由来已久，形成特色体系。泊头致力于打造“绿色健康”产业，积极推进桑椹“一二三产业”融合发展。现在全市桑椹种植面积已达5万亩，年产鲜果6万吨，产值6亿元左右。

在一产方面，当地与河北省农林科学院、河北省蚕桑研究所签订科技合作协议，为桑椹种植提供技术支持，保障桑椹品质；二产方面积极在桑椹深加工上做文章，涌现出宇清生物科技公司、冠农家庭农场等14家加工企业，桑椹干、桑椹酒、桑椹挂面、桑椹馒头、桑叶茶等特色产品，深受游客的喜爱；三产方面围绕“大健康”产业，以弘德文化园为龙头，串联鲁道村古桑文化园、苟鲁道水木宇清七星园、福星生态观光园等特色点位，形成了以老盐河为主线、绵延12千米的生态旅游经济带。目前“吃、住、行、游、购、娱”要素基本齐备，成为京津冀鲁乡村旅游的一张新名片。

千年古桑，泊头椹好。泊头桑椹绵延千年，小小的桑椹通过一代代泊头农人的辛勤培育发展成为带动乡村振兴的大产业。

满城草莓

Man Cheng Cao Mei

七十年攒出馥郁草莓香

幽幽雅雅若卿卿，碧玉嫣红百媚生。保定市满城区的种植大棚内，一垄垄、一簇簇草莓青翠欲滴、郁郁葱葱、长势喜人。已结出的草莓，身披金色阳光，愈加鲜亮，令人垂涎欲滴。抬眼望去，如一幅红绿相间、相得益彰的如诗画卷。

地方名片，舌尖美味

满城草莓种植历史悠久，自20世纪50年代开始种植，70年代末期快速发展，到80年代初达到了2000余亩，占当时全国草莓栽植面积的20%左右。1985年，满城县成立了全国第一家县级草莓研究所，此后满城成为全国草莓产业发展的排头兵。1986年，满城县被确定为“全国优质草莓生产基地县”。到90年代初满城草莓又掀起了一次地膜覆盖、设施栽培的变革浪潮，并逐步形成了享誉全国的满城草莓品牌。

2013年，满城草莓入选“河北骄傲——代表河北的100张名片”，成为河北十大农业特产之一；2015年被中国园艺学会草莓分会授予“中国草莓之乡”称号；2016年通过了农业部农产品地理标志认证；2017年荣获“全省十佳农产品区域公用品牌”；2018年，河北省满城草莓特色农产品优势区被认定为河北省第一批特色农产品优势区。

如今满城草莓种植面积达3.27万亩，年产量7.78万吨，年产值10.76亿元，主要栽培形式有日光温室、地膜覆盖和小拱棚。日光温室草莓主要以鲜销为主，并且随着网络销售的兴起，销售地区也扩大到全国各地。满城地膜覆盖草莓以加工为主，用于生产草莓速冻颗粒、果酱、罐头等系列产品，主要销往全国各地食品加工企业和出口欧美国家。

地方名片，舌尖美味

满城始终把科技进步作为草莓产业发展的基础工作，着力新品种、新技术引进与推广。

为了加快科技成果转换，满城与河北农业大学签订《农业科技创新战略合作》协议，与河北农业大学建立产学研三结合基地，长期聘请河北农业大学专家教授为满城草莓特色主导产业发展项目技术顾问，指导园区草莓新品种、新技术的引进，指导田间生产。满城还进一步充实扩大了满城草莓研究所，专门从事草莓新品种、种植新技术的试验示范，大力开展农民技术培训，培养职业农民。近年来，实施草莓科研项目30多项，其中有4项获省部级以上奖项，12项获市级奖项。

满城积极引进、推广草莓新品种、新技术，引进了一批批适应时代发展的新品种，从90年代单一明星品种到现在的红颜、章姬、圣诞红等30多个新品种，全区良种覆盖率达到95%以上。

在新技术方面，满城引进了立体栽培、无土栽培，砖墙加保温材料、全钢架结构的日光温室建设（新技术使土地利用率提高10%），推广了水肥一体化、温室智能温控、针对低温寡照的补光灯等一项项科技成果。采收期从原来的20天延长到9个月，基本实现了周年生产、四季供应。

文化舞台，“莓”名远扬

满城先后举办过五届“中国草莓之乡·满城文化节”活动，参加了2012年第七届世界草莓文化节（北京）及中国草莓文化节等国内外展会，在世界草莓文化节上获得过银奖和铜奖，在中国草莓文化节上多次获金奖。文化节让“满城草莓”的知名度得以广泛传播，中国地理标志认证、中国草莓之乡、区域公用品牌得以并行推广。2017年第十三届中国（安徽长丰）草莓文化旅游节中，满城选送的草莓品种白雪公主、红颜获得金奖，京桃香获得银奖；2019年第17届中国(建德)草莓文化旅游节中，满城选送的红颜草莓获得金奖。2023年1月7日，六方家庭农场参加省举办的草莓精品比赛，一举夺得“2023年度草莓大王”的称号；2023年1月13日，参加保定市2023年草莓鉴评宣传推介活动，六方家庭农场再度夺魁，摘得“草莓大王”桂冠。同时，满城草莓还获得2个金奖、3个银奖。

此外，满城还非常注重培育企业品牌，有“沃土”“力实力”“明花”“冀满鲜”等品牌，其中“明花”牌罐头、“孙村沃土”牌草莓成为河北省名牌产品。如今“满城草莓”的知名度和影响力日渐提升，在市场上赢得了越来越多的“粉丝”。

如今的满城草莓产业，坚持推进标准化生产，建立质量安全可追溯体系，积极争创绿色、有机农产品认证。目前沃土园区、力实园区和金翠园区的草莓已通过了中国绿色食品发展中心的绿色食品认证。满城沃土、金满田园区被评为河北省四星级休闲采摘园，入选河北省发布的休闲农业旅游线路，是京津冀市民近距离感受现代农业观光休闲体验的首选地。

一点点、一簇簇诱人的红，是草莓专属的颜色。一口，调性馥郁甜美，满满少女心；再一口，细腻又润滑，妥妥多层味蕾享受。相信在不远的未来，缀满枝头的草莓将吸引更多喜爱它的人来到休闲采摘园亲近大自然，去品尝大自然馈赠的美味，体味香甜红火的生活。

成安草莓

Cheng An Cao Mei

香甜欲滴

在邯郸东南部有一座承载着厚重历史的小城，成安。她拥有千年底蕴，始建于春秋，得名于北齐，悠悠文明史，名人辈出，写下无数华彩篇章。她是一座吉祥之城，在千年历史长河中始终承载的『成就成功，安康平安』之意流传至今。她是一个草莓之城，得益于天时地利人和，成安成为全国20个草莓主产地之一，被誉为『河北草莓之乡』。

“莓”好产业

成安县属于暖温带半干旱半湿润大陆性季风气候，区域位置独特，交通极为便利。县境内无山川，地势平坦，属广袤无垠的华北大平原的一部分。年平均气温14.2℃，无霜期平均201天左右，年降水量533毫米。优越的自然条件，让这里的农业发展充满活力，成安县是全国棉花生产百强县、优质棉基地县，国家粮食主产区，素有“冀南棉海”之美誉。

走进成安的草莓温室大棚，温热的气息扑面而来，掺杂着草莓和泥土的芳香。放眼望去，正蓬勃生发的草莓，或红彤彤，或粉嫩嫩，香甜欲滴，分外诱人。成安县草莓种植历史悠久，至今已有40年的历史。从1983年开始引进草莓，发展至今，草莓产业成为县里的主导产业之一，也是全国草莓种植与产业的发展先锋。一直以来，成安在扩大种植规模的同时，积极培育发展草莓种苗繁育及产品深加工，重点培育了草莓生产加工企业20余家，省级龙头企业1家、市级龙头企业7家。培育了多个商标品牌，其中“兆辉”“琅玉”为河北省著名商标，产品销往北京、上海、天津等各大城市的高端市场。

成安草莓因其独特的气候环境和地理位置，使其在外感特征和内在品质上均有别于其他产地的草莓。成安草莓果实较大，长圆锥形，鲜红色且有光泽，果形整齐美观；果肉淡红色，髓心小，肉质细，风味甜酸浓，硬度特大，果皮韧性强；主要有全明星、甜查理、章姬、红颜等20余个品种。2019年成安草莓通过国家地理标志农产品保护登记。

“莓”好品牌

随着新时代消费水平的不断提升，国内草莓市场不断拓宽，尤其是年轻消费群体对于草莓的需求量逐渐增加。面对市场火热，竞争也日益激烈。实施品牌战略成为夯实成安县草莓产业发展的基石，成为构建成安草莓产业的核心竞争力。

成安草莓区域公用品牌的创塑，关键在于确定品牌定位，结合主推产品的品种优势和品质特点，创意吸引消费者的品牌名称，缔造成安草莓价值，并辅以人格化的品牌IP和独创性的符号设计，确保品牌有系统完整的视觉形象体系。

品牌定位 “粒粒甜滋味，颗颗玛瑙红”

成安草莓
CHENG’AN
STRAWBERRY

创意阐述

由内而外地突显了成安草莓的品质感，将草莓优势产区的成安县所培育的草莓品质点明，以两个重点突出产品品质，口感上的甜滋味与外观上的玛瑙红，描绘出一幅现实的草莓景象，拉近消费者与产品的距离。将成安草莓的品质与品牌结合，无论是消费者自己购买，还是以礼相赠，都可以吸引一大波注重品质及品牌背书的消费者。

成安草莓

BRIGHT RED COLOR,
RICH FLAVOR,
SOFT TASTE, SWEET AND
SOUR DELICIOUS

◉ 四大价值支撑

优势种植环境

地势平坦，广袤无垠的华北平原；
土壤肥沃疏松，灌排方便；
暖温带半干旱半湿润大陆性季风气候十分适宜。

技术实力支撑

长期以北京市农林科学院林果研究所为科技依托；
聘请中国草莓首席专家张运涛教授为技术顾问；
注重总结与推广传统农业中适于草莓的经验和做法；
积极引进和推广先进品种、技术和生产模式；
大力推广先进的草莓新技术。

政策坚实后盾

1995年县政府把草莓产业列为全县主导产业之一；
1996年10月成立了“成安县草莓专业服务协会”；
1998年建立了草莓苗木组培中心；
1999年邯郸市将成安县草莓产业列入全市重点发展的十大主导产业之一。

产业全面发展

文化悠久，历史传承，文化资源丰富；
发展生态游、采摘游、文化游、草莓节等特色旅游；
打造集采摘、观光、休闲、文化于一体的采摘园区；
发展深加工企业，做产业延伸。

未来，成安以品牌建设为契机，做大成安草莓产业经济，打造草莓业兴旺助推乡村振兴的“成安样板”。以草莓为媒，树立弘扬地域文化，打造远近闻名的草莓产区概念，缔造以成安草莓为核心的“河北品牌标杆”。最终通过成安县的草莓产业与文化产业的融合，打造属于成安的独特城市名片，借助京津冀辐射力量，借助品牌力量打造产业助兴乡村振兴、文化传递、富民强县的河北标杆。

清苑西瓜

Qing Yuan Xi Gua

一张特色名片

俗话说，『先有清苑县，后有保定府』。保定清苑是宋太祖赵匡胤故里，这里地处河北省中部，西倚太行山，东临白洋淀，三面环绕古城保定，自古就是『北临三关，南通九省』的畿辅首县。

一个有故事的西瓜

历史悠久的清苑，种植西瓜的历史同样悠久，是全国闻名的西瓜种植基地，"清苑西瓜"品牌即源于宋太祖赵匡胤和清苑西瓜的一段佳话。

据《读史方舆纪要》载，五代时清苑区白团镇东壁阳城是屯军之地，附近方圆数百里都有农民种西瓜，赵匡胤带兵打仗路过瓜园，口渴难耐之下让将士们吃了瓜园的西瓜，摸口袋才发现没带一文钱，看瓜老农看他气度不凡，爱兵如子，心生敬意，便约定西瓜钱来日再取。赵匡胤登基后回归故里，让当地官员陪同找到瓜田主人，还钱并报答解渴之恩。老农留太祖众人吃瓜就麦饭，清甜的西瓜和清香的麦饭得到太祖赞誉，太祖与民同乐诚实守信也受到百姓爱戴。瓜甜人诚信，"清苑西瓜"的品牌故事自此展开。

一片滋养故事的热土

自然禀赋

清苑全区耕地面积79.8万亩，属暖温带大陆性季风气候区。春季易旱，夏季多雨，年平均气温13℃，年平均降水505.8毫米，全年降水的71%集中在6月、7月、8月3个月。该区位于唐河流域，土壤多为砂土、砂壤或轻壤，为瓜果的优质高产提供了优良环境，且沙地土壤昼夜温差大，有利于糖分累积，所产的陆地或大棚西瓜糖分含量高。得天独厚的自然优势，适宜的生态环境成就了清苑西瓜的独特品质。

历史传承

清苑有着400多年的西瓜种植历史，是河北省农业农村厅命名的"河北省西瓜之乡"。产区所产西瓜个大、皮薄、口感好，品质优良。20世纪90年代，清苑区又从山东引进最新嫁接技术，试种早春大棚西瓜。随着西瓜产业的发展，属于清苑区独具特色的农业生产基地也逐渐稳定，实现了农业结构的优化升级。此外，清苑源远流长的历史文化和丰富多彩的文化产业，也助推了区域农业与文化产业的深度融合，助力清苑区西瓜产业升级，打通现代型农业发展新通路，推进清苑区经济蓬勃发展。

独特品质

"清苑西瓜" 最典型的特殊品质有3点：一是瓜皮呈淡黄色，瓜纹如虎纹，栩栩如生，能让人产生幼虎跃跃欲试之感；二是瓜瓤粉红偏橙色，瓤肉无白色肉带，沙粉感特强，含糖量在13°Bx左右，由于可溶性固形物含量梯度小，糖分分布均匀，除给人特别甜的口感外，还不会产生瓜瓤不同部位清甜感差异很大的感觉；三为瓜汁带有类似菠萝清香般的顺式芳樟醇氧化物香味。

绿色产业

清苑西瓜生产全部采用南瓜作砧木嫁接，引进礼品西瓜等6个新品种；推广采用蜜蜂授粉等新技术4项。现代育苗中心、新技术研发中心、新品种展示中心纷纷在清苑落地。在南王庄现代农业园区示范效应的带动下，全区目前已形成以南王庄村为中心，辐射带动周边张登、温仁、李庄、大庄、冉庄等7个乡镇、76个村庄的西瓜特色产业种植区。全区西瓜种植面积达15万亩，其中大棚西瓜5万多亩、总产量60万吨，位居全市第一，年产值达16亿元，占全区农业总产值的27.4%。

故事的当代演绎

西瓜是河北省的主要经济作物之一，已形成了具有一定辐射带动作用的产业化基地。如清苑区南王庄村、新乐市邯部镇、阜城区漫河乡等都是闻名全省的大棚西瓜之乡，滦南县青佗营镇小拱棚西瓜则是唐山地区主要的早熟西瓜生产基地。清苑区西瓜产业的发展方向在于，以品牌战略为引领，构建现代西瓜产业体系。

品牌定位

清苑西瓜区域公用品牌的创塑，关键在于确定品牌定位，结合主推产品的品种优势和品质特点，创意吸引消费者的品牌名称，缔造清苑西瓜价值，并辅以人格化的品牌IP和独创性的符号设计，确保品牌有系统完整的视觉形象体系。

“清苑西瓜，味道甜爽，一口清凉”的核心定位点有两点。其一打造消费体验场景。基于清苑区西瓜特色优势，基于消费者对西瓜最直接的需求，从根本上击穿消费者的心理防线，打造一个体验感极强的消费场景，味道甜爽的清苑西瓜让人一口清凉，这是夏日最畅爽的一大乐事。其二打造品牌价值形象。在众多西瓜产区与西瓜品牌的竞争中，独树一帜地将西瓜的产品体验与产品优势进行突出表达，将“清苑西瓜”与“味道甜爽，一口清凉”画等号，形成了价值互通，给人清爽舒适的记忆。

品牌标志

结合清苑地理位置与文化底蕴将标志整体风格定位为版画，造型为健硕的农民推着瓜车的形象。农民形象由清苑冉庄地道战中军民的形象延伸而来，展现了清苑人民在斗争实践中，发挥聪明才智，军民携手共同击退敌人，体现了清苑人民的勤劳智慧。

瓜车堆满西瓜，展现了清苑西瓜果品优质产量高，自然生长，绿色天然的产品特征。

丰收字样的印章具有中国古典韵味，有着西瓜丰收好、产量高的美好愿景。“清苑西瓜”4个字的版刻字体，也体现了对经典的传承，独具匠心。

清苑西瓜

品牌价值及符号

16°Bx+含糖量突出产品优势。清苑西瓜的含糖量高达16%，比普通西瓜12%的最高含糖量还要高出4%，甜味悠长，令人喜爱。

健康水、沙地瓜突出产区优势。光照充足、砂质土壤、干净水质适宜西瓜生长；栽培西瓜历史悠久，是河北西瓜之乡、西瓜生产基地。

京津冀，核心区突出交通优势。北临三关南通九省；多条省级公路贯穿，3个高速口1个高铁站；地处京津石三角腹地，京津冀协同发展核心区域。

新技术、新生态突出技术优势。省部级无公害环评认证；中国西瓜无公害科技创新示范区；现代农业示范园，采用新技术科学种植管理。

产品优势　产区优势　交通优势　技术优势

品牌形象

城市人物造型

赵匡胤造型

地道战人物造型

七品芝麻官造型

瓜农造型

◉ 品牌宣传推广

依托优势，深耕品牌

多渠道宣传，提升品牌影响力

提升清苑西瓜的影响力和附加值、拓宽清苑西瓜的销售矩阵、提升清苑西瓜的知名度，带动清苑人民走向富裕是清苑西瓜走品牌化发展之路的终极目的。

首先，开展地理标志认证。2018年，清苑区荣获河北省首批特色农产品优势区，成功注册“清苑西瓜” 区域公用品牌，并成功注册“清苑西瓜”地理标志商标。地理标志的声誉有效制止了搭便车行为，进行区域化保护，有效避免了其他以次充好的种植者搭上顺风车。

其次，举办大型节庆、比赛活动推介品牌。自2018 年开始，清苑区每年都举办盛大的西(甜)瓜节，全区瓜农都带着自家产的西（甜）瓜来现场打擂，评比年度“最甜西瓜”“最美瓜王”等称号。此外，清苑区连续多年参加京津冀蔬菜对接大会和北京大兴西瓜擂台赛等系列活动，不断加强品牌宣传推介，扩大清苑西瓜品牌影响力。

最后，龙头化、品牌化的落地效应。截至目前，清苑区共有专业西瓜合作社50多家，家庭农场11家，三大系列西瓜包含20多个品种和20个品牌。2014年，南王庄注册的“亿润”成为河北名牌，南王庄西瓜远销全国各地。

注重科技引领，提升产品品质

大力推动"太行山农业创新驿站""河北省农业创新驿站""国家西甜瓜产业技术体系石家庄试验站清苑示范县"建设，长期聘请河北农业大学专家团队，积极引进国内西瓜新品种、新技术、新成果、新装备，着力推动绿色栽培、大棚西瓜蜜蜂授粉、测土配方施肥、水肥一体化、大棚五膜覆盖等领域最新科技成果在清苑率先落地转化，不断强化科学技术支撑。同时，大力开展标准化生产，制定河北省设施西瓜生产地方标准、小果型西瓜绿色栽培企业标准，南王庄李素环瓜果蔬菜专业合作社等2家清苑西瓜授权单位进行了绿色认证，1家进行了有机认证，引进超越梦想、甜王、金嘉301等高科技新品种10多个。推动标准化生产、产业化经营，努力实现产供销全程追溯，不断提升清苑西瓜品质，全力打造全省现代西瓜产业创新示范区。

突出地域特色，壮大产业规模

为引导西瓜产业科学有序发展，区政府制定出台了《保定市清苑区西瓜特色产业发展规划》，着力推动西瓜生产产业化、规模化、区域化、专业化，为现代农业发展提供了先进样本。按照"因地制宜、合理布局、规模经营、形成优势"的原则，充分发挥南王庄现代农业园区典型示范效应，坚持以点带面，重点打造以唐河古道两侧砂土土质西瓜种植廊道。

培育名牌产品，实现品牌创新

坚持走品牌化发展道路，实施区域品牌战略，培育名牌产品，发展品牌经济。2021年，"清苑西瓜"被评为河北省区域公用品牌，在"清苑西瓜"区域公用品牌的带动下，注册了大批企业品牌，实施母子品牌战略，带动了整个西瓜产业链的发展，形成了一套完善的产业集群。企业利用区域品牌价值，在西瓜市场上直接交易，获得纵向一体化利润，以"区域品牌+企业品牌"振兴产业。

创新发展模式，助力产业振兴

大力推行"龙头企业+合作社+农户"模式，以南王庄李素环瓜果蔬菜专业合作社、雨虹七彩农场等为依托，建立健全新型农业社会化服务体系，通过线上平台，及时指导瓜农生产过程中的各类问题，为农民提供全方位的生产经营服务。同时，发挥能人带动作用，大力开拓外域市场，在全国人大代表李素环积极努力下，与顺丰快递、鹏程万达公司等多家物流企业开展合作，全面开展京津冀农超对接，与京津惠友和京客隆、保定大润发等多家超市建立了稳定的合作关系。初步统计，清苑区西瓜每亩可实现收益1万~1.5万元、精品西瓜可达2万元，净利润达5000元以上。

清苑西瓜红火了人们的生活。为了种出好吃的西瓜，清苑瓜农将继续不断求索，齐心协力打造清苑西瓜区域公用品牌，让更多人了解清苑、认识清苑的优质产品，将好吃、好看、优质、安全的西瓜品种和系列产品推向全国，推向世界。

漫河西瓜

Man He Xi Gua

西瓜棚下话丰年

『碧蔓凌霜卧软沙，年来处处食西瓜。』夏天的幸福就是一块冰镇西瓜。西瓜堪称『盛夏之王』，清爽解渴，甘味多汁，是最能代表夏天的水果了。

阜城是一座极具魅力的千年古县，依偎在大运河畔，拥有浓厚的耕读文化底蕴，也有着诗韵田园之美，农业特色产业蓬勃发展，尤其是西瓜产业，已成为阜城农业的特色主导产业。

阜城西瓜种植历史悠久，据《阜城县志》记载：“西瓜，味甲于他县，石井所产尤佳于他乡。”石井就是指现在的阜城县漫河镇一带。在县乡领导大力支持下，广大农民群众积极响应，通过技术创新、模式创新，不断提高西瓜种植效益。在漫河的辐射带动下，周边乡镇和县市的西瓜种植面积也在不断发展扩大。2005年，漫河乡（现为漫河镇）建立了300亩育苗基地，2006年又建成了衡德瓜菜批发市场，还牵头成立了漫河瓜菜服务中心、漫河乡西瓜协会和衡德瓜菜批发市场管委会等组织，2007年建成了10千米的瓜菜环线。如今，阜城漫河西瓜早已凭借着产地环境好、产业体系健全、栽培水平高、产品质量好、品牌品质保证等特点远销大江南北，成为阜城县一张亮丽的农业名片。

300 亩

育苗基地

漫河西瓜生产区域多为砂壤质土，速效钾、有效铜、有效铁、有效锰等元素丰富，具有得天独厚的自然优势和区位优势。浅层及深层淡水丰富，生产区域内地处暖温带，为半干旱大陆性季风气候，四季分明，雨量少而集中，雨热同季。生产季节光照充足，热量充沛，雨量适中，有利于漫河西瓜生长。这里产出的西瓜果实为球形，单瓜重6~7千克，大者可达15千克以上。果实皮呈浅绿色，上有16~17条明显的深绿色条纹，果皮薄，一般果皮厚度在0.5~1.0厘米，果皮韧性较强，具有很好的抗裂性。瓤色鲜红，肉质脆沙无空洞、纤维少、不倒瓤，口感清脆爽口。阜城漫河西瓜以其优良的品质，连续十年被评为“河北省名优农产品”。2002年3月，河北省农业厅将阜城县命名为“河北西瓜之乡”。自此，漫河西瓜在国内的市场不断开拓，名声不断远扬，多次在河北省农产品博览会上获得“河北省优质农副产品”称号，2011年申报了地理标志保护产品。

漫河西瓜的品质底气除了源于先天优势，还来源于科技的赋能。从“产销”到“产学研销”，阜城大力推进“漫河”西瓜产业提档升级，与中国科学院、河北农业大学、河北省农林科学院等高校与科研院所建立了技术服务合作关系，定期聘请相关专家进行技术辅导；专门成立了由农业农村局技术人员组成的技术服务小组，在西瓜的产前、产中和产后全程跟踪与提供技术服务。通过不断的试验示范和推广新技术及时应用到生产实际中，为阜城县漫河西瓜产业的健康发展提供了强大的科技支撑。漫河西瓜生产过程中投入品使用严格按照绿色食品标准进行，灌溉用水基本都是深井水，完全符合绿色食品标准要求；使用肥料多数是以有机肥为主，经无害化处理后做基肥使用；追肥作为辅助性用肥严格控制使用数量和种类，避免盲目加大用肥量对产品造成的不良影响；在病虫害防治方面，由于西瓜采用嫁接育苗，有效减轻了土传病害的发生，在病虫害防治上主要采用高效低毒低残留的农药，采用科学合理的使用方法，严格控制使用剂量和次数，确保了产品符合质量安全标准。

此外，积极推广蜜蜂授粉、膜下滴灌、吊蔓生长等新技术，种植景黄宝、京珑2号、红香秀等特优西瓜品种，与北京新发地签订合作与购销协议，使“果蔬进京”。截至目前，阜城西瓜种植面积达10万亩，甜瓜达3.5万亩，产值达14亿元人民币，带动近5万人增收致富，西瓜、甜瓜产业成为阜城县农民增收致富的支柱产业之一。

逆水行舟用力撑，一篙松劲退千寻。如何做好西瓜产业的“后半篇文章”、讲好漫河西瓜故事迫在眉睫。2020年6月18日，阜城举办了“第十届阜城漫河西瓜节”，会上发布了阜城“漫河西瓜”区域公用品牌设计Logo，为“漫河西瓜”品牌发展增添助力。

创意说明

阜城漫河镇地理位置优越，光照充足，土地肥沃，栽培西瓜有着悠久的历史。阜城人民勤劳朴实，常驻田间地头，精心种植培育着阜城漫河西瓜。于是，结合阜城地理位置与文化底蕴将标志整体风格定位为农民伯伯手捧西瓜并开心地笑着，寓意西瓜丰产农民丰收的喜悦。阜城字样的印章具有中国古典韵味，体现西瓜种植历史悠久，为整个品牌标志增添了历史厚重感，有着西瓜丰收高产量的美好愿景。

同时，为讲好漫河西瓜故事，阜城通过挖掘好、讲述好、弘扬好漫河西瓜故事，对漫河西瓜的宣传报道深度和广度不断拓展，如在《河北经济日报》曾先后刊登了《漫河西瓜多层膜上市早销售俏》《阜城漫河西瓜标准化示范区获国家批准》等文章，对漫河西瓜采用先进技术提早上市，产品备受消费者青睐以及漫河西瓜通过标准化生产，使产品质量明显提档升级，顺利通过了国家验收等内容进行了宣传报道。《衡水日报》《衡水晚报》先后刊登了《漫河牌西瓜连续六年被评为河北省名优农产品》《以瓜为媒广交天下客商，打造品牌经济》《漫河西瓜甜出个大品牌》等内容，对漫河西瓜的品牌建设、标准化生产、漫河西瓜节、漫河西瓜带动阜城经济发展等有关内容进行了宣传报道，持续扩大漫河西瓜品牌的影响力。

一根西瓜藤结出乡村振兴的累累硕果，美了乡村更富了农民。未来，阜城依托区域瓜果的生产特色，努力将“藤蔓”伸得更远，使“养分”吸得更足，把品牌擦得更亮，再创甜蜜事业的新辉煌！

乐亭甜瓜

Lao Ting Tian Gua

飘香富农家

『得滦河之滋养，享渤海之富庶。』河北省唐山市乐亭县是中国共产党的主要创始人之一——李大钊的故乡。

这里自古物产丰饶、农耕发达，是传统农业大县，也是河北省第一沿海大县。这里有着“冀东粮仓”“燕东天府”的美誉，先后荣获中国鲜桃之乡、中国果菜十强县、全国渔业重点县、国家级农业综合标准化生产示范县等称号。具有乐亭甜瓜生长、发育得天独厚的生态环境。

深厚悠久的历史

甜瓜引入乐亭的时间为明万历年间，距今已有400多年的栽培历史，历史上把产自乐亭的甜瓜都称为“乐亭甜瓜”，在“99中国国际农业博览会”上“乐亭甜瓜”获得了名牌产品的称号，自此“乐亭甜瓜”名称有了文字记载。

1992年，由老母庙村和大吕庄村发端，乐亭农民第一次把现代设施甜瓜引入乐亭。在中国首创了吊蔓栽培，让甜瓜“立起来”生长，甜瓜亩产由2000千克跳跃式增长到3500千克，经济效益大幅提升。然而，在乐亭甜瓜生产势头正旺之际，却遭遇了“重茬”危机。由于连年种植，导致病害暴发，瓜秧枯萎，大面积减产。在借鉴瓜农种植技术的基础上，乐亭又一次在中国首创“甜瓜嫁接”技术，从根源上解决了“重茬”危机，也使乐亭甜瓜跨过发展天堑。自2002年起，乐亭甜瓜爆发式增长，2005年开始，以每年万亩的速度递增。到2014年，乐亭成为全国最大的设施甜瓜生产县。

得天独厚的自然优势

土壤优势

乐亭县土壤质地多为中壤质、轻壤质、砂壤质，土壤有机质含量高，耕层较厚，灌溉条件好。独特的土壤条件，正是乐亭甜瓜香甜酥脆、甜而不腻、色美优质和高产的主要影响因素。

水质因素

乐亭县降水610毫米，降雨主要集中在6月下旬至8月上旬，与甜瓜生长需水最高时期相吻合；境内无霜期181天，能够满足甜瓜生育期的需要；地下水资源总量多年平均为4.9亿立方米。丰富独特的水质资源，为乐亭甜瓜生长发育、积累营养物质提供了有力的保障。

气候、日照

乐亭县属于暖温带滨海半湿润大陆性季风气候类型区，四季分明，年均日照时数为2550.2小时，年平均气温为10.7℃，极端最高气温为38.7℃，极端最低气温为-23.7℃。光照好、温差大、空气湿度小，独特的气候、日照条件，使乐亭甜瓜果实体内糖分得到充分的积累和转化，生产出的甜瓜非常香甜。

基于乐亭县独特的土壤特性和气候、光照、水质等自然因素，乐亭甜瓜产品品质优于其他产地甜瓜产品品质，具有口感香甜、甜而不腻、酥脆、可溶性固形物含量高等特征。

名扬四海的品牌知名度

乐亭甜瓜果皮、果肉均为绿色，口感香甜、酥脆、甜而不腻，含有大量的碳水化合物及柠檬酸、胡萝卜素和B族维生素、维生素C等，可消暑清热、生津解渴。凭借色、香、味俱佳的上乘品质，乐亭甜瓜畅销京、津、冀、东北三省各大中城市，并通过边贸成功打入俄罗斯市场，品牌知名度与日俱增。每年销往俄罗斯甜瓜1000吨，创汇300万美元。先后成立了瓜菜产业协会、汀流河镇甜瓜协会及丞起、绿野、万事达等338家蔬菜专业合作社。注册“青健”“汀香”“唐硕”“金畅王”牌等商标，对甜瓜的生产和销售采用标准化管理，做到上市有包装、有品牌，实行产地编码制度，对甜瓜的内在质量实行全程监控，获中国绿色食品发展中心颁发的绿色食品证书。

全方位的品牌运营管理

打造“乐亭甜瓜”品牌。乐亭甜瓜的品牌推广通过品牌符号、产品包装两种形式展开，强化了“香甜酥脆”的定位。

◉ 品牌主形象

“乐亭甜瓜”的品牌主形象主视觉为一个甜瓜的抽象图片加入“乐亭甜瓜”4个大字，绿色色调颜色渐变，突出乐亭甜瓜4个大字，显得简单大气。

◉ “乐亭甜瓜”礼盒

“乐亭甜瓜”礼盒的包装主要有两种。第一种包装表面配有“汀香”的标志，“汀香”作为甜瓜协会老牌商标，社会认知度很高，作为乐亭甜瓜众多品牌中唯一的河北省名牌产品，为大家所熟知。礼盒右上方是汀香品牌Logo，左下方是“乐亭甜瓜”的品牌口号，左上角的绿色食品标志，侧面标注了产地，让消费者吃得放心。

乐亭甜瓜
LAOTING TIANGUA

第二种包装表面配有“乐亭甜瓜”的标志，以绿色调为主，突显国家地理标志产品和河北省名牌产品。

抓标准，提品质

一是建立甜瓜协会、蔬菜专业合作社、蔬菜种植公司，创建属于乐亭甜瓜的独特模式和管理标准。采取“四统一分”的管理办法（即统一投入品和种子供应、统一技术标准和技术服务、统一水电供应、统一产品销售，分户栽培）。做到“七把关”种植管理，即“把好优良品种关、把好产地环境关、把好育苗关、把好肥料关、把好病害防治关、把好产品质量关、把好储运关”。 二是健全科技推广体系。各乡镇街道办有农业站和基层区域综合推广站，负责辖区内甜瓜技术指导。县设有示范镇、示范村，村有技术员。全县共有专业技术干部800多名，具有中级职称120名，高级职称28名。技术人员长期在生产第一线。每年举办各种类型的培训班30余期，培训2000多人次，发放技术资料30000余份，并利用县电视台《空中课堂》栏目对甜瓜标准化种植进行全程指导。县、镇、村协调联动，确保技术及时到位。三是与河北农业大学、河北省蔬菜研究所等签订了合作协议，建立长期合作关系。应用日本三系杂交南瓜木嫁接、搭架立体种植为乐亭县所独创，并被普遍采用。

打响品牌知名度

通过地理标志商标品牌运用促进乐亭甜瓜特色化产业的形成；通过甜瓜协会实施品牌战略，提升市场信誉，提高乐亭甜瓜的知名度；通过甜瓜协会抓好产销衔接，推进产业进程，促进农民增收、农业增效。

从多渠道进行品牌宣传

如在甜瓜协会办公区，建设一间“乐亭甜瓜”品牌展示室，并备有直播间，通过展览直播等形式加大品牌宣传；利用媒体推介品牌，让更多的人认识、了解“乐亭甜瓜”这一品牌。参加全国性的产品展销会，让“乐亭甜瓜”走出河北，走向全国。这样既宣传推介了“乐亭甜瓜”品牌，提高了对外知名度和影响力，又促进了果品产销对接，以及果品生产先进技术的推广交流。

目前乐亭县的乐亭甜瓜栽培面积稳定在11万亩，总产量在46.2万吨，产值13亿元，出口创汇300万美元。甜瓜产业已成为乐亭农民增收的重要渠道。

未来，乐亭县将以乐亭甜瓜为主导，立足资源优势，加快形成以龙头企业带基地，以标准化生产为基础，以品牌闯市场的产业化格局。充分整合乐亭甜瓜绿色、有机、地理标志产品、商标等优势，鼓励多个专业合作社、协会等企业争创乐亭甜瓜河北省名牌。借品牌效应积极举办和参加特色农产品推介会、展示会、对接会，加大宣传推介力度，实现以特色创品牌，以品牌增效益。

安次甜瓜

An Ci Tian Gua

增收致富的『甜蜜事业』

甜瓜因瓜肉味甜而得名，成熟果子伴有清香气，很多地方也叫香瓜。虽然口感较甜，但其糖分含量并不高。甜瓜在我国各地均有种植，其中东北、华北、长江中下游地区占据了我国甜瓜种植面积的70%，产自河北廊坊的安次甜瓜便是我国北方厚皮甜瓜主产区之一。

据记载，安次甜瓜的种植最早可追溯到明朝中期。民间也有传说，清康熙帝微服出游时，曾下榻东安（今安次区），期间身体不适，主持奉上当地特产甜瓜，康熙帝大悦，赐名为“一品甜瓜”。

到了近代，安次区逐渐加大了甜瓜产业的发展力度，并于1987年开始，引种了厚皮甜瓜品种，形成了以“金都”牌蜜瓜为主的厚皮甜瓜系列，大力推广脆梨、久红瑞等甜瓜品种。1997年，安次区被中国特产研究会命名为“蜜瓜特产之乡”。

好水土孕育好品质

在气候方面，安次区属于暖温带半干旱半湿润大陆性季风气候，四季分明、寒暑交错、干湿界限明显。全年无霜期达181天，年均日照时数约2660小时，特别是在甜瓜生长的春季，阳光充足，光照时日较长，昼夜温差较大，利于甜瓜糖分的积累。降水主要集中在夏季，降水量占全年的80%，气候条件适合栽培甜瓜。

在地形地貌方面，安次区属于典型的冲积平原地段，永定河由北入境，冲击形成缓岗、二坡地。土壤也主要是永定河流泛滥淤淀而成，以中性砂壤土为主，土壤质地疏松，适于甜瓜栽培。此外，地势西北高、东南低，甜瓜生产基地处在西北部的杨税务乡，也使其免受自然水灾。

在水资源方面，安次区境内有3条河道，水量极为充沛，水资源多年平均可利用量为8048万立方米，其中多年平均地表水可利用量为1323万立方米，地下水取水层50~100米，水质良好，平均矿化度0.26克/千克、pH值在7~7.5，显中性偏碱性，适于甜瓜生长。

在好水土的孕育下，安次甜瓜也成为了集美貌与美味为一体的高品质产品。从外观上看，安次甜瓜形状为椭圆形，果皮较厚呈纯白色，光滑靓丽，晶莹剔透，单果重1.0~1.5千克；瓜肉呈白色，质地细密，脆爽似梨、甜美多汁、香甜可口。其耐储运性极强，自然条件下可储藏30天左右。从内在品质来看，安次甜瓜营养丰富，富含蛋白质、维生素、钙、铁等人体有益元素，总糖含量达7.6%，明显高于普通甜瓜，纤维素含量0.22%，明显低于普通甜瓜。

好品质成就好品牌

安次区甜瓜规模化设施栽培已有30年的历史，形成了薄皮、厚皮两大系列，品种有几十个，主栽品种就有10多个，主要包括天蜜脆梨、久红瑞、瑞红、九青蜜、绿宝石、羊角脆、博洋系列等。

全区现有甜瓜生产专业村30个，种植区域集中在杨税务乡、落垡镇、仇庄乡3个乡镇；全区注册甜瓜专业合作社30多家，入社农户6000余户，辐射带动1万人参与甜瓜标准化生产与品牌化销售，全区从事甜瓜产业相关的经纪人达600余人。

在所获荣誉上，也是收获颇丰。安次区于1996年注册了“金都”蜜瓜品牌，1997年在北京第三届中国农业博览会上被评为名牌产品，1999年被列为河北省22种名牌农产品之一，并在1999年昆明世界园艺博览会上获得铜牌，在2006—2009年农产品交易会上连续四年被评为河北省名优农产品。

安次甜瓜还获得了绿色产品认证。2011年底，“安次甜瓜”获得了农业部地理标志认证，产品在国内市场享有很高的声誉。在2017年京津冀蔬菜产业大会上被河北省农业厅认定为厚皮甜瓜基地。2019年11月底，获批省级厚皮甜瓜特色优势区。2020年“安次甜瓜”获批省级“二十大”名优农产品区域公用品牌。

安次甜瓜
安 次 甜 瓜　甜 蜜 有 约

连续四年被评为河北省名优农产品

绿色产品认证

农业部地理标志认证

厚皮甜瓜基地、厚皮甜瓜特色优势区

省级“二十大”名优农产品区域公用品牌

好举措促成好产业

产业布局区块化

安次区杨税务乡为甜瓜主要生产基地。经过近10年打造，基地内水、电、路、网等基础设施条件逐步完备，棚区道路硬化，方便了甜瓜运输。并建成孟村、邢官营、大北市3个瓜菜产地批发市场，方便瓜农销售。2019年以来，依托省级甜瓜特色优势区，以提升产品品质和品牌知名度为重点，突出安次区特色厚皮甜瓜优势品种，从建设高标准棚室、应用标准化生产技术、完善产品分等定级、打造安次甜瓜品牌等方面入手，累计投入财政资金超过500万元。

品种培育自主化

在甜瓜育种上，安次区有4家甜瓜育种企业，全部为自主研发、培育甜瓜品种，并生产和开展销售工作。每年平均推出10个以上甜瓜新品种。大部分企业拥有自己的育种基地、组培室、实验室、种子加工室及冷库等设施，拥有自己的种质资源库和畅销品种。金瑞红、科网甜、雪花脆宝、沙田蜜瓜等品种不仅在当地受到好评，在全国市场也广受欢迎。此外，瑞海农业技术有限公司在海南有实验基地15亩。2013年在泰国、缅甸两个国家建设了专属的西甜瓜育种基地和品种综合测试生态试验站。科龙种子有限公司自主研发品种成功在农业农村部申请非主要农作物登记证17个。

500 万元

累计投入财政资金

技术支撑专业化

2012年开始，安次区被确定为国家西甜瓜技术产业体系石家庄试验站的示范县；在2015年，安次区政府和河北农业大学签署了科技支撑框架协议，由此安次区甜瓜产业发展得到了各级专家的技术支持，享受到了最新最前沿的甜瓜产业科研成果。依托这一平台，通过农民培训、科技下乡赶大集、新型职业农民培育、建立科技示范基地等形式，向农民传授甜瓜种植新技术、推广新品种，邀请廊坊市农林科学院、廊坊市农业农村局、河北农业大学等专家进行专题讲座，使安次区在甜瓜品种应用、种植技术上始终保持领先地位。平均每年培训农民1000余人次，为甜瓜产业发展提供坚实的技术支撑。

生产环节标准化

为大力提高甜瓜的生产水平，在杨税务、仇庄、落垡等重点乡镇推广应用了测土配方施肥、微生物菌肥改良土壤、病虫害综合防治、熊蜂授粉等集成技术，技术普及率达到80%以上，同时改大水漫灌为微滴灌，实现了节药、节水、节肥；建立完善的质量追溯体系，做到源头可追踪，质量可查询，产品可召回。目前全区有20个基地加入质量安全追溯管理体系，做到了主要产区与主要品种可追溯，产品从播种到流通进入市场，实现了扫码即可获知全部生产信息。全区甜瓜标准化生产率达到75%以上。

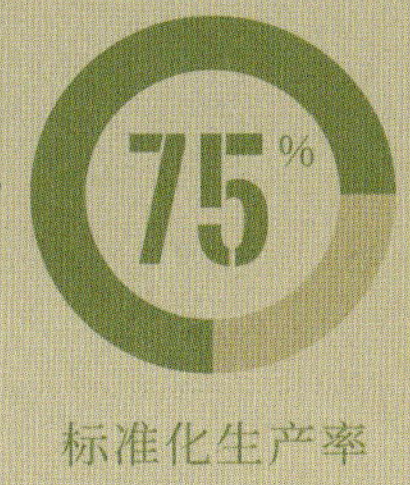

销售方式多元化

在发展甜瓜线下销售的同时，积极推进特色主导产业与“互联网+”融合发展，通过电商平台开展线上销售。依托廊坊市臻味农品农业科技有限公司在北京开设直营连锁店，与北京社区对接及自营网络平台销售，销量逐步扩大呈上升趋势。以廊坊市瑞海农业技术有限公司为龙头，整合区域内盛农农业（育种）、嘎蛋农业（生产）、渠成农业（生产）、臻味农品（销售）等公司自身优势，初步形成育种育苗—标准化生产—品牌化销售的安次甜瓜产业链，共同推进“安次甜瓜”区域公用品牌发展壮大。目前，销售额已突破3000万元，带动就业人数150人，带动农户近1000户。

品牌建设区域化

在品牌宣传打造上，通过完善区域公用品牌标识、包装、广告等设计，进一步明确产品定位，以“安次甜瓜”为重点，开展品牌形象设计，形成在京津市场具有一定影响力的甜瓜品牌，做到统一包装，统一销售。通过参加“9 · 26农产品交易会”、京冀蔬菜产销大会等展会，举办中国农民丰收节、安次区甜瓜节等方式对安次区甜瓜进行宣传和推介，提高了安次区甜瓜的知名度和美誉度。

如今，甜瓜已经成为安次区的主要经济作物之一，其种植面积、产品质量、产量及销量等指标均居全市及全省前列。2023年，安次区甜瓜总播种面积1.2万亩，预计总产量可达3.8万吨，产值超亿元。甜瓜产业已成为推动当地百姓增收致富的“甜蜜事业”。

阜平大枣

Fu Ping Da Zao

滋养千年

七月十五枣红圈，八月十五枣落杆。枣，原产于中国，是中国最古老的果树之一，和桃、李、杏、梅合称为『五果』，被誉为『百果之王』。中国在很早就已经食用枣了，作为中药应用也已经有2000多年的历史，《神农本草经》中将大枣列为『主养命』的上品。

每年的9月、10月，阜平的沟沟岔岔、坡坡沿沿，漫山遍野的枣林。绿红相间，绿的油亮，红的耀眼。当地有“行过大山过小山，房上地下一片红。”

作为“大枣之乡”的阜平，主要盛产婆枣，大枣也一直是该县的一张名片。这里的大枣被评为中国名、特、稀、优产品，素以个大、皮薄、肉厚、核小、含糖量高、味道甜美可口而驰名中外，是全国700多个品种中干食最为优良的品种之一。

源远流长 枣香千年

《史记》曾载：“从上谷（今保定一带）至辽东……有鱼盐枣栗之饶”。苏秦游说燕文侯时曾说，燕国“枣栗之实，足食于民”。可见在战国年代，阜平一带就盛产大枣了。

大概在金国时期，阜平县枣树面积并不集中也未形成量产，直到新县令上任，开始动员全县百姓都栽枣树，才开始了规模化的集中种植。当时，百姓们纷纷肩扛枣苗，走向山坡、沟岔，三年下来，沟沟岔岔、坡坡沿沿都栽上了枣树。新栽枣树枝繁叶茂蔚然成林，大部分挂了果。百姓尝到了栽枣树的甜头，一代一代地栽下去，使阜平县成了全国有名的大枣之乡。

“阜平大枣”是个历史品牌，驰名悠久，在不同的历史时期都发挥着至关重要的作用。清乾隆甲申年“枣重花繁”，曾补救过当年的灾歉；新中国成立后“三年困难时期”，大枣连年丰收又帮人们度过饥荒，而称枣树为“功勋树”；抗日战争时期，老百姓没有粮食，全凭着大枣才活下来，被老百姓定为救命枣，养育了当时8万阜平人民的生命，其中有2万人是抗日战士，

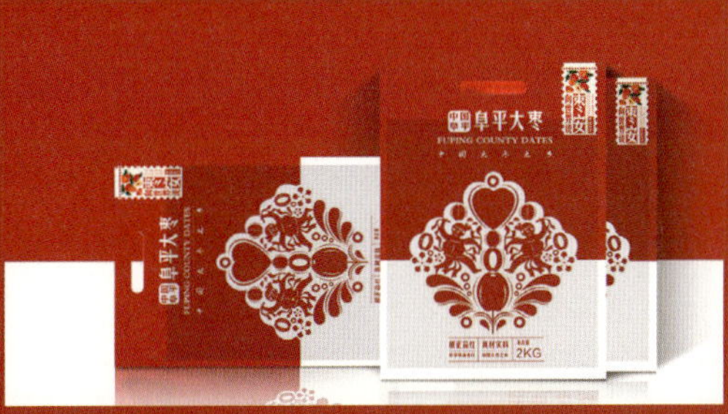

5000为了祖国而光荣献身。晋察冀军区部队以阜平县为根据地打游击，红枣就成为战士们最好的补给，抗日期间，一直拿红枣当军粮，被称为“子弟兵的干粮”；土地承包责任制后，农民积极种植、管理枣树，面积不断扩大，群众依靠阜平大枣脱贫致富，枣树又被称为“致富树”。

地蕴天成　自然好枣

土壤滋养。阜平县地处太行山脉，阜平大枣产枣区为浅山丘陵区，海拔高度在200~1000米，80%的面积海拔在500米以下，95%的枣树分布在山坡梯田、埝阶、水平沟，土壤均属于片麻岩褐土性砂壤土，土壤通透性好，pH值在6.5~8.0，有机质含量为0.8%~2.4%，碱解氮106.5毫克/千克，速效磷 1.58毫克/千克，速效钾75.08毫克/千克，适宜阜平大枣种植。

气候适宜。阜平县气候属暖温带大陆性季风气候，光照充足、雨热同季、四季分明，年平均气温12.7℃，早霜始于10月中旬，晚霜始于4月中旬，全年无霜期在170~190天；年平均降水量为570毫米，降水量集中在7—9月3个月，约占全年降水量的75%。春旱、夏涝，年有效积温高，光热充足，花期平均气温高于25℃，利于枣果早熟、糖分积累、着色及品质的提高，适宜的气候孕育了阜平大枣的独特品质。

自然好枣。阜平大枣果实细密紧实，入口甘甜，回味醇厚，吃起来没有普通枣的干硬感和碎片感，不硌牙，不粘颚，口感较好。与国内其他地方的红枣相比，阜平红枣的特点是含糖量高，脆熟期的维生素C含量高达600毫克/100克，有“天然维生素丸”之称。不仅如此，阜平大枣还具有补脾胃、益气生津的药用价值，枣中含有的环磷酸腺苷、环磷酸鸟苷、儿茶酚对心血管病、癌症等都有一定疗效。

创新发展 产业红火

阜平县政府专门设置了“阜平大枣管理局”和“阜平大枣研究中心”等专业机构，以更好地指导“阜平大枣”产业发展，推进“阜平大枣”品牌的树立和推广。

随后，阜平大枣产业列入县域发展规划，并在《阜平县国民经济和社会发展第十三个五年规划纲要》中提出，做大做强红枣深加工，打造大枣产业园，研发红枣加工新产品。《阜平县城乡总体规划(2013—2030)》也指出，要加快“传统农业”向“现代大农业”转变，壮大以大枣、核桃等为主的林果业。2006年，阜平县启动扩大枣树种植规模的“十万亩工程”，在北果元镇、城南庄镇、阜平镇的 25 个村建设了10万亩大枣示范区。2007年，阜平县累计开挖水平沟280公顷，栽植枣树16.8万株，人均增加枣树350株。2011年，阜平县组织技术人员开办阜平大枣网站，并于2012年3月7日正式开通，为枣农搭建了网络销售平台。

如今，阜平县已有枣树1800万株，其中挂果树1000万株，分布在阜平县东部8个乡镇136个行政村，常年产鲜枣7万吨。实施了两个“十万亩大枣基地”建设，现有枣林面积35万亩，产值达2亿多元，是“中国大枣之乡”。

创塑品牌 促推产业

依托县内得天独厚的资源优势，阜平大枣可以以农业自然风情为品牌导向，结合绿色健康优质的文化符号，打造具传统养生、休闲便捷、时尚简约、健康无负担的食品品牌。

创建品牌符号体系，抢占消费群体心智

品牌标志以农业自然风情为文化元素结合，打造绿色健康产品地方文化符号。体现了阜平红色革命圣地以及绿色纯天然大枣的文化融合，既传达了阜平独有的地域特色，又展示出大枣品类，整体组合传递天然好物，地域风情。而且造型设计新颖独特，简约时尚，易识别，易推广。

创建标准，全流程把控品质

积极构建覆盖全类别、全产业链的产品标准体系和覆盖生产经营全过程的管理标准体系。统一规范在生长环境、种植、生产加工、储运操作、包装运输等方面的基本要求，制订完善产品使用、产品等级、产地准出和质量追溯、储藏运输、包装标识等方面的标准，形成既与国际标准接轨又适合产品发展需要的农业标准体系。

品牌推广，提升影响

坚持市场化运作，发挥平台主体作用，以消费者认可为目的，延伸品牌生命力，提高品牌影响力。组织开展定向直供直销活动，加强区域公用品牌媒体宣传推广，重点聚焦主流媒体以及新兴媒体。此外，入驻第三方电商平台开设区域公用品牌农产品旗舰店，注册区域公用品牌官方微信公众号。举办阜平区域公用品牌农产品展销会、洽谈会、推介会，参加省级年货节、博览会等产销对接活动，将区域公用品牌农产品推向市场。

聚焦深加工，提升品牌附加值

目前，原枣类市场份额最大，但毛利率相对较低，红枣加工品市场规模较小，但盈利能力比较好，二者毛利率相差在10%~20%。随着生活节奏的加快及消费者口味的多样化，红枣加工产品将越来越受消费者青睐，占比也会继续提升。因此，我国的红枣市场，尤其是红枣粗深加工产品市场具有很大发展潜力。阜平大枣可以着重利用地域优势，首先在河北省内扩大品牌效应和品牌知名度，增加省内销量。再结合加工产品提升消费者青睐度，开发阜平红枣特色枣类食品，开拓红枣市场。以阜平红枣的特色包装为零售单元出售“精品原装阜平鲜/干枣”的同时，开发诸如枣醋、枣茶、枣脯、枣酱、枣夹核桃等粗深加工枣类食品。

瞄准时尚消费，开发健康零食

随着居民收入的增加和消费的升级，人们越来越重视红枣的食用价值和药用价值，尤其对高品质红枣的需求日益增长。过节走访亲朋好友，送红枣及相关产品已经成为一种新风尚，这使得红枣消费市场一直热度不减，且不断有新型枣类食品推出。阜平大枣除了含有高维生素C和糖分之外，还含有17种氨基酸，其中包括人体所必需的8种氨基酸，还具有补脾和胃、益气生津之效。因此，阜平大枣可以凭借高营养价值的卖点，开发特色枣类健康食品，抢占健康、养生、零负担的零食食品市场。

阜平大枣已经陪伴人们走过了几千年的岁月。大枣养生，是身体健康的一颗灵药，也是祝福，更是当地人民对红红火火日子的向往。在阜平这块丰饶山地间，红枣注定要结出更加丰硕的果实。

高碑店黄桃

Gao Bei Dian Huang Tao

书写当代桃园传奇

桃花、桃园历来是人世间最美好的一种象征，文人墨客不吝为其赐墨，极尽溢美之词。《诗经》中《周南·桃夭》的美句『桃之夭夭，灼灼其华。之子于归，宜其室家。』至今韵味悠长；陶渊明把理想中的境界想象为『桃花源』；唐伯虎把自己的住所雅称为『桃花坞』；诗仙李白在桃花潭边叙说他与汪伦的深情厚谊；诗人崔护那首《题都城南庄》名句『去年今日此门中，人面桃花相映红。人面不知何处去，桃花依旧笑春风』脍炙人口；三国中刘关张『桃园三结义』的故事更是流传千古。

黄桃象征着健康长寿、甜甜蜜蜜、团团圆圆，中国自古有“桃养人”的说法，民间认为黄桃象征着福瑞吉祥，称赞它为“仙桃”。而“高碑店黄桃”的人文内涵、历史传承、营养价值和经济效益独成一脉，其果形近圆，肉金黄、有红晕、味酸甜、质纯厚，色味俱佳，成为出口名品，声名远播。经过一代代勤劳果农选育，高碑店黄桃作为后起之秀，正在书写当代桃园传奇。

高碑店黄桃带来的“舌尖上的陶醉”

高碑店桃花盛开的季节，田野间仿佛铺就一幅写意的山水画。枝头绽放的花瓣，薄如蝉翼，娇嫩得让人不忍触摸，又如一团团细小的火苗，晕染出春天的热烈，季节的色调因它的出现顿时变得柔和明快起来。绒绒的花瓣，细巧的花蕊挂满了粗干嫩枝，一簇一簇的，多的地方好几朵挤在一起，像是一对对情人相拥而抱。若是说桃花带来的是让人目光流盼的盛景，而黄桃带来的则是“舌尖上的陶醉”。

黄桃是属于桃类中的一个上等品种，因肉色为黄色而得名为黄桃，营养价值很高，含有丰富的抗氧化剂、膳食纤维、多种微量元素（铁、锌、硒），以及磷和胡萝卜素等。

黄桃食时软中带硬，甜多酸少，有香气、水分中等，成熟糖度在14~15°Bx。常吃可起到通便、降血糖血脂、抗自由基、祛除黑斑、延缓衰老、提高免疫力等作用，还能起到利尿清肝、活血等作用，堪称保健水果、养生之桃。

高碑店黄桃单果重量在160~185克，果形近圆，果顶圆或有小突尖。果皮黄绿色，果肉黄色，黄桃味浓，丰产性好，硬度大，加工性能好，口感好，味酸甜，成熟后甜度增大，桃味浓，肉质纯厚，色味俱佳。据检测高碑店黄桃总膳食纤维含量0.92~0.99克/100克；可溶性固形物13.5~13.6克/100克；维生素C 5.87~6.11毫克/100克。

高碑店黄桃栽培历史悠久

高碑店市历史悠久，民风淳朴。刘关张“桃园三结义”之处毗邻现今黄桃主产区。另据《高碑店市志》记载：清乾隆十二年（1747年），有王氏几家在此地看管桃园，后定居立庄，冠以姓氏取村名王家庄，后简称王庄，即张六庄乡王庄村。2014年，高碑店市黄桃协会申报的“高碑店黄桃”通过农业部农产品质量安全中心审查和组织专家评审，实施国家农产品地理标志登记保护。

高碑店市所处的纬度区域、土壤气候条件非常适合黄桃生长，产品的品质、口感、外观都能达到最佳。高碑店黄桃农产品地理标志地域分布范围为北城办事处、新城镇、辛立庄镇、张六庄乡、泗庄镇及白沟新城6个乡镇16个自然村，东到张六庄乡，西到北城陈各庄，北至辛立庄小韩村，南至高桥农场。地理坐标位置位于东经115°47′24″~116°12′4″、北纬39°5′53″~39°23′17″。保护面积30000亩，常年种植面积6000亩，年产量12000吨。

高碑店黄桃有当家“三花旦”，金童系列、弗雷德里克系列和早熟品种京试18，其中金童四荣获“2008年中国河北优质果品挑战吉尼斯大赛”二等奖、高碑店黄桃金童七荣获“首届河北省名优果品擂台赛”银奖。

一直以来，高碑店市地方政府给予了强有力的政策支持、技术支撑以及服务到位，高碑店市黄桃销路越来越畅通，种植面积得到迅速发展，声名远播。

深加工成就高碑店黄桃盛名

为达到更高的品质，高碑店黄桃由大型农产企业进行统一的种植、采摘、加工。大部分的高碑店黄桃由新高食品农产企业统一种植。

高碑店黄桃一直瞄准高端市场，冷冻高碑店黄桃的利用价值极其广泛，根据市场上的需求加工成了罐头、桃汁、桃酱，也用在制作甜点、冰品方面，因为口感好、营养丰富，受到了广大外商的欢迎，走俏日本、韩国和欧美等国际市场。近年来高碑店黄桃也一直以外贸输出为主，所以国内很少能见到。

《果林之友》杂志记载了高碑店黄桃走上深加工之路的艰难历程，虽然黄桃的口感好，但黄桃易发病虫害，系统防治是分散化的小农生产所不具备的，你家防，我家不防，造成病害此起彼伏。等到千辛万苦有了收成，还被水果贩子压价，但桃农也很无奈，黄桃不耐储存，一个钟头一个价，耽误不起，面对盘剥只能忍气吞声。

面对这种情况，保定新高食品有限公司下决心，一定要上深加工项目，否则，永远掌握不了黄桃市场的话语权。引种黄桃一波三折，公司多方考察，确定了金童和弗雷德里克两个系列产品。这两个品种营养丰富，味浓可口，产量还高，更重要的是这两个品种成熟期长，采摘期可以从7月中旬延续到9月中旬，为深加工赢得了时间。随后，保定新高食品有限公司确定了“黄桃+糯玉米+养殖+深加工=农产品增值”的生产运营模式。有了运营模式，黄桃的深加工建成气候，以前销售中“卡脖子”的难点都成了“亮点”。

协会助推，黄桃品牌渐成乡村振兴“王牌”

2013年高碑店市黄桃协会注册成立，黄桃产业化、现代化、品牌化驶入快车道，种植、加工、销售全产业链条不断延伸。

目前，协会会员有1000多户，协会通过“协会+公司+基地+合作社+农户”的模式，将黄桃示范生产基地扩大到万亩规模，黄桃年产量超万吨，实现“双过万”。旗下龙头企业保定新高食品有限公司连续十年获得河北省农业林业产业化龙头企业称号，其拳头产品黄桃罐头、黄桃果干、速冻黄桃，走俏日韩、欧美等国际市场，高碑店黄桃逐渐享誉海内外。

伴随乡村振兴战略实施，高碑店黄桃品牌价值引起关注，作为产业振兴引爆点之一，地方政府及金融机构给予政策倾斜和支持，正在将这张农业“品牌”打造成乡村振兴“王牌”，高碑店黄桃“桃醉天下”正在成为现实。

平乡桃

Ping Xiang Tao

醉心甜

一颗平乡桃，滏漳十里香。『平乡桃』是平乡县境内区域种植特色支柱产业，具备雄厚的人文资源，相传宋朝祥符年间就已开始种植。平乡历史文化概览中『平乡八景』也有记载，20世纪70年代初，从郭桥到东徐庄村以北，河堤外坡上，接连数里又遍植桃树，才有了『堤外桃花堤内柳，一泓清水两岸风』的诗句。

平乡县地处北纬37°黄金林果带，属大陆性季风气候，四季分明，光照充足，年平均气温13.3℃，降水量适宜，无霜期215天，温差较大，有利于桃风味和色泽的形成。平乡桃种植区基地均分布在老漳河（古黄河）、滏阳河、小漳河以及留垒河沿岸，砂壤质褐土，丰富的水资源，为桃树生长提供了得天独厚的优越条件。

种桃道士归何处，前度刘郎今又来。新时代的东风再次吹绽花蕾，平乡重现“桃之夭夭”的盛景。2018年，平乡明确蜜桃特色产业发展目标思路，出台了蜜桃种植奖补办法，充分调动了广大群众种植积极性。目前，全县桃树种植面积3000余亩，建立了4个百亩蜜桃新品种示范区。

2020年，平乡桃获评农业农村部农产品地理标志保护产品。由平乡县伊农纳丰农业科技有限公司生产，品种为平乡传统大红桃，果实近圆形，侧径大，果顶微凹，缝合线浅，茸毛少，果色鲜红，果肉白色，近果皮有红色素，成熟后果肉近全红，风味酸甜，离核，核小，色泽鲜艳、气味清香，皮薄肉细、口感清脆，单果重200~300克。

2021年，平乡桃区域公用品牌成功发布，不仅推出了全新的品牌形象，还提出了“平乡桃　醉心甜”的品牌传播口号。平乡桃产业是平乡县对邢台市“千斤粮万元钱”农业结构调整策略的生动实践，是对河北“四个农业”的深入贯彻实施。打造“平乡桃”区域公用品牌，旨在通过对外塑造品牌形象，提升产业价值，对内优化资源整合，提升产业效率，进一步推动平乡桃产业提质增效，为做大做强邢台特色果品产业提供新的发展动能。

◉ 品牌LOGO

平乡桃

平 乡 桃 · 醉 心 甜

平乡桃”的品牌标志是色彩、字体设计的具体综合表现，它不仅具有事物单纯性的指示功能，更代表着品牌的精神内涵，具有发动所有视觉设计要素的主导力量，是品牌战略的有力武器。品牌Logo由上部图形和下部文字共同构成。Logo整体造型从5个花瓣演变而来，形似梅花，既是品类代表，又是对梅花拳地域文化的彰显；字体采用圆润设计且笔画贯通，形似流出的桃汁，符合甜蜜的产品联想，亲切且不失时尚。

◉ 品牌传播口号

平乡桃 醉心甜

◉ 品牌卖点

北纬37°绝佳种植区
古河道砂壤质褐土

好产区

好天然

施精品有机肥
物理生物防治

大小有标准
鲜艳有光泽

好果形

好味道

浓郁果香味
最佳酸甜比

◉ 品牌插画

品牌吉祥物

吉祥物“甜甜”将平乡桃与猴子的形象进行了融合，整体带给人以甜蜜的感觉。此外，在我国的神话故事中，猴子和桃有着密切的联系，对此符号的占有就是对桃文化IP的占有。

包装设计

现代农业发展不是单打独斗，标准化是必由之路。当地依托河北省水果创新团队，进行规范生产和标准化生产相关的科技推广与培训活动。按照统一种植、统一灌溉、统一施肥、统一用药、统一采收“五统一”模式，参照行业领先质量标准进行种植管理。从产地环境、种植区划、主植品种、生产管理技术、有害生物防治、品种改良技术、果实产量与质量、采收、加工、储藏等一系列生产、加工、经营环节的技术规范进行了科学细致全面的规定，初步建立了平乡桃产前、产中、产后全覆盖的标准体系。

同时加大科技投入力度，与邢台市农业科学研究院、河北省农林科学院石家庄果树研究所、河北农业大学、河北科技师范学院等科研机构和高校建立常年技术合作关系，创建了河北省农业创新驿站，让前沿技术及时进入田间果林，确保桃树常植常新。这样的举措行之有效，平乡桃的品质得到保证，附加值得到提升，农户收入增加。

产业多元发展带动了区域经济的振兴。当地充分利用百亩以上桃新品种示范区，建成了观光大道十里鲜桃种植产业基地，春季有繁花，夏秋冬有硕果，一年四季有游客在这里赏花、采摘。特别是桃花盛开季和蜜桃收获季，花底桃下

游客盛开的脸，与桃园内景色相映成趣。

未来，当地将规划以梅花拳基地、小章河和滏阳河为载体，建设康养、采摘、休闲、观光、农耕体验的五大功能区，让顾客了解并体验现代农产品生长全过程，有效带动周边生态观光旅游业发展，带动周边地区经济、交通及相关产业的发展，形成生态农业示范园、观光农业旅游园、农业教育和农业科技示范园，实现生态农业与现代服务业跨界融合。

“平乡桃”是平乡县在农业产业领域品牌建设的先锋，平乡也将以平乡桃作为农业品牌建设的起点，走好品牌农业的高质量发展之路，做优平乡桃产业，做强平乡农业，在农业领域打造平乡新名片。

『采药归来，独寻茅店沽新酿。暮烟千嶂。处处闻渔唱。』

《点绛唇·采药归来》宋·陆游

05

第五篇

药

数字赋能 药香千年

河北省是中药材产业大省，连翘、酸枣仁、北苍术等道地品种一地供全国。在全国率先建成中药材全产业链大数据平台。拥有『千年药都』安国中药材交易市场。

药香千年

安国中药材

An Guo Zhong Yao Cai

78 家

中药材加工类规模以上企业

693 个

有生产批号的中成药品种

18.5 万吨

中药饮片年产

2800 余个

中药材专业市场经营品种

1000 多吨

日吞吐中药材

安国市历经千余年发展，形成了独特的药文化，其久远辉煌的药业史，精湛的加工技艺，在中国、日本、韩国乃至东南亚地区有着深远影响。

目前安国已经形成了从种植、经销、加工、提取、制药、保健品到文化旅游的一条完整生态产业链。全市中药材加工类规模以上企业78家，有生产批号的中成药品种693个，中药饮片年产18.5万吨；中药材专业市场日客流量3万余人，经营品种2800余个，日吞吐中药材1000多吨。经营辐射遍及中国各地、日本、韩国和东南亚及欧美等20多个国家和地区，安国药市历来被称为中药材交易价格晴雨表，“举步可得天下药”是安国中药材交易市场的真实写照。

品牌创建优势

◉ 文化底蕴深厚

安国古称“祁州”。汉建初年，高祖刘邦取“安邦定国”之意，封王陵侯为安国侯；西汉武帝元狩六年（公元前127年）始置安国县。安国药业历史悠久，源自汉代、起始于北宋、兴盛于明清，拥有全国唯一一座纪念古代医圣的皇封药王庙，是中药文化的发祥地之一，素有“药都”“天下第一药市”之称。安国以种植质量优良的“八大祁药”和加工技术精湛的“祁州四绝”闻名于世，享有“草到安国方成药，药经祁州始生香”之美誉。元杂剧奠基人关汉卿，籍贯为安国市伍仁桥镇伍仁村。毛泽东主席、周恩来总理、聂荣臻元帅等老一辈革命家都在安国留下了红色足迹。

◉ 区位优势明显

安国地处京、津、石三角中心地带，北距首都250千米，东距天津240千米，南距石家庄110千米，与雄安新区直线距离60千米，是南北商旅通衢之要道。以铁路、高速公路、国省干道为重点的现代化立体交通枢纽体系正逐步形成，突出的区位优势正逐步转化为巨大的市场优势。

◉ 中药材产业集群效益突显

安国拥有国家火炬计划安国现代中药特色产业基地、国家级农业产业化示范基地、国家级绿色园区——河北安国现代中药工业园区；拥有规模以上工业企业120家、GMP企业104家、GSP企业65家、外贸企业201家；拥有市级以上农业产业化龙头企业44家、农业产业化联合体10家，博士农场4个，中药材种植类合作社409家；拥有高新技术企业39家、“专精特新”企业41家、国家级省级科研创新平台20个，在河北省县域科技创新能力为A类。

品牌创建背景

一是安国中药材产业虽具有一定规模，优势品种（八大祁药）市场拉动力弱，影响力严重不足。但距离安国市提出的国家级中医药产业聚集之都尚有一定差距，安国中药材品牌影响需进一步加强。

二是安国以特色农业和优势农产品为抓手，实施“安国农产品品牌计划”。但是要想安国中药材达到有灵魂、有图腾、有保护、有名气、有价值、有市场的“六有”要求，提升安国中草药省级农产品区域公用品牌知名度，还需制订可操作性强的实施规划。

三是品牌宣传推介不够多样化，力度仍需加强。品牌主体的品牌营销意识淡薄、手段缺乏，导致品牌的认知度低，增值速度缓慢，品牌价值的提升极其有限，在激烈的市场竞争中很容易被竞争对手抢占先机。

品牌运营亮点

立足安国中药材的特色农产品资源，把品牌农业作为推动农业高质量发展和乡村振兴的重要抓手，助力特色优势产业集群高端化、精品化、品牌化建设。大力实施农业品牌“十百千”工程，开展品牌打造提升行动、品牌影响拓展行动、展会靓牌行动、电商助农行动等。遵循品牌建设规律，强化专业机构设计、立体宣传推广、营销拓展，培育和树立一批影响力大、竞争力强、带动明显的优势品牌。

加速中药都建设。稳步推进“三基地、三体系”建设。继续扩大中药材种子种苗繁育示范基地规模，完善河北数字本草中心电子交易平台各项手续，力争早日上线运行。

实施精准招商。深入实施招商引资“双千工程”，积极参加中国·廊坊国际经济贸易洽谈会等活动。坚持“线上+线下”联动招商，创新“项目办+园区+国控+第三方”四位一体招商模式，赴京津、湘粤、川渝等地“走出去”考察招商43次，开展远程“云对接”招商座谈28次。全年接洽国药太极、重庆医药、新绿色药业、广东雪印等60余家企业，签约项目17个、协议资金36亿元，引进亿元以上项目15个，为高质量发展注入了强大动能。

加快城镇化建设。按照“一城带三区联五地”的发展思路，大力实施“西移、南扩、北联”规划建设，全力打造“一条主线（中药都建设）贯三区、两条高速（曲港、石津）联五地、多家名企聚产业”的城市总体空间发展格局。加速城市大外环的规划及市区主干道路的改造速度。加快城市广场、商贸综合体等公益设施以及东河、观音堂教育园区的建设进度；坚持城乡统筹，制定小城镇建设“三年规划”，加速推进“美丽乡村”建设。

强化科技支撑。与中国医学科学院药用植物研究所、中国农业大学、河北农业大学等科研院所合作持续深化，教授工作站、博士农场、科技特派团成果频出。新增科技型中小企业154家、省级“专精特新”企业8家、省市级技术创新中心4家、保定市级企业技术中心3家，县域科技创新能力跃升全省A类。

注重人才培养。举办全国性中医药发展高层论坛，邀请两院院士、国内知名中药企业老总来安国市进行研讨。同时，深入挖掘民间老药工传统技艺、中药材种植技术，进行归纳整理、培训推广，为中药产业可持续发展提供人才保障。

对产业发展带动效应

安国
中药材
CHINESE HERBAL MEDICINE

品牌效益突显

“安国中药材”获评河北省区域公用品牌，祁紫菀、祁菊花、祁山药通过了国家地理标志认证，“祁药品牌”代言行业品质。全市涌现出“药都”“药城”等一批中药材知名品牌产品，注册商标1652个。

农业产业结构逐步优化

按照“规模化、集约化、融合化”发展思路，集聚科技、绿色、品牌、质量发展要素，围绕粮食、道地中药材、优势畜牧业、精品蔬菜、休闲农业等产业，开展农业产业结构调整，基本形成了粮经饲统筹、种养加一体、农牧结合的现代农业产业体系。种植业形成了以粮食、中药材为主，特色产业等多业并举的发展格局。

1652 个

注册商标

500 亿元

中医药主营业务产值

15 万亩以上

中药材种植面积

8 家

全市通过GMP标准认证的制药企业

10 多种

生产剂型

500 多个

中药产品

中药材产业引领全国

安国形成了从种植、经销、加工、制药、提取、保健品到文化旅游的完整生态产业链，是全国最大的中药材集散地、加工出口基地。其中药材交易市场被评为全国百强市场第二名，中医药主营业务产值500亿元。中药材种植面积保持在15万亩以上，全国80%北沙参、25%黄芷，以及10%以上白芷、丹参来源于安国。中药加工业实力雄厚，全市通过GMP标准认证的制药企业8家，生产剂型10多种，中药产品500多个。中药材贸易辐射全国及欧美、东南亚等20多个国家和地区。成功举办了全国中药材生产机械化大会、第二十四届药材交易大会等活动。

未来，安国以北京等高端市场为重点，多维度开拓线上线下营销渠道，提高品牌农产品市场影响力和占有率。到2025年，基本形成农产品品牌、区域公用品牌和企业品牌“三位一体”的品牌体系，功能升级的农产品批发市场体系，高效便捷的农产品冷链物流体系和深度通达的农村电商服务体系。为安国市中药材的产业发展提供强大的品牌支撑。在安国中药材品牌建设的加持下，大力践行“种好药、做好药、卖好药、用好药”理念，努力实现中医药全产业链协调发展，全力打造国家级中医药产业聚集之都、健康文化养生之地、绿色生态宜居之城。

本草商品 鹊实道地

每一味中药材，都有属于自己的故乡，得益于北纬37°的天赋地蕴，八百里太行，唯邢台酸枣仁最是道地，入本草，济世人，一粒枣仁，药香天下，沿着神医扁鹊的足迹，人们世代采撷，遵循『人种天养』之道，守天时，重古法，在守正与创新之间，匠心一味，传承千年。

邢台酸枣仁

Xing Tai Suan Zao Ren

邢台

根：品牌缘起

◉ 道地产区

邢台西依八百里太行，自然植被完好，风光绮丽多姿，各类自然资源集聚，被誉为太行山最绿、最美、最奇的地方。西部太行山浅山丘陵地区，土壤多为砂壤质褐土。年平均气温11~13℃，晚秋昼夜温差较大，有利于酸枣风味和色泽的形成。土壤和气候条件非常适宜野生酸枣的生长，是酸枣的道地产区。

◉ 文化传承

酸枣仁药用源于上古时期神农尝百草。扬名于春秋时期，神医扁鹊以邢台酸枣仁入药，以解赵简子之症。《本草纲目》载：“补中益肝，坚筋骨，助阴气，皆酸枣仁之功也。”“枣仁熟用胆虚不得眠，烦渴虚汗之症；生用疗胆热好眠，皆足厥阴，少阳药也。”邢台所产枣仁具有“粒大饱满、皮紫红色、无核壳、药物质量高、品质最优”等明显特点，有“顺德府枣仁最佳”之美誉。

◉ 产业根基

邢台拥有酸枣资源60余万亩，适生面积约500万亩，一条涵盖沙河、信都、内丘、临城4个县（市、区）的“邢台太行百里酸枣产业带”绵延80千米。邢台酸枣仁加工技艺历史悠久，明清时期即已闻名。传承至今，不断探索创新研发高效高质的机械化加工技艺及设备，开创了现代机械枣仁加工的先河。全市年加工酸枣20万吨，年加工枣仁约5000吨，酸枣产业总产值20亿元，加工量占全国市场份额70%以上，形成了全国最大的酸枣仁加工与销售集散地，已建立从育苗、接穗、种植、加工到产品研发、生产、销售等全产业链条。

创：创建之道

◉ 品牌战略

用区域公用品牌，带动一个产业、打造一张名片、致富一方百姓。

创建世界酸枣仁领袖品牌，打造世界级优势产区，成就千亿级产业集群。

以价值为导向，瞄准产业链的高附加值环节，通过“重点引进、重点扶持和重点培育”做强产业链，推动产业持续升级，不断向高价值环节迈进。

以集群化为目标，用全产业链思维，通过“补链、延链、拓链和强链”不断完善产业链布局，以集群化带动产业效率提升，并通过效率提升进一步推动产业价值提升。

以品牌为契机，以“优势互补、资源共享”为原则，分工协同，全域谋划，重新定义四大产区的产业分工，明确各自发展方向和定位，提升区域之间的协同效率。

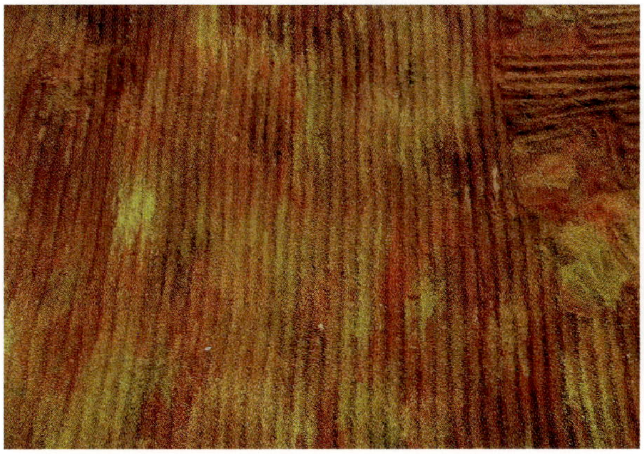

◉ 品牌价值 本草上品○『鹊』实道地

本草

中国药典IP，直接联想
中药材属性
《本草纲目》《神农本草经》

上品

品质上乘
源自《神农本草经》365味
上品120味，中品120味
佐使125味，酸枣位列上品

鹊

谐音“que”
扁鹊文化IP

道地

道地产区
道地品质
原生品种

品种好

甄选原产区野生品种，
人工培育，科学栽培，
自然生长，品质更优。

产区好

产自北纬37°，太行腹地。
于浅山丘陵间，
天赋其味，底蕴其性。

工艺好

原生品种，原生环境，人种天养。
手工采摘，传统炮制，匠心一味。

传承好

源于神农，兴于扁鹊，
守天时，重古法，承药理，传药性，
薪火千年。

◉ 品牌口号

好仁 好睡眠

邢州酸枣红又圆，祖辈长在太行山，上品药材入本经，扁鹊神方天下传。春芽做茶花采蜜，开胃消食酸枣面，小小枣仁最珍贵，宁心安神睡觉甜。

◉ 品牌设计

邢台酸枣仁

本草上品 ○『鹊』实道地

创意说明

字体设计：将酸枣树枝的形状作为字体笔画设计创意原点，突出品类特色。

邢台酸枣仁
好仁 好睡眠

邢台酸枣仁
好仁 好睡眠

邢台酸枣仁
邢台酸枣仁博物馆

邢台酸枣仁
专卖店

邢台农产品交易中心
邢台酸枣仁交易中心
好仁 好睡眠

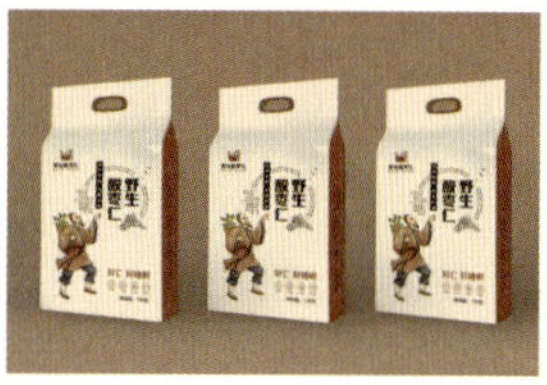

邢
台
酸
枣
仁
好仁 好睡眠

邢台酸枣仁
千年古树

融：共绘锦绣

未来，邢台紧紧围绕打造“邢台酸枣仁”区域公用品牌整体形象，带动企业品牌发展的目标，以“全产业链打造、全价值链提升”为思路，以“做大做强做精酸枣产业”为核心，按照“一带、一馆、一中心、两核、四区、多基地”的产业布局，以创塑品牌、提升品质、强化加工、渠道建设、产业融合、品牌管理及传播推广为战略发展路径，抢抓会展经济、物流经济和高铁经济时代到来的新机遇，加快推进品牌化与产业化、市场化、规模化、标准化融合发展。进一步加强品牌保护管理与营销展销，不断提升农产品质量、效益和竞争力。到2025年“邢台酸枣仁”区域公用品牌价值30亿元，成为国内知名区域公用品牌。

邢台酸枣仁道地优势突出，产业基础雄厚，现诚邀国内外企业到邢台共享商机、共谋发展、共创美好未来！

清河山楂

Qing He Shan Zha

清河山楂自然红

清河县位于河北省东南部黑龙港流域的冲积平原，土壤地貌情况为远山河流冲积，湖积平原，属第四系松散沉积物，以棕钙土和淡栗钙土为主，土壤呈酸性，土层深厚，土质疏松，保水、保肥性能好，有利于促进果实膨大，非常适合山楂生长。

历史上，清河县马屯一带13个村庄因地处黄河故道，2万多亩沙荒地只长茅草不长粮，是全县27个沙碱地之一，每逢春天大风肆虐，飞沙满天。后来经过专家“把脉”，发现其土壤和气候条件非常适合山楂树的生长。于是，清河县委县政府决定以马屯乡为重点，发展山楂树种植，防风固沙走致富路。

持续不断的山楂树种植，建起了全国闻名的山楂基地。20多年来，马屯人先后栽种适宜沙地生长的“大棉球”“大红星”“大五棱”等优良品种山楂树110多万棵，如今已有1.2万亩进入了盛果期，这片山楂林也变成了百姓的“摇钱树”。

近年来，清河县又大力实施乡村振兴战略，以万亩山楂基地为依托，马屯通过建种植基地、造种植示范点和推广新技术，已实现山楂种植的基地化、标准化和品牌化，形成了山楂合作社+基地+农户的发展模式，并发展起山楂片、山楂果脯、山楂糕、山楂酒等深加工项目。

经过不断发展，清河县逐渐形成了以马屯红果种植专业合作社为核心，以葛仙庄镇马屯等13个村为重点，覆盖周边5100余户农户的清河县马屯红果种植示范基地，山楂种植面积达2.9万亩，成为全国重要的山楂生产基地，中国北方平原地区最大的山楂种植基地。

110 多万棵
优良品种山楂树

2.9 万亩
山楂种植面积

2018年，“清河山楂”在国家知识产权局成功注册地理标志证明商标，标志着清河山楂拥有了国字号地域“身份证”。为进一步提升清河山楂产品附加值，推动农业品牌建设，提升产品市场竞争力，打造清河特色品牌、推动农业产业发展，“清河山楂”的品牌形象及宣传标语也随之对外发布。

品牌形象

山楂

福娃

企业标志是特定企业的象征与识别符号，是CIS设计系统的核心基础，企业标志是通过简练的造型、生动的形象传达企业的理念、内容、产品特性等信息。标志的设计不仅要具有强烈的视觉冲击力，而且必须要表达出独特的个性和时代感，广泛适应各种媒体、各种材料及各种用品的制作。清河山楂的品牌形象主要由标准标志和中英文标准字两部分组成，分别代表着企业形象和精神文化，具有专属性和认知性，体现品牌的特色与内涵。

品牌宣传标语

清河山楂自然红

以"清河山楂自然红"为宣传标语，简短、朗朗上口的同时也体现了清河山楂自然红的优势特点，与其他同类产品相比，清河山楂的硬度适中，酸甜比最优，最适合生产高端山楂酱等山楂深加工制品。

◉ 品牌提升

在品牌效应的助推下，清河山楂及其山楂片、山楂果脯、山楂糕、山楂酒、山楂果汁、山楂茶等主要产品，已销售至山东、山西、北京、广州等20多个省区市。与此同时，清河山楂也采取了一系列举措来保障和提升自身品质。

其一，精准管理，提升地标工作水平。一方面强化地理标志注册人日常监管。指导地理标志注册人依法履行地理标志管理义务、完善管理手续，对地理标志注册人违反法律法规的相关规定，没有对地理标志的使用进行有效管理或者控制，致使地理标志使用的商品达不到其使用管理规则的要求，对消费者造成损害的行为进行严肃处理。另一方面规范地理标志商标使用。引导支持企业和农民规范生产、经营地理标志产品，严格要求其按照地理标志商标使用管理章程的要求，"统一使用规范、统一质量标准、统一合同范本、统一要素标识"，确保地理标志商标产品在惠及更广区域、更多农民的同时，保障其特有的资源和品质优势。

其二，扩大规模龙头牵动。地理标志商标成为促进农村经济发展、农民精准脱贫的助推器。建立"龙头企业+协会+合作社+农户（贫困户）+地理标志"模式，借助龙头企业影响，引导企业、协会和农户搭建一体化发展平台，扩大特色农产品的种植规模。清河县马屯红果种植专业合作社是龙头企业，逐步形成了"合作社+地理标志+基地+农户"的生产经营模式，从而保证山楂加工和流通的增值。

其三，规范使用制度。充分发挥行业协会引领作用，组织协会成员建立统一的质量技术标准，保持地理标志产品的特色和品质。通过开展会员使用授权日常管理、实行持证经营和包装监制、制定证明商标使用管理规则、开展统一技术培训等方式，对地理标志的使用管理、生产流程、产品质量、包装标识等进行全方位规范。在全县推广"统一品牌、统一标准、统一包装、统一经营、统一宣传、统一监管"的"六统一"管理模式，推动全县地标品牌规范用、用到位。

其四，着力扩大宣传示范效应。加强宣传普及，向有关部门、行业协会和有关乡镇进行针对性宣传，普及地理标志知识，共印刷宣传资料10000多份，形象解读地理标志商标如何促进产业发展、农民脱贫增收、发挥示范效应。打响"走出去"战略，在媒体宣传、网站传播、展会推介、文化节庆等形式的基础上，参加上海农博会、廊坊农产品展销会等，促使地标产品在更广的舞台提升曝光率。并借助举办山楂花节和山楂采摘节对地标产品进行宣传，进一步树立了清河山楂地标品牌形象。

下一步，清河县将着力加强地理标志产品保护制度建设，加大地理标志产品保护力度，加强地理标志产品助力脱贫攻坚等工作，为美丽乡村建设撑起一片碧水蓝天，将"清河山楂"打造成清河县乃至邢台市农产品和旅游产品的一张金色名片。

兴隆山楂

Xing Long Shan Zha

一枚红果 百代兴隆

兴隆县处于冀东北山楂优势核心区，山楂栽培面积、产量均位居全国县级首位。被誉为『中国山楂之乡』『全国山楂生产基地县』『国家级出口食品农产品质量安全示范区』。

22.58 万亩
全县山楂栽培面积

20.3 万吨
年产量

16.9 亿元
年创综合产值

目前，全县山楂栽培面积达到22.58万亩、年产量20.3万吨，覆盖全县20个乡镇250个行政村，并与各地国家级农业产业化龙头企业建立了稳固的原料供应合作关系，年创综合产值已达16.9亿元。

兴隆山中有红果

栽培历史悠久

兴隆县栽种山楂已有近3000年历史。相传康熙帝当年带领随从来这里狩猎，途中烧烤，酒过三巡，菜过五味，皇帝便懒得再伸筷，身边侍卫见到满树山楂果，便取来吃，没想到皇帝吃过几个山楂后，胃口大开，龙颜大悦，便命人采摘山楂进宫并进行研磨蒸熟，作为宫内御膳房的一道汤。

1986年，兴隆把山楂树确立为“县树”。至今，全县百年以上山楂老树栽培面积达到200多亩，共1000多棵。其中，拥有百年以上的山楂树759棵，300年以上的山楂树达到70多棵，历经百年仍硕果累累，成为良种选育和嫁接系统的“活标本”。

自然条件适宜

兴隆县自古以来皆称宝地，有史所载“后龙雾灵山，自太行逶迤而来；天池众沟，垣局如天然。”全县地形地貌类型复杂多样，中山、低山、丘陵、阶地、沟谷等皆有，且高差明显；土壤为砂壤，微酸性为主，土层较厚疏松，通透性好，有机质含量高，是理想的果品生产基地。全年雨量适度，日照时间长，且四季温差、昼夜温差大，非常适宜山楂生长。依托自然条件，这里形成了漫山遍野大规模的传统山楂栽培系统，平地式栽培、斜坡分散栽培、梯田式栽培等多种方式。2017年6月28日，“河北兴隆传统山楂栽培系统”被评为第四批中国重要农业文化遗产。

山楂品质卓越

因悠久的种植历史及独特的地理、气候条件，兴隆山楂品质上乘。兴隆山楂以本地品种为主，俗称铁山楂，种植规模占比达到95%以上。铁山楂品味俱佳，其特点为色泽赤红而个大，肉质肥厚而柔韧，味酸甜而清口，除含有蛋白质、脂肪、碳水化合物、钙、磷、铁等营养素外，还含有较丰富的胡萝卜素、硫胺素、核黄素、烟酸及维生素C等多种维生素。此外，铁山楂果胶含量高，适合深加工成果丹皮，对于鲜销经常出现困难的果农来说，种植铁山楂为最优保障。

区位条件优越

一城连四市——兴隆县作为承德的南门户，东接唐山、南邻天津、西顾北京、北倚承德，地处四城中心位置，县城距四市中心距离均在120千米以内，是承德唯一同时接驳京津的县城，同时也是京津产业外溢的重要承接地，兴隆可优先借助京津人才、资金、科研、政策、市场等资源要素，打造全世界唯一、中国第一的优质山楂产区。

旅游红利显著

依托兴隆县优异的地质旅游资源，兴隆县充分放大“山楂之乡”的名片，把山楂旅游融入全县旅游产业版图中，每年接待中外游客465万人次，旅游综合收入38.7亿元。为当地山楂旅游业带来充沛的旅游流量红利，充分利用这些流量，以市场为导向，有效促推山楂产业化发展。

总之，兴隆山楂产业已具备相当大的规模和优势。但是产业发展的外部环境因素仍处于不断变化之中，山楂产品市场供求变化波动大、产业和市场信息不对称、私营小企业观念落后、山楂供求关系不协调等情况在兴隆山楂产业仍存在，产业短板与问题不容忽视。同时，放眼全国，我国山楂在国际市场上供应不求，有机山楂制品产业存在着不可估计的潜力，市场前景广阔。面对越发复杂的市场竞争环境，兴隆山楂面临着新的发展路径选择与战略抉择，全面启动兴隆山楂区域公用品牌战略势在必行，将有助于释放兴隆山楂区域品牌的全部潜力，进一步扩大国内市场，逐步走向世界。

兴隆山楂一抹红

挖掘核心特质

农产品区域公用品牌的创建就是一个“寻魂塑体”的过程。通过对历史文化、发展历程、产品特质等深度研究分析，挖掘出兴隆山楂独有的差异化特质——红。

红是中华正色，寓意吉祥。就颜色而言，红作为中华正色，是拥有特殊意义的重要颜色，无论是内在气质还是外在表现，红都是最符合山楂形象的一种颜色。外在表现方面，山楂又名红果、山里红，外在呈现红色。内在气质方面，热情、温暖、吉祥、喜庆、热烈、奔放这一系列形容词都是山楂内涵的总结与延伸。

明清贡品苗正根红。兴隆县山楂品种优良，明嘉靖时期起，山楂长期作为皇家贡品，得到旧时上层社会的认可和喜爱，其生长和发展根正苗红。

红是藏在县名里的历史IP。兴隆县的名称起源于红红火火的木材生意，呈现“生意兴隆通四海，财源茂盛达三江”的繁荣景象。借助历史IP的美好寓意，赋予山楂生意兴隆，产业发展红火的美好寓意。

红是畅销百代，未来可期。对于兴隆山楂而言，红是一种常态，同样是一种未来。兴隆与北京汇源、天津冠芳、内蒙古伊利、内蒙古蒙牛、河北怡达等国家级农业产业化龙头企业建立了合作关系，山楂畅销多年，年产值达16.9亿元。红是对兴隆山楂产业未来的期许，随着科技的进步与人民营养膳食的结构调整，兴隆山楂必然将红透华夏。

药食同源，网红产品。兴隆山楂产品有30多种，涉及山楂果汁、罐头、果脯蜜饯等食品，山楂酒、干红等酒类及保健化妆品原料等。同时，药食同源是兴隆山楂的重要特点之一，国内外专家研究认为，山楂能软化血管、降低血压、增强心肌功能等，也有较强的抗癌作用。另外，兴隆山楂具备互联网时代显著的网红产品特质，行销网络更是梦想照进现实。

品牌定位

战略定位：以区域文化/物质/机制价值链为基础，围绕兴隆山楂这一民生特色产业，创建有亮点和核心价值支撑的特色农产品区域公用品牌，通过大范围传播，使品牌内涵价值全面释放，引发兴隆区位优势、农旅资源、生态优势的聚变/裂变，带动百业兴旺，缩小城乡差距，使兴隆真正成为北京“后花园”。

产品定位：红在明清，火在当代——寓意吉祥的生态好山楂。

消费人群定位：深谙食材审美，注重传统饮食文化，“能吃会买”的懂行人。

品牌口号：一枚红果，百代兴隆

一枚红果代指兴隆山楂，是用以小见大的手法在首句做出铺垫，引出百代兴隆多个方面的含义。一方面，兴隆是地名，是兴隆山楂的产地；另一方面，兴隆是形容词，是对兴隆山楂产业现在发展情况的客观描述以及对未来发展的重要期许。而百代则是虚指，表现兴隆从立县伊始至今乃至更久远的脉络传承。而兴隆也是核心价值的体现。“一枚红果，百代兴隆”概念的提出，从根本上对兴隆山楂产业赋予了重要内涵：小果子，大产业。同样地，红果产业也必然能够推动兴隆人民上百代过上红火富裕的生活。

兴隆山楂

XING LONG SHAN ZHA

品牌LOGO设计

品牌标识为纯字体设计，兴隆山楂是品牌的名称，也是品牌标识的主体部分。在此设计中，摒弃了传统的图形和文字组合的形式，希望用更直观、更简洁的方式表达品牌内涵。此设计中，字形源于自然理念，这正是植物自然而生的生长姿态，山楂与山水的点缀，使整体形象在充满生命张力的同时又酝酿着其凝结成果的核心内涵，加之采用的红色色调，与品牌的价值内核紧密契合。整体造型独特，内容丰富，层次分明，形象饱满立体，是品牌传播中的重要工具。

◉ 品牌形象

辅助图形中注入山楂、山水、云雾、果林等众多构图元素进行核心思考和理念的传达。每个元素的加入都有其原因与意义：雾灵山是兴隆名山，也是兴隆起源和发展的重要支撑之一，山楂与果林是品牌内容的有效释放，而云雾是兴隆优秀的生态环境所致，山水则是兴隆山楂得以生长且与众不同的根本原因之一。元素覆盖全面并特色鲜明，共同组成一幅美妙绝伦的山水大画。在传播中易给予消费者正面积极的品牌印象，品牌推广前景宽阔，未来可期。

后龙风水

龙脉

雾灵山

吉祥物形象由山楂与龙共同组成。山楂以拟人设计为手段，脸部的红晕、灵动的眸光、弯起的眼角，与开口大笑勾勒出活泼向上、充满阳光和快乐的形象。迷你龙的存在是兴隆后龙风水之地的映射和代表，与山楂形象相得益彰，寄托着对兴隆山楂品牌未来的期许和愿望。

后龙风水 **蕴好物**　皇家贡品 **名悠久**　种植加工 **有标准**　八方畅销 **口碑好**　药食同源 **味正宗**　酸甜清口 **百代红**

价值支撑

后龙风水　蕴好物：富饶广袤的承德地区，生态卓越的兴隆县，“清东陵后龙风水”之地饮誉燕山。千万年的底蕴沉淀，宝地珍藏琳琅满目，兴隆山楂生长在这里，背靠燕山母亲的怀抱，送来神秘美好的味道。

皇家贡品　名悠久：500年的时光里，奔波于兴隆与京城的马上忙碌往复，当紫禁城飘起酸甜的独特香气，兴隆山楂的名声已然随着风飘向大好河山，作为贡品，也作为兴隆特产的骄傲，立于承德，立于燕山地区。

种植加工　有标准：严格标准是提高产业活力、扩大产业规模的重要途径，万亩山楂树，迎着日光和雨露蓬勃生长，在严格的准出标准下投向市场。种植是山楂生命的创造，加工是山楂生命的延伸，标准是山楂生命的升华。

八方畅销　口碑好：热卖全国，畅销网络是兴隆山楂的美丽现状，严格的标准、卓越的品质、独特的口感，为兴隆山楂一步步搭建起好口碑，而好口碑则反向推动产品的畅销，循环往复，健康发展。

药食同源　味正宗：《本草纲目》的墨迹未干，转眼已经千年，红果药食同源的特性已然成为大众认知，小小的红果，大大的用处。温顺的药性，正宗的味道，对于山楂，满是认可。

酸甜清口　百代红：犹记得童年举着一个糖葫芦，染红的嘴角，甜甜的味道，纵然时光已过十数年，记忆依旧清晰，正如千百年来，一代又一代山楂情感，一代又一代红红火火，酸甜清口，百代皆红。

兴隆山楂　红火兴隆

◉ 品牌带动

自兴隆县电子商务进农村综合示范项目开展以来，兴隆县电子商务公共服务中心立足当地产业发展，基于“兴隆山楂”名称及商标，结合“兴隆山楂”统一的品牌管理标准和品牌形象体系，作为加强“兴隆山楂”品牌建设和管理的主线，把产前、产中、产后管理贯通起来，打造科学的“兴隆山楂”品牌管理体系。提升兴隆山楂区域公用品牌，形成了整套VI手册，将品牌形象统一的包装体系（盒、箱、袋、瓶、桶、贴等）及用于质量追溯的贴标作为品牌管理的抓手，将“兴隆山楂”与其他地区的山楂产品区别开来。广泛深入开拓“兴隆山楂”品牌产品的市场空间；运用质量追溯信息，维护广大从业者和消费者的合法权益，保护“兴隆山楂”品牌，促进产业可持续发展。

目前，兴隆县山楂栽培产值达3.6亿元，占全县农业总产值的36%，年加工山楂能力达到20万吨，实现产值7.1亿元。山楂加工转化率达63%，山楂生产及加工收入占当地农民人均纯收入的33.8%。

◉ 品牌规划

下一步，兴隆县将继续实施品牌战略，打造兴隆山楂区域公用品牌，通过创塑品牌形象、强化品牌管理、建立健全公共服务体系来夯实区域公用品牌建设基石，壮大产业主体、拓宽品牌传播渠道、促进产业融合，提升兴隆山楂产业综合效益。

通过资源整合与统筹运作，促动山楂产业全面升级；发挥品牌效应，统筹线上线下渠道，做大市场，做大兴隆山楂贸易规模，打造高端品牌农业的产业链生态。

通过区域公用品牌发展战略的实施，推动兴隆县农业步入农业现代化的生态精品产业发展之路，围绕“品牌化、标准化、电商化”的核心基础，带动全域山楂产业的组织化、网络化、数字化、规模化、规范化发展，通过政府主管部门牵头，产业龙头企业引领，使市场主体与农业技术组织及农业科研机构的创新实践相结合。

以农旅融合、文旅融合的方式有效促进一二三产业的融合发展，促进产业增效、农民增收，实现生产、生活、生态的“三生共赢”，在深化农业供给侧结构性改革的同时亦将带动农业现代化发展步伐，从而助力区域经济发展和国家乡村振兴战略的进程。

最终，通过兴隆山楂区域公用品牌的打造，提炼出普惠全域农民群众的兴隆品牌农业模式，为河北乃至国内县域农业发展树立新样板，为中国品牌农业发展进行全新的实践与探索。

蠡县麻山药
Li Xian Ma Shan Yao
岁月之蠡 药食同源

『秋夜渐长饥作祟，

一杯山药进琼糜。』

山药与人参、冬虫夏草齐名，是一味珍贵的中药材，被历代医家所推崇，称赞为长寿因子，药食兼用，是适合任何体质的人长期食用的养生食材，人称『神仙之食』。

山药之乡　养生好品

蠡县麻山药的种植历史近3000年，为世界山药起源驯化中心之一。因与其他山药品系相比，食之具有淡淡的麻感而被称为“麻山药”。据《蠡县水利志》记载，蠡县地处黄淮海平原腹地，穿境而过的大清河水系南支潴泷河等水流，在此冲淤形成了极适宜生产优质麻山药的砂壤质潮土。该土层上虚下实，加之当地较大的温差，为山药的种植提供了得天独厚的自然条件。当地老百姓经常说市面上只有“两种山药”：一种是蠡县麻山药，另一种是其他。

蠡县麻山药品质优良，特征明显。嘴短皮白，块茎匀称；肉质细嫩，入口香甜；水分含量低，折干率高；富含氨基酸和锌等微量元素；有健脾补肺、固肾益精、益脑养颜、抗疲劳、抗有害物质刺激等功效，口感更细腻滑爽，别具风味，可制成拔丝山药、枣泥山药等。药食同源，有益健康。

如今，蠡县是“中国山药之乡”，全县麻山药种植面积近10万亩，产量25万吨，年产值达20亿元，品种包括棒药、紫药、小白嘴等。2006年，“蠡县麻山药”以其悠久的栽培历史、优良的品质、独特的口感被批准为国家地理标志保护产品。

种植历史近 3000年

种植面积近 10万亩

产量 25万吨

年产值 20亿元

价值重塑　品牌升级

站在历史和时代发展的交汇点上，新一代蠡县人整装再出发，加快特色产业建设步伐，力争打造国家级区域公用品牌。

品牌定位

岁月之蠡，药食同源。

岁月之蠡：一语双关，重点突出产地、产业的元素。第一层含义意为近3000年的种植延续创建了如今的致富产业，突出蠡县这座城市产业振兴发展的岁月长河；第二层含义又意同音“岁月之礼”，意为3000年的种植传承，经历了岁月的流转带给蠡县一份美妙的“礼物”，曾经由于土壤冲击带来的适宜环境，诞生了造福一方的产业。

药食同源：从产品价值出发，重点突出产品的养生价值。

品牌LOGO

提升麻山药品牌“特色化”建设

按照“区域公用品牌+企业产品品牌”融合发展模式，推动形成以麻山药区域公用品牌为核心，辐射“精而美”的企业品牌格局，进一步扩大在全国的影响力，在2025年底前，将蠡县麻山药打造为国家级区域公用品牌。

深度挖掘蠡县麻山药作为地理标志保护产品区别于其他山药的显著特征，以康养保健为突破口，明确市场定位，以多种手段，开展高频率、高规格针对性宣传，突显蠡县麻山药品牌灵魂。

继续与电商创新合作，展示产业新形象，打造蠡县麻山药在全国的影响力；积极组织新型经营主体参加各种展销会、推介会、网络评选等活动，提升消费者对蠡县麻山药的品牌认知度。在展会、推介会及网络评选中获得国家级、省级前三名的给予一次性奖励；充分发挥政府引导及保定麻山药产业联盟、蠡县麻山药产业协会的带动作用，组织各类经营主体进行打包宣传，体现蠡县麻山药区域公用品牌价值。

◉ 强化麻山药生产销售全过程监管“规范化”运行

按照产前、产中、产后标准相配套的原则，制定出台全产业链技术标准。到2025年，制定出台麻山药种植、分级、收储、运输等系列标准，形成完备的标准体系。成立麻山药产业综合管理委员会，建立执法约束机制，重点对麻山药生产实施全程质量监管和执法，推动产业健康发展。落实种植主体责任，实行农产品质量追溯和承诺制度，对投入品建档管理，把投入品建档管理情况作为各类认证和创建的重要内容，实行挂钩联动。加强对麻山药农产品质量安全的常规检测，鼓励生产经营者积极申报绿色、有机认证。严格监管，严禁不合格产品流入市场，一经发现严肃查处。

蠡县麻山药近3000年的种植延续与产业传承，成为了市场流通中的养生明星产品，从老一辈麻山药种植为产地代言到如今新农人传承创新创建金字招牌，紧握品牌发展机遇，带动电商资源、社交渠道、媒体资源、品牌策划等进行整合营销，借势核心资源带动蠡县麻山药实现品牌扩张、产业升级。

产业融合　砥砺奋进

蠡县坚持标准化、规模化、品牌化、专业化、产业化管理模式，在引领现代麻山药种植业向绿色化、生态化方向发展的同时，探索"合作社+农户""合作社+家庭农场""物联网+"等多种新型主体经营模式和特色精准扶贫模式，推动以麻山药为特色的一二三产业融合发展。

◉ 种植"科学化"引领

蠡县坚持推进标准种植，以贯标促提质，以提质促增效。以《山药生态种植技术规程》(河北省地方标准)为依据，开展技术指导和培训，规范麻山药种植、管理、收获技术，统一标准、统一流程，实现绿色生态规范要求。对麻山药根结线虫导致的重茬问题开展技术攻关，进行麻山药脱毒薯苗培育，同时加大麻山药种质资源保护力度，探索新型种植模式，逐步增加适种面积。同时，鼓励规模种植。蠡县优化种植园区，以麻山药原产地认证的7个乡镇为依托，每个乡镇建设1个500亩以上的标准化种植园，园区优先配备病虫害绿色防控设备，统一使用"蠡县麻山药"地理标志保护产品标识，辐射带动全县麻山药标准化种植。

◉ 市场"专业化"开拓

搭建功能完备的市场平台，实现麻山药产品流通"线上+线下"融合发展。重启曲堤麻山药交易市场，建立交易标准化、配送集中化的现代流通体系。到2025年，把曲堤麻山药市场打造成为有一定影响力的麻山药专业市场。在蠡县津石高速口附近建设占地百亩的农产品产地仓。与阿里巴巴合作，充分利用其"互联网+"、云平台的优势，构建蠡县麻山药数字化交易平台，配套现代化冷链仓储、物流，实现产、供、销全链条数字化、可视化和品质化，提高采购、销售效率，降低物流成本。

◉ 加工"集群化"发展

坚持高起点规划、高标准建设蠡县麻山药食品园，促进麻山药加工企业向园区集聚，打造专用原料、加工转化、产品研发、便捷营销融合发展的现代化产业园区。打通科技成果转化应用"最后一公里"，鼓励麻山药加工企业与科研院校加强沟通交流，合作开发麻山药保健品、食品、饮料、预制菜等适合市场需求的深加工产品，打造蠡县麻山药高端产品，填补市场空白。目前当地的企业研发了麻山药粉、饮料、罐头、面条等系列产品，不少产品获得了消费者青睐。

◉ 研发"创新化"驱动

加大产学研融合力度，与河北农业大学合作成立河北省山药产业研究院，研究院设在经济开发区，对麻山药种植、加工、产品开发、销售各个环节把脉问诊，为产业健康、跨越发展提供强大智力保障。形成专家、技术员、经营主体互动的三级科技服务网络，建立稳定的技术服务队伍，加强技术宣传和培训指导，让新技术走向田间地头、走进工厂车间，让麻山药经营者都成为行家里手。

同舟共济扬帆起，乘风破浪万里航。如今，蠡县麻山药初步形成了种植有基地、生产有标准、加工有龙头、服务有协会、销售有市场的麻山药产业格局，近3年年产值均超20亿元，且年均增长速度超过8%，成为县域经济发展新动力。

安平白山药

An Ping Bai Shan Yao

宰相山药

『山药依阑出，分披受夏凉。』从炎热酷夏到薄凉的深秋，山药吸纳土地精华，在11月『结实终堪食』，成为百姓家中餐桌常见食材。

山药作为"药食同源"的经典代表，在中国至少有近3000年的历史。秋末冬初，雨过三巡，市面上就会出现形态各异的山药，值得一提的是，在众多山药中，还有一种山药叫"安平小白嘴白山药"，其肉质洁白细腻、口感软糯香甜，深受老百姓喜爱。

安平，自汉高祖时置县，已有2200多年历史，因"官民安居乐业且地势平坦"而得名。安平是"白山药"之乡，地标产品"安平白山药"美名远扬。

安平白山药种植历史悠久，自汉朝时期便有记载，成书于东汉时期的《神农本草经》更把山药列为上品，兴盛于唐朝。在汉唐时期，当地著名的名门望族崔氏家族历来喜欢品食小白嘴白山药，崔氏家族出了20余位宰相、将军等，显赫人物更是上百余位，因此，小白嘴白山药被赞誉为"宰相山药"。在《西厢记》中，山药因美容养颜的功效，得崔莺莺钟爱，又因其眉清目秀，唇红齿白，口若樱桃的外貌，使当地老农民们便将崔家小姐喜欢的品种称为小白嘴白山药。那时农民就把白山药当作一种时令蔬菜种上，收获后在农村集市上出售或当作滋身健体的补品赠送亲友，由于产量低而成为稀罕珍品。

得天独厚的自然环境成就了安平的高品质山药。北纬38°线是一条神秘的纬度线，安平便坐落于此。安平位于华北平原中部，滹沱河、潴龙河两条河流自西向东贯穿而过，多年平均降水量537.2毫米，深层地下水是优质的淡水资源。沿河两岸以河流冲积物为主，土层深厚，富含云母及养分，适宜白山药种植。因此，这里产出的“小白嘴白山药”品质独树一帜。小是指，相同的生产期限，其产量小但营养价值更高；白是指，其表皮较白肉质如玉，皮里易剥离；嘴是指，山药末端如婴儿嘴巴，同时嘴儿化读音表明了是最好吃的山药品种。

该品种肉质洁白细腻、口感软糯香甜，营养价值极其丰富，经化验分析，每百克中含有碳水化合物19.9~21.5克，蛋白质1.9~2.25克，铁、锌、铜、锰的含量也很高。除此之外，还富含多种滋补成分，可以补脾健胃，常食有益身体健康。

“安平白山药”已被批准认定为国家地理标志保护产品和省级区域公用品牌，亩均收益万元以上，是名副其实的“万元田”。2019年白山药产业被安平县政府列为重点实施的特色农业产业。依托白山药产业，安平县涌现出一批白山药规模种植及销售主体，建成了从种植到冷藏到销售完整的产业链条。

在种植端，元龙农产品种植专业合作社是国家级示范社，大力实施绿色白山药现代种植，多次承担农业系统“有机肥替代化肥”“白山药连作障碍”等试验示范，白山药产品已于2011年被认证为绿色食品，“圆隆”品牌的白山药2014年被评为“衡水市知名商标”，连续举办了两届白山药丰收展会，均圆满成功。耕耘者种植专业合作社是衡水市农业产业化重点龙头企业，开展白山药种植、仓储、销售、物流于一体综合业务。年可冷藏存储白山药1.6万吨，年交易量可达14万吨，辐射带动县域白山药种植5000亩。与湖北、湖南、河南、江西、北京、黑龙江、吉林等省份30多家大型超市建立了常年基地直供。

在加工端，梦园河北食品制造有限公司是中国白山药精深加工行业的领跑者。通过深度挖掘当地农业特产“小白嘴白山药”，与当地农业合作社形成联盟，扩大对白山药的种植，并发挥自身优势对山药进行食品深加工，研制开发山药类食品100余种。销往全国28个省份，出口美国、日本及中东、东南亚、非洲等十几个国家。目前，与东方航空食品投资有限公司、中粮集团、正大集团、同仁堂、国药集团、乐仁堂等单位达成长期合作关系。

在品牌端，打造安平白山药区域公用品牌，重塑安平白山药品牌形象。

安平白山药

—— ANPING BAI SHAN YAO ——

标志释义：标志中央一条蜿蜒而入的滹沱河，自西向东流经安平县，河流两岸土地丰腴肥沃，气候宜人，是山药生长的沃土，又流经安平文物古迹“圣姑庙”，体现出了“安平白山药”历史悠久，并传承至今的“山药文化”。标志主体由画而入，首先就给人回归田园的感觉，又类似手绘，寓意年轻而闲适的生活乐趣；右侧缀以公共品牌，予观者更直观的印象，更利于品牌的传播；英文点缀与案名完美地承接起来，浑然天成的融合中又充满对比的张力。最后以安平白山药的叶子及耕作的农民元素作为点缀，寓意此品牌纯天然种植，是真正意义上的环保生态食品。

在市场端，安平白山药价格比普通山药市场价格高1~3倍，安平白山药品牌40厘米以上比普通白山药每千克高了6元左右，以广东市场为例，这里的安平白山药日销售量5万千克左右，比普通白山药增收20万~35万元。由于具有较好的市场前景和产出效益，近年来安平白山药呈现较快发展趋势，已经成为安平县优势富农支柱产业。2022年，全县种植面积5万亩，涉及70多个村、5000多户农民从事白山药产业，2022年实现销售收入12亿元，农民人均增收6000多元。

淘洗历史，糅合时光，一代代中国人在天地间升起烟火，用至精至诚的心意烹制食物，一餐一食之间，展示个性，确认归属。而安平人的归属就是长在田间地头的一垄垄白山药。对于安平人来说，无论单独蒸制，还是和小米粥搭配，或者是和蔬菜炒炖，“小白嘴”的味道一直都是那么绵软悠长，甘甜软糯。

春耕、夏耘、秋收、冬藏。年复一年，安平人把白山药种进地里，也把一个美好的梦种进这片泥土中。

井陉连翘

Jing Xing Lian Qiao

连翘花开满山金

有一种植物满枝金黄，一簇簇黄色的花丛绚丽地唤醒春天，让人感受到浓烈的春之气息。它就是连翘。

关于名字的由来，有一个美丽的传说。传说岐伯有个孙女就叫连翘，一次祖孙俩在山上采药时，岐伯因尝试一种新草药中毒，口吐白沫，危在旦夕。深山老林里，叫天不应，呼地不灵，连翘心急之下顺手捋了一把身边的绿叶，揉碎后塞进爷爷的嘴里。谁知，岐伯竟然慢慢苏醒过来。恢复健康后，岐伯对这种绿叶产生了兴趣，发现这绿叶有较好的清热解毒作用，效果甚佳，其果更棒。于是，便记入他的中药名录，以孙女之名将其命名为“连翘”。《尔雅》中也有着连翘的记载，几千年以前，它已为人们所熟知。在民间，常采集连翘的嫩茎嫩叶制作成“连翘茶”“连翘菜”，清凉去火，等到秋天就可以采收果实药用。连翘花通常单生或2至数朵着生于叶腋，先于叶开放，花期3—4月，果期7—9月。

“千步连翘不染尘，降香懒画蛾眉春。”每年3月、4月，一树树、一丛丛、一片片、一团团、一簇簇、一道道，黄花照眼明、金色漫山川，像燃烧的黄色火焰，井陉漫山遍野尽披黄金甲，渲染着这片土地的热情与无限活力。

井陉以地形而得名，所谓“四方高，中央下，如井之深，如灶之陉，故谓之井陉。”是传统的太行山道地中药材主产区，素有“天然药库”之美誉。连翘种植历史悠久，清雍正八年（1730年）《井陉县志》中就有广泛种植的记载，相传还曾被列入宫廷供品。据权威部门检测，井陉连翘中芦丁、连翘苷等有效药用成分含量远远高于国家药典标准。

井陉野生连翘资源丰富，井陉县洞阳坡村，是最早进行连翘人工种植实验的区域，具有连翘种植的先发优势。连翘适宜生长的区域在海拔800~1500米，井陉县海拔在150~1273米，适宜连翘等中药材生长的面积达32万亩，岗坡次地12万亩，是连翘的优质高产区。同时井陉县气候条件不但与连翘喜温、喜光、耐寒、耐旱等生长特性相吻合，而且由于日夜温差大、雨热同季的特点，使得井陉连翘果实饱满，色泽鲜亮，青翘为黑绿色，老翘为棕黄色，果形椭圆，质坚硬，气芳香，味苦，药用有效成分含量更高，井陉连翘药用有效成分含量多在1.0%左右，最高可达1.63%。除了药用价值外，连翘还可以提取食用油脂，叶、花、嫩芽均可加工成茶叶饮品，花及未成熟的果实可用于化妆品、日用品，市场前景广阔。

如果说甜是大地最直接的善意，那么，苦则是大地的良苦用心。连翘是大自然给井陉人最慷慨的馈赠，勤劳朴实的井陉人从不辜负自然恩赐。近年来，井陉把发展连翘产业作为打造农业强县的主导产业，坚持一二三产业融合发展，成立了连翘产业协会，通过了“井陉连翘”国家地理标志商标认证，并开发出连翘茶、连翘饮料等深加工产品。目前，全县连翘种植面积达28万亩，预计2024年将达到40万亩。井陉也由此成为全省首批中药材种植大县，跻身河北省道地中药材产业集群，并成功入选“十大冀药”产业强县，成为全省首批中药材种植大县。

井陉是纯山区县，农产品规模化发展先天不足，但却有着精耕细作、传统手工艺制作和高山、有机、无污染的品质保证，以及独一无二的文化内涵等核心竞争力，打造农产品区域品牌优势得天独厚。不断提高井陉特色农产品的品牌转化价值和富民效应，使之成为井陉乡村产业振兴、农民增收破题的“金钥匙”。

2023年7月7日，井陉连翘区域公用品牌发布会举行。这意味着，井陉连翘将成为全国农产品品牌中的佼佼者，标志着井陉连翘步入品牌化时代，也为进一步深化全县的农业供给侧结构性改革和整个产业的高质量发展奠定坚实基础。

品牌定位

连翘，作为一种中药材是根基，但单一的用途无法支撑更广阔的发展，需要在产品基础上做产业布局的升级。建立公用品牌的目的是将井陉连翘产业变成“黄金产业”，井陉连翘做的不是产品品牌，而是产业品牌。其核心竞争力为药用，以园区为基石，加码文化赋能，按照规划，井陉将会形成集合种苗繁育、种植、深加工为一体的产业集群。

品牌LOGO

群山环绕的独特地理特征，孕育了井陉连翘的独特发展之路，以此为依托进行的多层次的产业布局，终将使井陉连翘产业变成黄金产业。

井陉连翘
Jingxing Forsythia
井陉连翘·道地井陉

品牌文创

基于连翘或连翘花的特点和文化内涵，可以开发多种多样的文创产品，通过多样化的文创产品开发，可以让更多人了解和喜爱连翘文化，同时也促进区域公用连翘品牌的发展。

小小连翘，一身是宝。种植“苦连翘”，不仅实现了生态保护与绿色产业发展的和谐共融，也促进了井陉群众持续增收，让群众过上了“甜日子”，连翘种植已经成为井陉助力乡村振兴的支柱产业。

连翘花开，寓意春天到来，黄花铺天盖地与错落有致的山脉交相辉映构成一幅美丽的山水画卷，也承载着连翘造福人类健康的美好希望！

莫笑农家腊酒浑，丰年留客足鸡豚。

《游山西村》宋·陆游

06

第六篇

畜

生态畜养
绿色领先

河北省畜禽种业基础扎实，现代化养殖水平高，绿色发展水平不断提升，畜禽产品产量持续增加，消费市场肉蛋奶供应充足，极大丰富了城乡居民的『菜篮子』，为稳产保供发挥了重要作用。

献县肉鸭

Xian Xian Rou Ya

两京御鸭 香献天下

北京烤鸭色泽红润、肉质鲜美，醇厚的味道受到全国人民喜爱。民以食为天，食以材为先。美妙的味道总是离不开道地的食材，要想烤出正宗的北京烤鸭，必须要用正宗的北京鸭。距北京150千米的沧州献县，正是北京烤鸭鸭坯的原产地。

乾隆皇帝注重养生，喜食鸭肉，寿至89岁。乾隆皇帝经两京驿道南巡，13次驻跸献县，在滹沱河畔的行宫屡食献县肉鸭。献县境内五河交汇，献县肉鸭依水生息，肉质鲜嫩，因乾隆皇帝食用，献县肉鸭被称为“御鸭”。献县肉鸭声名大噪，北京烤鸭、金陵烤鸭商家皆沿两京驿道前来采购，因用献县肉鸭烤炙的烤鸭鲜香无比，献县肉鸭由此被誉为“两京御鸭，香献天下”。

好水育出好肉鸭。献县拥有得天独厚的水资源条件，境内五河交汇，有“中国温泉之城”之称，地下水中含有丰富的有益健康的微量元素。献县肉鸭依水生息，肉质鲜嫩。得天独厚的水资源条件，现代化的生态养殖模式，标准化的屠宰制坯工艺，生产出优质高端的献县肉鸭。献县肉鸭是正宗（肉脂型）北京大白鸭，是生产高端北京烤鸭坯的正宗品种。鸭坯呈乳白色，体表洁净无毛；体型富态丰满，鸭皮均匀膨起；体态匀称完整，烤炙香嫩美味。因此，献县肉鸭被誉为“烤鸭坯中的白富美”。

选鸭

选用的北京大白鸭，重量要在2.5~3千克，丰满膘足，无破皮，无淤血，鸭掌红润，体型匀称，腰部呈圆形，皮肤呈乳白色，表面干燥、无鸭毛。

制坯

挑选好的鸭子去鸭掌、取鸭舌、充气、开刀口、断直肠、掏净鸭内脏，再涮鸭膛保证膛内无污物及血迹。再将鸭撑支撑起来，使鸭脯隆起。再去鸭膀、洗膛、进行挂钩。

烫坯

首先将沸水均匀浇于鸭坯上，使毛孔紧缩。其次是挂糖色，将浓度正好的麦芽糖水，均匀浇淋在烫好的鸭坯上，之后即可放入-18℃的冷库冷冻保存。

晾坯

将鸭坯从冷库取出，放置在调试好的温度与湿度环境下8~12小时，晾好的鸭坯外形需完整无损，鸭脯表面干燥、无异味等。

近年来，献县依托肉鸭养殖这一传统产业，充分发挥农业产业化龙头企业的带动作用，通过“企业+产业链+农户”的经营模式，打造集原料种植、饲料加工、种鸭繁育、肉鸭养殖、屠宰制坯、熟食加工、冷链物流、餐饮门店连锁等一二三产业融合发展的全产业链条。

2019年10月23日，“第二届中国烤鸭产业高峰论坛”在沧州市献县举办，会上对“献县肉鸭”区域公用品牌进行了发布。

品牌LOGO

品牌字体采用浑厚稳重的乾隆字体，彰显“两京御鸭“的历史地位。品牌Logo整体由抽象的北京鸭剪影左右镜像组成，诠释了北京烤鸭经两京驿道由南京到北京的历史演变；两只北京鸭构成字母“x”符号，是献县拼音的首字母，传递产地来源。

鸭子在水面的倒影，呈现天坛形状，锁定北京皇家符号，传递“两京御鸭”的品牌价值定位。

献县肉鸭

两京御鸭·香献天下

核心价值

从市场利益感知、竞争差异化、献县肉鸭的产区/产品优势3方面着手，献县肉鸭的品牌核心价值提炼为“两京御鸭，香献天下”，传递区别于竞争对手的独特价值。

两京御鸭

嫁接产地优势，树立献县肉鸭的产品地位——我是御鸭，代表最高品质；选择御鸭，是明智的。

献

既是奉献美味，也是献县的产地，担当传播献县的责任。

香

是北京烤鸭这一终端产品的口味特征，为餐饮客户赋能，也为献县肉鸭建设“北京烤鸭产业集群”预留战略发展的空间。

天下

与“两京”“御”配称，树立最高地位。

价值支撑

农产品区域公用品牌的价值体系一般由4部分组成，包括产品价值、产地价值、产业价值和文化价值，四者合一，系统性支持品牌核心价值。

产品价值

献县肉鸭的养殖品种为正宗肉脂型北京大白鸭，品种正宗；采用先进的屠宰制坯工艺，生产高端正宗北京烤鸭坯，是烤鸭坯中的“白富美”。

产地价值

境内五河交汇，献县肉鸭依水生息，肉质鲜嫩。

文化价值

献县肉鸭遵循儒家文化“天人合一”的自然生态伦理和“万物一体”的生命关怀意识，采取生态化养殖模式，终止了“填鸭”饲养模式，实现了食品安全的全程可控，打造从田间到餐桌的生态产业链。

产业价值

在全国首先喊出抢占“北京烤鸭坯产业集群”的产业地位，引导“采购烤鸭坯，首先来献县”的理念。在此基础上，发展荷叶饼、蘸酱、烤鸭炉等烤鸭周边产业，引导“北京烤鸭”餐饮创业，打造“北京烤鸭”产业集群。

品牌传播语

品牌传播语是用最简洁、最直白、目标消费者最容易接受和传播的一句话来描述品牌核心价值和利益。

献县肉鸭的品牌传播语采用主副结构。主传播语为“北京烤鸭出献县”，这句话与“北京烤鸭应该出自北京”形成了反差，能引发观众的好奇和关注；副传播语为“河北献县·北京烤鸭坯产业集群”，解释了主传播语“北京烤鸭出献县”的由来——原来是因为北京烤鸭采用了献县肉鸭做鸭坯原料，所以说“北京烤鸭出献县”。

此外，“北京烤鸭出献县”也为献县肉鸭产业的下一步发展——“北京烤鸭产业集群”打下伏笔。

政策兴农，品牌农业浪潮涌动；鸭业激荡，献县肉鸭香献天下。

立足史料记载、产业现状和消费需求，“献县肉鸭”区域公用品牌以“两京御鸭，香献天下”为品牌核心价值，综合体现了献县肉鸭产业的历史人文优势、产地优势和产品优势，聚焦打造“北京烤鸭坯产业集群”。目前，献县肉鸭的鸭坯产销量已经占到了全国的12%左右，位居第二，在河北省位居第一。已成为便宜坊、故乡情等国内知名烤鸭连锁店原材料的主要供应商，俏销国内各省份。“献县肉鸭”被认定为河北省特色农业优势区和农业区域公用品牌，成为当地乡村产业振兴中响当当的“金字招牌”。

唐山河鲀

Tang Shan He Tun

谱乡村振兴新篇章

作为优质食材，河豚被盛赞为『天下第一鲜』，而其偏偏却又身带剧毒，能去除毒素将其制成美味的技法自古秘而不宣。这些极致的特点叠加在一起，为源远流长的河豚文化蒙上了一层神秘的色彩，河豚的命运也跌宕起伏。

唐山河鲀品牌的“前世今生”

长久以来，民间一直流传着“不食河豚焉知鱼味，食了河豚百鲜无味”的说法。河鲀被人们尊崇为“百味之王”。历史上，北宋文人苏东坡也在民间留下了“搏死食河豚”的传说，同时也留下了“蒌蒿满地芦芽短，正是河豚欲上时”的千古名句。河鲀鱼除了独有的美味，对人的身体还大有裨益。“唐山河鲀”不仅营养丰富，更是高蛋白、低脂肪的健康食材，含有丰富的人体必需的氨基酸和多种微量元素。可食部位中的谷氨酸含量为鱼类之最，长期食用可增强人体免疫力，对心脑血管疾病、高血压、肝炎、肺结核等有特殊的食疗作用。鱼肉蛋白质、脂肪含量与河鲀野生品种间含量无显著差异；钾元素、DHA、EPA含量均明显高于其他地区养殖的红鳍东方鲀。EPA、DHA这两种被称为“脑黄金”的特殊脂肪酸，对脑健康有大补功效，同时河鲀还含有丰富的胶原蛋白，是增白养颜的名品。

由于河鲀含有毒性为剧毒氰化钠1250倍的致命神经毒素，早在1990年，我国《水产品卫生管理办法》规定“禁食河鲀鱼…… 鲜活河鲀鱼不得销售食用”。从此，人们谈河豚而色变，河鲀也因此逐渐淡出了人们的视野。直到2016年9月，农业部办公厅国家食品药品监督管理总局办公厅才下发通知，有条件放开红鳍东方鲀、暗纹东方鲀的养殖和加工经营。首批取得资质的加工厂，全国只有5家，“唐山河鲀”授权单位唐山海都食品水产有限公司位列其中，这也是河北省唯一取得该资质的公司。从此，经过正规加工厂生产、去除有毒部分的河豚，可以名正言顺地摆上餐桌了。千百年来，人们既渴望一尝又忌惮有毒的珍馐终于被安全地送到大家面前。目前，唐山市能制作河鲀菜品的饭店已经达到几十家，还有了河鲀菜品专门店。

“唐山河鲀”的核心优势

养殖历史悠久，模式先进

令人称道的“唐山河鲀”，专指出产于唐山地区人工繁育、养殖的红鳍东方鲀。20世纪80年代末90年代初，唐山率先突破了河鲀鱼海水繁育和人工养殖技术，网箱养殖河鲀获得成功，成为中国最早养殖红鳍东方鲀的地方。2000年以来，“唐山河鲀”开始采用深水网箱养殖，距离岸边约25千米，水深达到了10米以上，水质清澈；水体大，水流消化能力比较强，天然饵料多，品相和肉质更接近于野生。带动了红鳍东方鲀产业的可持续发展、高水平发展。2004年，十里海养殖场的虾鲀混养模式大面积养殖成功。

品质独特，肉质鲜美

特定的气候、优越的地域环境造就了“唐山河鲀”得天独厚的产品品质优势，其中最大特点就是海水养殖的红鳍东方鲀条纹显著、花纹鲜艳。肌肉嫩滑、晶莹透明，鱼皮、鱼肉触感柔滑有弹性，熟制后软糯鲜香。平均个体1062.14克，体长一般为30~40厘米，大者可达70厘米。

养殖基地亚洲最大

唐山成为我国农业农村部和国家市场监督管理总局发文允许食用的红鳍东方鲀的主产区，是亚洲最大的河豚鱼养殖基地，年培育红鳍东方鲀鱼苗2500万尾，红鳍东方鲀养殖面积1033公顷，年产量2300吨左右，实现年产值2.5亿元，上下游产业链年产值5亿元，土池养殖产量占全国90%以上，鱼苗产量占全国的90%以上，养殖面积和产量在全国位列首位，产品80%以上远销日韩。

品牌塑造

随着“唐山河鲀”产业呈规模化、产业化、区域化发展，“唐山河鲀”成为唐山特色水产品，也成为渤海区域海水养殖的一大亮点。为了传承“唐山河鲀”文化，壮大“唐山河鲀”特色产业，提高市场知名度。唐山市全力打造了“唐山河鲀”区域品牌，深度挖掘地域价值和独特品质，提高消费者认可度，进一步扩大销售市场，增强品牌效应。

唐山

唐山河鲀Logo，中间部分的图形为唐山的“唐”字与河鲀鱼形象的合体。代表了地理标识的地域属性。居中的河鲀鱼形象代表了地理标识的标志性产品属性。

圆形外框分为上下两部分，上部为绿色，代表唐山郁郁葱葱的青山，下部为蓝色，代表唐山的蓝色海洋。体现出唐山多样的地貌特征和丰富的海洋渔业资源。

Logo下方还标有代表唐山位置的经纬数据，更加体现出区域的严谨性。

唐山河鲀
TANGSHAN PUFFER FISH
(°E 118°03'30.86"—119°17'45.46"
°N 38°55'58.63"—39°27'15.92")

打响“唐山河鲀”品牌知名度

加强品质管控，夯实品牌基底

切实把“唐山河鲀”农产品地理标志的监管、养殖、加工、宣传和销售各项工作抓细、抓实、抓落地，产品必须加入国家农产品质量安全追溯管理信息平台、河北省农产品质量安全监管追溯平台等监管体系，以保证“唐山河鲀”的品质。另外，采用二维码技术，建立专门网站，消费者可随时掌握“唐山河鲀”从养殖场到餐桌的所有信息，实现水产品质量全程可追溯。始终坚持依靠科技引领，不断开拓创新，引领唐山河鲀产业在良种选育、高效养殖、深加工、国内外市场开发等工作走在全国最前列。

加强品质管控，夯实品牌基底

充分挖掘“唐山河鲀”历史人文和农耕文化，推进“唐山河鲀”产业发展与文化、旅游、教育和康养等产业融合。一是设计研发了河豚标本和河豚卡通特色陶艺外延产品，让消费者全面了解“唐山河鲀”品牌。二是打造河鲀小镇。建设了集展示体验、科普、品牌宣传、河鲀美食推介等于一体的“唐山河鲀”主题展示体验馆和曹妃甸河鲀小镇，规划设计了唐山河鲀鹭港美食文化一条街。2021年5月获得了河北省第五届农业品牌系列评选区域公用品牌称号。三是举办不同形式、规模的河鲀鱼文化美食节等活动。

找准品牌定位，健全销售体系

“唐山河鲀”产品定位中高端消费群体，围绕群体需求，在品牌形象宣传上，策划设计产品新包装，产品宣传册、外包装、产品手提袋全部印刷Logo标识，让终端客户感受“唐山河鲀”品牌的内在价值。在“唐山河鲀”的销售渠道策略上，明确渠道定位，按渠道、按区域设立特许经销商，设置专卖店。做好网络营销推广，入驻京东、淘宝等具有影响力的网络销售平台，建立健全市场渠道销售网络。同时，组织引导企业加强售中、售后服务培训，提升服务方式和服务质量，全面提升消费者体验感，提高“唐山河鲀”品牌知名度，成为消费者心目中的知名品牌。

多渠道宣传，提升品牌影响力

不断加大“唐山河鲀”品牌宣传力度，提高品牌影响力和产品价值。一是充分运用电视、网络（微信公众号）、报刊、杂志等媒体收视率高、读者众多的特点进行多渠道的品牌宣传，并且在《中国水产品》等报纸、杂志上做平面广告，全方位多维度地宣传“唐山河鲀”品牌水产品。二是组织企业到各地参加国内外大型展销会、品牌推介会，直接通过现场讲解宣传“唐山河鲀”品牌形象，通过现场试吃体验，能够更直接、更形象地让消费者感受产品品质和品牌文化。

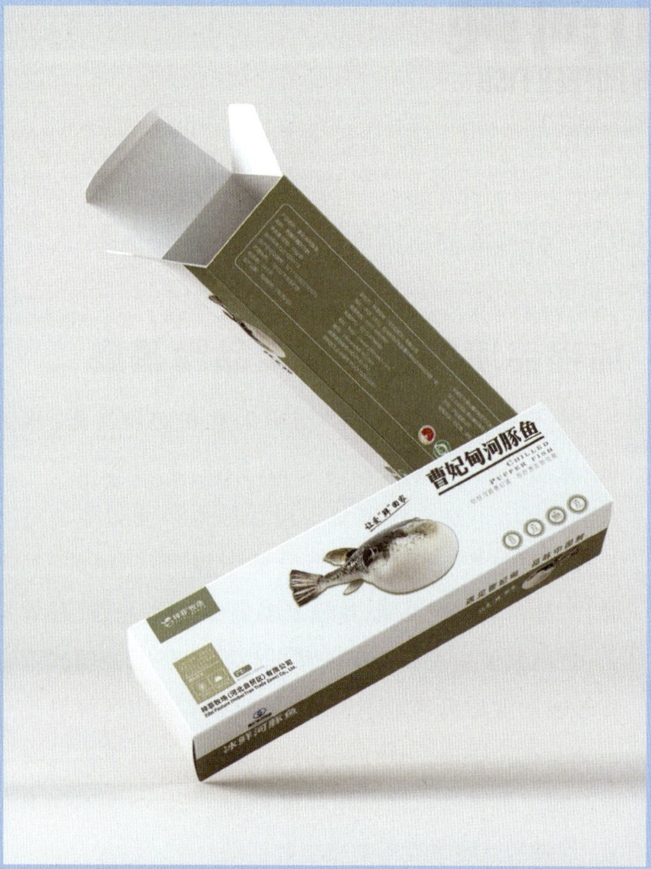

品牌对产业的带动效应

“唐山河鲀”品牌的建立带动了唐山当地及周边区域水产养殖及加工业的快速发展，形成了以水产品精深加工带动工厂化养殖与海水养殖、捕捞等传统产业的特色经济格局，同时也带动了运输、饲料、加工、休闲渔业等相关产业的发展，成为唐山乡村振兴的重要载体。目前，依托品牌知名度，“唐山河鲀”离岸价格高达100元/千克以上，年销售额3亿元以上，全年销量约占全国红鳍东方鲀销量的50%以上，年带动养殖户就业100人以上，年人均增收5000元以上，捕捞渔民人均增收3万多元。

小小一条河豚鱼，成为唐山海洋经济的一张新名片，吸引着越来越多的人踏上这片神奇的土地，感受“唐山河鲀”的独特魅力。

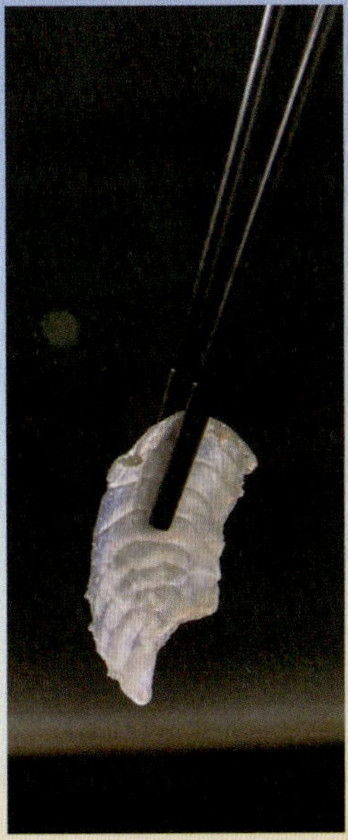

黄骅水产

Huang Hua Shui Chan

以食为鲜

鱼盐之利雄天下

黄骅，春秋、战国时期，地属齐国，自古便有『鱼盐之利』；据《盐山新志》记载：今黄骅县境，『鱼虾与盐并著』。相传，汉武帝东巡观海，得知此地盛产梭子蟹，便命随从蒸之，称人间美味，后在黄骅境内修建武帝台：《北魏地形志》载：『章武有武帝台』，《畿辅通志》（康熙版）载：『武帝台在盐山东北七十里』。

在河北省东部，有一片神奇的海洋牧场，海产丰饶，品质上乘。这里，便是黄骅。

黄骅生态环境优良，海水洁净，饵料丰富，海鲜得以茁壮成长。黄骅地处河北平原东部，渤海湾西岸，主要为平原地貌和海岸地貌。海岸地貌是海侵又转化为海退以后逐渐形成的，属于淤积型泥质海岸，特征是海岸平坦宽阔，上有贝壳堤、沼泽堤、海滩，组成物质以淤泥、粉砂为主。黄骅市所在地区属暖温带滨海半温润大陆性季风气候，具有四季分明、寒暑适中的特点。年平均气温10.8℃，海水盐度为25~33，pH值变化范围为8.2~8.6，海水透明度平均在0.4~1米，海水潮汐为规则的半日潮型。

这里饵料丰富，沧州市所辖海区是海洋生物传统渔场，是渤海水产品重要的索饵场、产卵场和越冬场，也是多种浮游动植物生活聚集区，现已查明的浮游生物50余种，底栖生物多达180余种。四周有5000公顷盐场，水生动植物繁多，有丰富的卤虫资源，是珍贵的天然活体饵料库，是我国北方海水鱼、虾、蟹、贝理想的繁育场所。丰富的自然资源为水产品的生存与繁育提供了优越的条件。

海味鲜美迎客到

黄骅水产，是大海的馈赠。千百年来，人们在这片海域辛勤劳作，捕捞鲜美的海味。

黄骅水产主要有鱼、虾、蟹、贝等，其中三疣梭子蟹和对虾最为出名。梭子蟹头胸甲呈梭形，表面有3个显著的疣状隆起，其体形似椭圆，两端尖尖如织布梭，故有三疣梭子蟹之名。与其他海域的三疣梭子蟹品种比较，甲宽和甲厚较大；背部为淡青色，后缘和后侧呈紫色，无灰白色斑点分布，腹部均为灰白色；螯部发达，长节呈棱柱状，内缘具钝齿，螯足背面紫色，具灰白色斑点；前3对步足蓝色，指节紫色，第4步足拿节和指节扁平、宽薄；肝胰腺色泽为橙红色。在冬季洄游季节个体最为健壮，一般重250克左右。可鲜食，或蒸、或煮、或煎、或炒，味道极佳；尤其是性成熟的雌蟹，肥满蟹黄，恰似红榴新拆，晶莹欲滴，色艳味香。另外，据《本草纲目》记载：三疣梭子蟹具有滋阴养血、解毒疗伤的功效，主治血枯经闭、关节扭伤、结核病等。

和黄骅梭子蟹一样，黄骅东方对虾也是渤海湾出产的风味独特的海产品。渤海湾水温低，泥质海底富含丰富的有机质，因此，黄骅出产的海鲜生长周期长，口感筋道，风味独特。对虾并不是因为它们常常一雌一雄成对地相伴在一起而得名的。对虾的得名是由于这种虾个头大，过去在北方市场上常以“一对”为单位来计算售价而得名的。黄骅海捕非养殖的中国对虾一般在30~50克，规格越大越稀少。用此虾做的油焖大虾乃经典名吃之最，壳薄虾肉香酥绵软，令人回味。此外，这里所产的鲜鱼、鳎目鱼、皮皮虾等都是享誉海内外的美味佳品。黄骅水产以鲜为主，清蒸、红烧、煎炸各有各的风味。以梭子蟹为例，梭子蟹可鲜食，或蒸、或煎、或炒，或一切两半炖豆瓣酱，或用蟹炒年糕、炒咸菜、煮豆腐，是沿海一带居民餐桌上的常菜。亦可腌食，就是将新鲜梭子蟹投入盐卤中浸泡，数日后即可食用，俗称“新风抢蟹”。

每逢佳节盛宴，海鲜便成为人们餐桌上的主角，在锅中翻炒，在烤箱中烤制，在蒸笼里蒸腾…… 海鲜释放出的诱人香气，唤醒食客的味蕾。黄骅水产，也成为了这片土地上独特的文化符号。2016年12月1日，在北京召开农业部地理标志农产品评审会，黄骅梭子蟹通过专家的一致认可，认定为农产品地理标志，成为黄骅市、沧州地区首个水产品地理标志产品。2017年4月20日，农业部正式批准对“黄骅梭子蟹”实施农产品地理标志登记保护。

乡村振兴，产业为要；产业振兴，品牌先行。2023年6月17日，“黄骅水产”区域公用品牌发布会在黄骅市举行。

品牌LOGO

该Logo是结合行业进行构思设计的。整体设计的风格巧妙地融入鱼、虾、梭子蟹的元素来展现出行业的主题，简约而有设计感。颜色上采用的是几种颜色搭配，可以衬托出Logo整体的美观和新颖，便于传播吸引更多人的眼球，令人耳目一新，易记。

黄骅水产

品牌口号：黄骅水产，以食为鲜

品牌包装

随着黄骅水产区域品牌体系建设的不断完善，品牌化水平、附加值和知名度不断提升，进一步推进黄骅水产养殖业发展方式转变，助力黄骅水产产业实现转型升级。

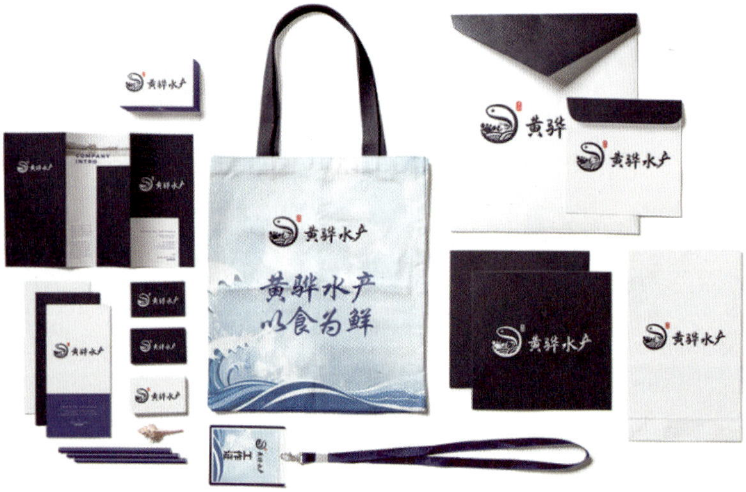

黄骅结合优质的水生态环境，通过科技创新助推现代水产发展，以智慧渔业促进水产产业变革，逐步开展南鱼北养、重点培育、设施提升，海水育苗、养殖业发展迅速。全市海水养殖育苗企业108家，水体33万立方米，是北方最大的水产育苗基地，年产值达4.6亿元，构建了多种海产品种苗培育、幼苗养殖、成鱼养殖一体化产业链条。同时，交通的发展拓宽了黄骅水产品的服务半径，从新鲜水产品的养殖或捕捞到餐桌的时间缩短，给人们提供了更加新鲜、优质的黄骅水产。现代渔业已成为渔民增收致富的新引擎，黄骅水产成为渤海之滨的亮丽名片。

“一手持蟹螯，一手持酒杯，拍浮酒池中，便足了一生。”道出了作者对蟹的嗜好程度。秋来黄花瘦、蟹满脂膏肥。秋日来到黄骅，正是蟹子肥时，黄骅的冬枣也到了成熟季节，一个北方海滨小城正呈现出最美妙的一面。

唐县羊肉

Tang Xian Yang Rou

放心羊肉 幸福唐县

随着寒冬的到来，一年大补正当时，尤其最宜进补羊肉。中国人对羊爱得深沉，在中文里，除鱼羊为『鲜』、羊大为『美』之外，中国人一直尊崇的『善』『义』之中，也有属于羊的偏旁。而在中国羊餐大布局里，大家餐桌上的羊肉其实很多都来自河北省唐县，这里是华北地区最大的肉羊养殖基地，常年存栏350多万只，年出栏700万只，年产值150亿元。

文化“羊”

唐县是千年古县，为古唐侯尧之封地，其名肇于上古，是华夏民族的发祥地之一。说起唐县羊肉，可以追溯到尧帝时期。相传，尧帝在唐（今之唐县）之时，篯铿以“雉”代“羊”，烹羹献之，尧食之而“受寿永多”，封“铿”于彭，篯铿就是“长年八百，绵寿永世”的彭祖，彭祖也因为进献羊肉受封而成为历史佳话。彭祖之所以寿命能达到八百岁是与经常吃羊肉分不开的。另据《本草纲目》载，羊肉暖中补虚，补中益气，开胃健力，益肾气，是助元阳、补精血、益劳损之佳品。

《战国策·中山策·中山君飨都士》里更是记载了建立于唐县的古中山国因为羊肉招致灭国的故事。公元前506年，鲜虞人在有险可守的中人城（今河北唐县西北

粟山）建国。因中人城城中有山，故曰“中山”，这便是初期的中山国，中山之名始见于史书。唐县现有遗址：北城子、西城子、固城、洪城、军城等。公元前489年中山君设宴分赐大臣吃羊肉羹，不小心漏掉了司马子期。这家伙一怒之下，跑去更强大的楚国，硬是说服楚国出兵，灭了中山国。中山君因一碗羊肉羹丢了王位，只能仓皇逃往国外，成为历史的笑话。由此可见当时羊肉在人们心目中的地位。千百年来，唐县居民一直有食用羊肉的习惯，通过各种方式进行精心加工，羊肉在满足无数肠胃的同时，也逐渐成为一种文化基因渗透到每个唐县人的精神世界。

进入21世纪以来，肉羊产业早已经成为唐县畜牧业发展的支柱产业，占畜牧业总产值的65%以上，成为华北地区的肉羊集散地。唐县依靠着当地养羊产业的优势资源，着力培育壮大肉羊养殖这一富民产业，走出了一条具有唐县特色的肉羊产业发展之路。

唐县的肉羊屠宰企业全部按照“自养、自宰、自制、自运、自销”的“五自”经营路线，封闭运行，以“公司+农户”模式建立了年出栏100万只肉羊养殖基地，实行“统一配送羔羊，统一配送饲料，统一防疫，统一收购”的“四统一”政策。同时，监管部门加强饲料生产、兽药经营、养殖屠宰、加工运输等各个环节的监管，确保各生产环节安全无公害，从根本上保证了“唐县羊肉”的安全性。消费者给予唐县羊肉的积极评价是“唐县羊肉放心肉”。

品牌“羊”

“打造一个品牌，激活一个企业，带动一方产业”。这是唐县开创“唐县羊肉”品牌时代的集结号。为不断提升“唐县羊肉”的品牌建设，唐县始终把产品质量安全监管、叫响唐县羊肉品牌作为头等大事来抓，不断完善产品质量安全监测和检测中心，以严格监管促进企业产品优质化。“生态、绿色、健康、文化、安全、放心”是唐县区域公用品牌可以着重打造优质产品、提取品牌文化的关键词。

生态：山地、丘陵、平原、河流，地貌俱全，属暖温带大陆性季风气候，空气湿润，气候温和，常年降水量539.2毫米。

绿色：饲草资源充足，生态风险较低，常态化管控治理。

健康：日照充足，自然成长。

文化：古唐尧封侯之地；革命老区；全国百家爱国主义教育基地；古老的唐河、通天河蜿蜒流经全境，交汇于西大洋，文脉厚重，民风淳朴。

安全：巡检和质检制度，全程闭环管理，过程可追溯。

放心：严格的准入与准出制度，市场和社会舆论双重监督。

田 地　　奔跑的羊　　“唐”字演义

Logo整体以唐县“唐”为主体演变，整体图形体现出唐县民风淳朴，人杰地灵，经济发展具有得天独厚的地理、自然资源养殖业的优势。

集群“羊”

为发挥产业集群效应，带动农民增收，唐县按照“一村一业”的发展目标，合理规划布局，逐步形成以南都亭村、宋高和村、宗高和村、房庄村等为代表的养殖专业村。同时，大力开展“办公室在农家”活动，安排专业农技人员常驻养殖村、常进养殖场上门指导，每村培育10户懂技术、善经营、会管理的科技示范户，提高自我发展能力和辐射带动能力，实现“一户带多户、多户带全村、多村连片发展”。

不仅如此，该县还多管齐下，推进肉羊产业科学规范发展。实施“三区划定”，制定《唐县禁养区、限养区、适养区（三区）划定方案》，规范养殖秩序。启动北雹水村、红山庄村、仁厚镇3个集中养殖区建设，推进科学养殖。同时，推广环保新技术，开展畜禽养殖综合整治，治理养殖污染。

如今，一条养殖促屠宰、屠宰促加工、加工带养殖的肉羊产业链已经在唐县形成。尤其是3家龙头企业的产品销至全国近20个省区市。在北京市场，1/3以上的羊肉产自唐县。

在肉羊产业的带动下，兽药、饲料、运输、屠宰、防疫、剪羊毛、羊经纪、玉米购销等相关社会化专业服务组织应运而生，从业人员近5万人，人均年增收3万多元。

《尚书·周书》中云：功崇惟志，业广惟勤。唐县肉羊产业经过历史的沉淀到现代的成长壮大，以其独具匠心的生产经营及对肉品质量的深耕细作，同时不断探寻消费市场的发展趋势，相信，必将达到“放心羊肉，幸福唐县”的目标。

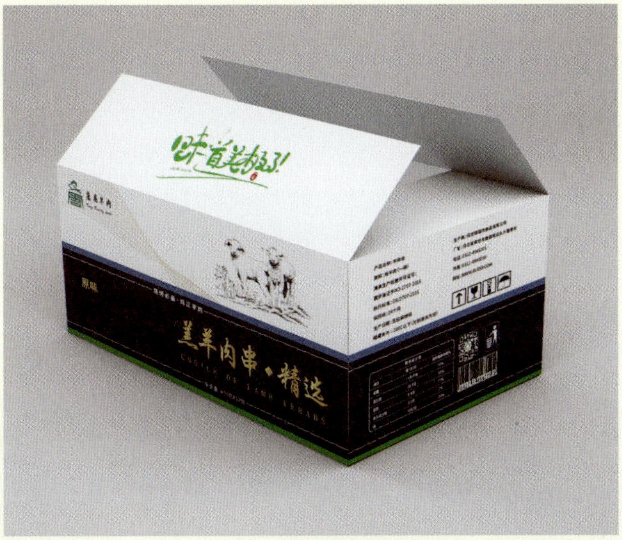

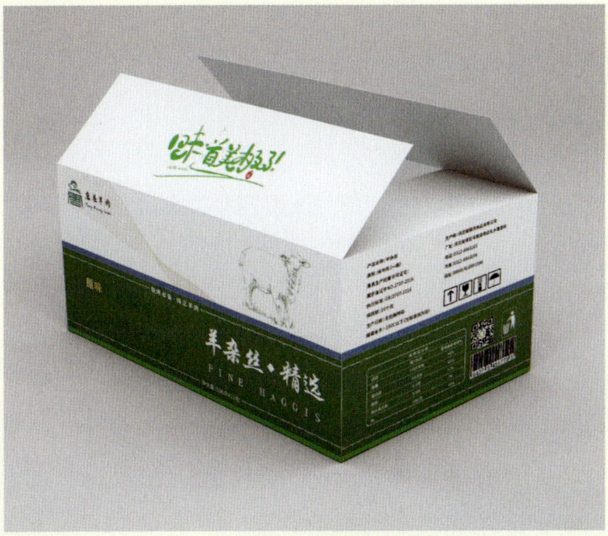

海兴碱草羊

Hai Xing Jian Cao Yang

越嚼越香

在渤海之滨有一个河北省最年轻的县，她就是成立于1965年的海兴县。

海兴，取『靠海而兴』之意得名。地处河北省东南部，居渤海湾西岸，北依京津，南接齐鲁，处于环渤海经济带和京津冀都市圈内。全县总面积960平方千米，是全国总面积的万分之一；海岸线18千米，是全国海岸线的千分之一。

历史上，海兴县土地盐碱化严重，种植效益差，曾有“苦海沿边、洼大村稀”之称，当地人吃够了盐碱滩涂的苦。“春旱夏涝，春天不用买盐，洼里白花花，夏天能见海，洼里水汪汪。”这是流传在海兴县的一句话，是对当时环境的真实写照。

可如今，经过一代代海兴人的不懈奋斗，昔日的不毛之地“逆天改命”，不仅变身粮满仓，更成为羊咩咩生长的乐土。

好草出好羊。在羊的“口粮”上来说，碱草营养丰富、味道甘甜，不仅叶量多，而且适口性好，各类家畜一年四季均喜食，有“牲口的细粮”之美称。诗人杜天明曾经专为碱草赋诗写道：“敢露锋芒只为卿，千年缔结奶香浓。”以碱草为主要食物的羊，不仅肉质鲜嫩，奶香浓郁，而且营养丰富，口感较普通羊肉差别很大。牧民形容说：“羊草有油性，用羊草喂牲口，就是不喂料也上膘。”

小小的碱草便是海兴养好羊的“法宝”。海兴地处北纬38°黄金线，盐碱地土壤中含有多种特殊元素，生长的植物也多是耐盐碱性植被，这里碱草营养丰富、味道甘甜、蛋白质含量高，尤其是这里盛产的小芦苇，蛋白质含量高达12%，营养价值更高，自然能养出高品质的羊。

海兴养殖的羊以山羊品种为主，称作海兴有机羊，以碱草为主要食物，肉质鲜嫩不膻，奶香浓郁，独具特色。海兴立足有机山羊养殖，形成“企业+科研+基地+农户”的产业化经营模式，从羊种繁育、有机碱草基地、养殖、加工等全产业实现有机标准。地域环境与有机管理的结合使海兴碱草羊肉不饱和脂肪酸含量高，与羊肉风味有关的雌黄嘌呤同比高，胆固醇含量同比低，不腥不膻、细嫩多汁、健康低脂、越嚼越香。“山羊品种+优质碱草+有机管理”让海兴有机羊成为海兴农业的一张名片，“羊”名内外。

海兴有机羊是河北省重点打造提升的12个“小而特”县域区域公用品牌之一，基于“海兴有机羊”在地理、生态、产业、文化等层面的发展现状，为创建好海兴有机羊区域公用品牌，进一步推动海兴有机羊产业发展，在全国范围内叫响“海兴名片”。海兴县以市场为导向，以消费者需求为核心，通过规划好、打造好、使用好、传播好等各项品牌工程的实施，深度挖掘品牌内涵，提炼品牌口号，塑造品牌形象，打造了“海兴碱草羊”区域品牌，形成以品牌为核心、产品为载体、产业为支撑的发展方向。

品牌LOGO

释义：图形主体为山羊元素，图形简洁大气，山羊的身体部分为海兴首字母“H与X”，结合当地特色高蛋白小芦苇，外形整体似奔跑的羊，寓意海兴碱草羊产业飞速发展。

海兴碱草羊

—— 碱草山羊·越嚼越香 ——

品牌支撑

- 主视觉/辅助图形

- 海兴县地域范围
- 盐碱环境
- 小芦苇、苜蓿饲草
- 光伏牧场、羊舍
- 自然生态

品牌包装

海兴碱草羊肉
碱草山羊·越嚼越香

HAIXING ALKALI GRASS MUTTON
海兴碱草羊肉
碱草山羊·越嚼越香

海兴碱草羊肉
碱草山羊
越嚼越香

海兴碱草羊肉

海兴碱草羊肉
HAIXING ALKALI GRASS MUTTON

碱草山羊
越嚼越香
ALKALI GRASS GOATT
碱草山羊清水涮
无沫无膻味更香
海兴碱草羊
碱草山羊
越嚼越香
ALKALI GRASS GOATT
碱草山羊简单做
营养美味“叠中叠”
海兴碱草羊
碱草山羊
越嚼越香
ALKALI GRASS GOATT
碱草山羊好食材
道道都是招牌菜
海兴碱草羊

通过价值赋能、设计呈现、整合推广、规范管理运营等一系列动作，海兴县完成了“品牌产品、品牌产业、品牌经济、品牌地域”品牌战略递进的关键一步，“海兴碱草羊”有了统一的形象、传播口号及清晰的产品价值。

从因海而兴到以羊为兴，海兴县将持续围绕“海兴碱草羊”品牌打造，狠抓有机养殖、标准化生产、品牌创建、质量认证、安全监管，坚持统一规划、统一标准、统一推进，进一步突出“海兴碱草羊”特色和品牌效能，实现“海兴有机羊”品牌价值充分释放，产业稳步发展，着力将“海兴碱草羊”打造成为沧州一张“金名片”，带动地方旅游、休闲农业的产业发展，形成产业、生态、资源环境相协调的羊产业发展新格局。

碱草山羊 越嚼越香

碱草山羊清水涮
无沫不膻味更香

碱草山羊 越嚼越香

碱草山羊简单做
营养美味“叠中叠”

碱草山羊 越嚼越香

碱草山羊好食材
道道都是招牌菜

抚宁生猪

Fu Ning Sheng Zhu

放心好肉

抚宁，夏属冀州，西汉属骊城。唐武德二年（619年），取『抚我黎庶，宁我子妇』之意，始称抚宁。抚宁，今隶属河北省秦皇岛市，自冀北延绵，北依燕山，南临渤海，环绕秦皇岛主城区，位于环城市中心地带。抚宁，向世人呈现的不仅是土沃水肥、气候尤佳。还有深厚的农牧文明和悠久的历史传统。

抚宁，素有“中国生猪之乡”美誉，生猪产业作为抚宁区畜牧业的主导产业，区委区政府提出了“三线富民”发展战略，把生猪产业发展纳入“三农”工作的重心之一强力推进。连续17年荣获“全国生猪调出大县”称号，另外，获得“生猪养殖”标准化示范区、省级精品园区荣誉称号。

抚宁区政府历来重视抚宁生猪产业建设，注重培育和保护“抚宁生猪”品牌，每年投入生猪标准化、生猪调出大县奖励资金800多万元，用于抚宁生猪产业发展。制定了《抚宁县生猪养殖标准化示范区项目建设实施方案》《关于加快生猪养殖标准化示范区建设的意见》《秦皇岛市抚宁区人民政府印发2017—2019年生猪调出大县奖励资金使用实施方案的通知》等相关文件。奖励中规定，对新建规模化、标准化养猪场每场补助50万元，对建设粪污处理设施给予10万~30万元补助，购买二元母猪每头补贴600~1000元，对猪人工授精站点补助1万元。2017—2019年利用国家生猪调出大县奖励资金1651万元，新建16个存栏1000头以上的规模猪场，引进优良品种猪2000头。

抚宁的生猪养殖在全省名列前茅，规模猪场175个，2022年产值14.18亿元，生猪养殖已成为抚宁区农民增收的支柱产业，助推乡村振兴事业阔步前行。现有国家级龙头企业1家，省级家庭农场2家，拥有“宏都”“正大”等名牌注册商标。

其中，宏都集团是成立于2004年6月的中国北方大型生猪屠宰和肉类食品加工企业，是农业产业化国家重点龙头企业、全国生猪屠宰标准化示范厂。集团以生猪屠宰为核心，致力生猪产业链经营，倾力打造集种猪繁育、商品猪养殖、生猪屠宰分割、熟食加工、冷冻仓储、冷链物流、网络电商于一体的全产业链发展格局。集团现有4家子公司，年屠宰加工生猪200万头，年产值逾28亿元。

宏都集团主要产品有白条猪肉及分割肉系列产品、高低温香肠及火腿制品、午餐肉及红烧肉罐头产品等，目前已广泛覆盖北京、天津、湖南、湖北、辽宁、山西、内蒙古等地市场。“宏都”牌冷鲜肉在中国（廊坊）农产品交易会上被评为名优产品，是河北省质量监督管理局认证的“河北省名牌产品”。集团各公司均通过了ISO9001质量管理体系认证和HACCP食品安全认证，成为2008年第29届奥运会秦皇岛分赛区食品供应企业。龙头企业宏都集团入驻“京东生鲜”电商平台、“永辉、乐购、华润、大润发、兴龙广缘”大中型连锁超市；产品畅销华北、东北、华中地区，市场正逐步扩大，走向全中国！

多年来，宏都集团始终坚持诚信至上、质量第一、以人为本、回报社会的核心价值观和经营理念，坚持以“宏都”品牌为核心的品牌发展战略，通过技术创新、管理创新、营销创新，实现了企业持续、快速、健康发展。

此外，抚宁区生猪行业协会参与制定了省市生猪行业相关标准，全域进行标准化生产，具有行业影响力与竞争力。

抚宁生猪
放心好肉
FUNING FRESH PIG

2021年抚宁区与河北省设计创新及产业发展研究中心(新型智库)达成战略合作，对抚宁生猪进行顶层设计与品牌战略规划。整合梳理了政府、重点龙头企业、合作社、养殖户、营销渠道和消费者对于区域公用品牌的核心需求，构建抚宁区政府对抚宁生猪区域公用品牌的战略制高点和解释权，形成抚宁生猪区域公用品牌的品牌全面管理。

一是制订区域公用品牌管理办法，抚宁区农业农村局授予“秦皇岛市抚宁区生猪行业协会”进行实施管理，构建行业协会是政府与企业的桥梁，将政府政策及导向深度植入企业，发挥协会的社会责任与龙头带动作用，促使生猪品牌健康有序发展。

二是深入挖掘抚宁生猪品牌价值，策划设计“抚宁生猪”品牌标志、传播话语、产品包装及推广形象设计，塑造抚宁生猪区域公用品牌形象。为推动全区生猪产业发展形成合力，在省市领导的大力支持下，抚宁区委区政府将按照“全产业链打造，全品牌链提升”为思路发展生猪产业。未来，抚宁生猪产业将继续做大做强，力争成为秦皇岛市区域经济的一张产业名片，努力实现“京津冀生猪交易第一县”的战略发展目标，以生猪产业为依托，扩大市场，走向全国，走向世界！

石家庄太行鸡

Shi Jia Zhuang Tai Hang Ji

鸡鸣太行　石禽食美

这里，有壮美秀丽的锦绣山河；
这里，有荡气回肠的慷慨悲歌；
雄关漫道，道不尽滹沱河畔的文脉与风骨；
琼花碧树，数不清太行山脉的馈赠和奉送。
人杰地灵畿辅地、石禽食美太行鸡。

打破国际种业垄断　做优冀石自主品牌

太行鸡，原名河北柴鸡，是河北地道笨鸡、土鸡，因遍布太行山而得名，主要分布在河北省境内的邯郸以北、涞源以南的太行山区及周边地区，石家庄市为主产区。太行鸡起源已有8000年的历史，自古以来，太行先民们就有着饲养家鸡的历史。磁山文化遗址中出土的8000年以前的鸡骨，证实了太行山脉饲养家鸡的历史远远超过传统认为家鸡起源于公元前2000年前后印度的这一说法。

作为河北省优秀的地方鸡品种，太行鸡最初以肉用为主，直至20世纪30年代开始向蛋用为主转变，成为河北境内主要家养品种，20世纪70年代末养殖量达到高峰，约4000万只。80年代开始，受大量引进国外高产品种的冲击，养殖量急剧萎缩，且杂化退化严重。根据国家第二次遗传资源普查结果，在2004年被判定为灭绝。

自2002年开始，由民间收集到的太行鸡个体为基础，石家庄对太行鸡进行了提纯复壮和选育工作。经过多年继代选育，太行鸡的体形外貌趋于一致，产蛋量、成活率、饲料转化率等技术指标显著提高。该鸡种于2015年通过了国家品种资源委员会审定，正式命名为太行鸡，成为河北省第二个写入国家地方品种志的地方鸡品种。经过近20年的发展，成为河北省唯一实现产业化的地方鸡品种。

太行山飞出金凤凰　越千年邂逅真美味

太行鸡是蛋肉兼用型品种，它外貌清秀、头小颈细、尾翘羽长、胫青喙黑、皮肤白净，麻花色羽毛颜值高。同时，太行鸡耗料少、耐粗饲、抗逆性和抗病力强的天然优势，使得它体格健壮，营养更高，成为地方鸡种中名副其实的“精英”。因其肉质鲜嫩、鸡蛋品质好，营养好、风味佳等优质特性，在清朝同治年间曾为宫廷御膳用鸡。在山区进行生态放养的太行鸡，以自然、天然或部分应用科学饲养的生产方式，生产出的原生态高品质禽蛋、禽肉产品，多年来一直受到消费者的青睐。

太行鸡是蛋肉兼用型品种

6 大特征

1 外貌清秀 ★★★

2 胫青喙黑 ★★★

3 头小颈细 ★★★

4 皮肤白净 ★★★

5 尾翘羽长 ★★★

6 麻花色羽毛 ★★★

4 大优势

鸡肉价值

9 大特点

鸡蛋价值

太行鸡鸡蛋口感细腻醇香，与普通鸡蛋相比，具有“六高两低一不”的特点。它蛋白黏稠度高、蛋黄比例高且色泽鲜黄，蛋的卵磷脂、钙及赖氨酸等风味物质含量较高，而低密度脂蛋白和胆固醇含量较低，蛋黄软糯不噎人，是老少皆宜的日常营养佳品。

鸡鸣太行山　叫响“石禽食美”

育品牌：2022年，石家庄市农业农村局倾力打造了石家庄“石禽食美”太行鸡区域公用品牌，“石家庄太行鸡”和“石禽食美”品牌以崭新形象展现在世人面前，标志着石家庄太行鸡区域公用品牌从一个构思、一个设想变为了现实，意味着河北省太行鸡产业迎来了一个充满希望的未来。场家养好鸡，餐桌有好蛋，河北省蛋肉鸡地方品种产业化迈入新纪元。

释义：标志设计遵循易识别、易记忆、易传播的设计原则，通过单纯、显著、易识别的图形符号，在消费者心目迅速构建出品牌的具象形象，并产生丰富的文化与价值联想。标志从太行鸡的地域属性出发，以青山、林木、旭日为基础，传递太行山脉地理特色的同时契合“绿水青山就是金山银山”的主导理念，寓意：绿水青山、金鸡报晓。青山常绿、旭日东升、金鸡报晓，配色清鲜优雅，象征了太行鸡自然生态养殖、高品质高营养的产品特点，亦彰显了石禽食美太行鸡区域公用品牌与产业的蓬勃发展和宏伟的未来。

太行栖冀凤，美味享德禽。依托倾力打造的石禽食美太行鸡区域公用品牌，在政策主导、政府支持、产研结合的多重作用下，石家庄还培育了一批具有一定市场影响力的太行鸡企业品牌，如“金凤”“冀凤”“德禽”等。同时，依托石家庄市洛杉奇公司“金凤扒鸡”专营店布局建设了262家太行鸡销售门店，开发了网上销售渠道。“石家庄太行鸡”作为石家庄区域公用品牌，正在以高品质、有口碑的“石”字品牌映入大众视野，成为石家庄现代农业一张亮眼的名片。

定标准

在消费理念从吃饱转变为吃好，回归自然，追求高品质、高质量、安全放心的今天，太行鸡因其特有的风味、品质深受消费者喜爱。但是由于缺乏太行鸡鸡蛋品质、检测规则、流通、包装等统一标准，限制了产业发展。鉴于这些实际问题，石家庄市农业农村局组织各相关单位起草了全省畜牧系统首个团体标准。该标准规定了河北省及石家庄市区域公用品牌石家庄太行鸡鲜鸡蛋的术语和定义、养殖环境、质量要求与检测方法、检验、标识、标志、包装、运输、储存等要求。适用于河北省农产品区域公用品牌石家庄太行鸡鲜鸡蛋的生产和流通，是石家庄太行鸡产品区域公用品牌质量标准体系中的重要内容，旨在科学指导生产，规范太行鸡养殖、产品流通、销售、宣传等行为，加强行业自律和社会监督，促进提升规模化产业水平，保证上市产品质量。伴随着行业标准的制定与实施，太行鸡区域公用品牌的建设和产业发展将走得更稳，行得更远。

促宣传

石家庄开通了“鸡鸣太行”公众号，已发微文50余篇。2023年以来，组织线上线下多次宣传推广活动，包括品鉴、体验等丰富的现场活动，参加网易河北“我是家乡代言人”直播活动，做客石家庄电台农村广播节目“915绿色之声”等。投放公交站牌广告、地铁电子屏广告、机场高速公路广告、影院映前广告等来宣传石禽食美太行鸡。石家庄还成功举办了石禽食美杯·优秀太行鸡鸡蛋评选活动，打造的太行鸡区域公用品牌入驻省市县三级联合举办的丰收节“名优新特”展区，天然冀凤、洛杉奇德禽、赞皇乐润3家首批授权企业印制有“石禽食美”注册商标的太行鸡鸡蛋产品包装首次在丰收节隆重亮相，经冀时客户端、河北广播电视台官方微博及抖音官方号、石家庄新闻网、石家庄日报客户端、ZAKER石家庄等媒体平台线上线下宣传展示，引起了极大反响。媒体大V网红丰收探访活动首站也从石家庄太行鸡区域公用品牌授权基地开启。

太行鸡产业近20年间经历了从无到有，从户养几只到二三百只，再到上千只，太行鸡养殖量不断增加，已扩展到河北省的11个地市及北京、天津、山东，最远发展到新疆等地，总养殖量约达1200万只，年经济效益达到10亿元。

未来，石家庄太行鸡产业在品牌的引领下，将不断壮大，“石禽食美”美食将走向更大的市场，“石禽食美太行鸡”也将成为太行鸡中的战斗鸡，引领太行鸡走出石家庄、飞往全中国。太行山飞出的这只“金凤凰”必将成为河北农业品牌的骄傲，鸡鸣太行！